아침 무지개를 꿈꾸며

의협 100주년 기념 패션쇼_ 2007. 8. 28 인터콘티넨탈 호텔

아침 무지개를 꿈꾸며

愚堂 심 정 임 著

도서출판 문화의힘

지난해에 내보낸『지금 이 자리에』에 이어 두서없이 책을 내보낸다. 대략 의약분업 반대 시위 시기부터 한국여자의사회지에 발표되었던 몇 편의 글과 주로 동문회지에 수록되었던 글, 대전광역시 의사회에 발표 되었던 글, 의협 칼럼에 게재되었던 글들이다.

묻혀 있던 글 '로바니에의 산타클로스 빌리지Santaclause village in Rovaniemi'와 '레인보우 팜Rainbow Farm in NewZealand'을 찾게 되어 함께 싣는다. 책을 내고 나면 한동안 부끄러움으로 몸 둘 바를 모르지만 그러나 어찌하랴? 그것이 나의 얼룩진 삶 그대로인 것을. 헐벗은 삶이었으나 그 속에도 하느님의 사랑을 한 자락 잡고 있는 사람이라면 그에게도 햇빛은 비치리니……. 되돌아보면 맞지도 않는 단체장까지 하느라 동분서주하던 시기의 글들이라 어수선하다. 그 와중에 의료봉사 현장에 틈을 내어 동참한 것이 보람이라면 보람이겠다.

우여곡절 끝에『아침 무지개를 꿈꾸며』를 상재하고 나니 의기충천해진다. 책이 나오니 어린 날 흔들리는 이를 빼어 담장 너머로 내던졌던 때처럼 통쾌하다. 환자를 돌보는 것이 천직인 사람이 그 진료 때문에 책을 바로 내지 못했다는 말은 삼가는 게 마땅하겠다. 우습게 발병한 오십견frozen shoulder으로 인고의 반년을 보내고 이 아름다운 오월에 다시 컴퓨터 앞에 앉아 서문을 쓰려니 격앙된다. 키보드에 손이 올라가지 않던 겨울날의 불편이 지금은 남의 일 같다. 이 깨달음의 환희를 주시고자 하느님은 오십도 훨씬 넘은 내게 오십견이란 강타를 날려 호되게 노년의 신고식을 치르게 하셨나보다. 오로지 바깥 세상일에 팔려 날뛰는 나를 보다 못해 내면의 황량한 사막을 성찰하게 하신 처사는 눈물겨운 은총 아니런가! 이 자리를 빌어 어깨 치료를 해주신 여러 동료들과 헌신적인 박위순 실장에게 감사드린다.

목련꽃이 지고 연두잎이 미풍에 흔들리는 오월 아침이다. 백발 성성한 로버트 프로스트는 "자연의 연초록은 찬란하지만/가장 지탱하기 힘든 색"이라며 "모든 찬란한 것은 오래 가지 못한다"고 영탄하지만 나는 짧은 이 순간순간, 아름다움의 극치에 그저 기쁘기만 하다. 무엇을 더 오래 더 많이 탐하랴? 매 순간이 영원이란 연속선의 일점일진대, 모든 아름다운 것을 향한, 어쩌면 선을 향한, 우리 마음속 불꽃이 활활 타는 한 어떤 어둠의 세력도 우리 이 희원希願을 꺾지 못하리니, 아침이슬 위 저 고운 무지개가 통나무 집 뜨락에 보석처럼 쏟아지는 이 맑은 아침을!

2013년 5월

도룡동 로사 하우스에서

愚堂 심 정 임 상재

|차례|

1부 | 할딱거리는 로빈새 한 마리를

누구라서 돌을 던지랴? ······ 16
음식이 훌륭하다면 ······ 21
불타는 은총 ······ 25
Igor Lebedev의 연주를 듣고 ······ 27
한스 카로싸가 아니라도 ······ 31
할딱거리는 로빈새 한 마리를 ······ 33
문명 속 야만 ······ 36
백마 타고 오는 손님을 기다리며 ······ 38
송곳만한 그 자리 ······ 42
나가 떨어지게 일하고도 ······ 48
관료주의-이현령비현령 ······ 55
아침 무지개를 꿈꾸며 ······ 60

이제는 의사인 내가 울 차례 ………………………… 67
비 온 뒤 땅이 굳 듯 ………………………………… 71
아미그달라를 떼어내기보다 ………………………… 74
떨리도록 사랑하리라 ………………………………… 79
광우병 소동에 즈음하여 …………………………… 84
폴 뉴만 - 미국인의 우상 …………………………… 88
이런 사람을 무엇이라고 부르랴? ………………… 92
서창에 휘영청 보름달이 …………………………… 94
다하지 못한 사랑 …………………………………… 100
레인보우 팜 ………………………………………… 104
로바니에의 산타클로스 빌리지 …………………… 107

2부 | 비단옷 입고 밤길 가는

법관과 사제 그리고 의사 ······························ 134
봉수대의 횃불이 번지듯 ······························ 141
있어야 될 곳에 있게 하라 ······························ 144
보라매공원의 유령 ······························ 146
뒤로 넘어져도 ······························ 149
그 때가 바로 지금 ······························ 150
내 일처럼 ······························ 153
물 엎지르기 전에 ······························ 155
민중은 위대하다 ······························ 158

3부 | 그들이 꿈꾸는 장려한 미래를…

가나 테마 …… 162
토고 로메 …… 168
케냐 나이로비 …… 175
탄자니아 다리살람 …… 181
필리핀 의료봉사 …… 190
나보타스 낙수 …… 214
성좌원을 다녀와서 …… 223

4부 | 우리들의 찬란함은 어디에서 오는가

취임사 ······ 232
첫 순갈에 배부르랴 ······ 234
자신의 껍질에서 나와 다른 세계로 ······ 237
찬란한 여정 ······ 239
혁신, 일상의 도전 ······ 243
순교의 예술 ······ 246
꿈결 같은 시간 속에 ······ 250
얼굴의 주름 ······ 253
끝이 좋아야 ······ 257
신미술관 〈엔나〉의 송년회 ······ 260
우리 삶의 환희는 ······ 265
신의 영광을 ······ 271
자투리 땅에도 ······ 273

성숙한 자화상을 ······ 276
울 수도 웃을 수도 없는 ······ 279
진정한 영웅들 ······ 281
그윽한 뒤뜰 ······ 284
끝없는 사랑 ······ 286
위기의 정점에서 ······ 288
행복한 통나무집 겨울밤 ······ 290
그림자 사랑 ······ 291
축제의 이별 ······ 293
치열한 삶의 예고 ······ 296
우리 사이 모든 것이 ······ 298
열중하는 아름다움 ······ 300
같은 방향을 바라보며 ······ 304

아침 무지개를 꿈꾸며

제1부 할딱거리는 로빈새 한 마리를

누구라서 돌을 던지랴?

초기 프로이드의 정신분석 일화 가운데 애석하게도 자살한 정신 분석의들이 있는데 아마 그 중에도 빅터 타우스크의 자살처럼 비극적인 죽음도 드물겠다. 이중 자살-커튼으로 목을 매고 권총자살을 한 경우였다.

빅터 타우스크는 크로아티아 출신으로 천신만고 끝에 비엔나에 와서 프로이드의 휘하에서 수학하는 행운을 누렸으나 은반지를 함께 끼는 제자의 반열에는 택함을 받지 못했다. 그 배신감이 자살의 요인이 되었다고 사후 분석의들이 추정하는데, 자살한 당사자 아니고는 누군들 그의 심경을 정확히 알 수 있겠는가?

못 다 펼친 학문과 사랑 또한 미완성인 채 마리우스를 포함한 아들 둘을 남겨 놓고 자살이라는 극단의 길을 택한 타우스크를 어떻게 살아있는 사람들이 나무라겠는가? 딱하고 또 딱하지만 생이라는 무대를 그만 내려와야겠다는 그의 결단을, 막다른 처지에 다다른 정황을 누구라서 알겠는가? 살다 보면 그 누구도 어떻게 하지 못한다는 절대적인 자유의지의 처절함에 봉착하게 된다.

폴 로즌의 『동물형제』를 보면 프로이드와 루 살로메, 타우스크의 삼각관계를 설정하고 있다. 그러나 당대 유럽의 지성들이 니체를 포함하여 루 살로메의 지성에 굴복했으나 자신에게 수사처럼 엄격했던 프로이드는 꽃을 들고 서성대는 정도의 승화된 관계였다고 기술하고 있다. ("Brother Animal" 참고)

정신과 교과서에서는 소개되지 않았으나 간혹 타우스크의 「Influencing Machine」은 정신병리, 특히 망상적 지각의 기념비적 논문으로서 분석가들의 교육용 사례로 채택된다고 들었다. 실제로 전기 작가는 프로이드의 사례분석의 공적은 신경증 이론의 정립에 있었고, 타우스크는 정신병의 이론을 천착한 인물로 역설한다. 그의 불안정한 성향이 양극성적 면모도 보였다는 첨언과 복잡한 여성 편력도 당연히 장식처럼 따라다닌다. 프로이드가 그를 키우고 의학을 장려했음에도 제자로는 선택하지 않은 나름의 이유가 다분했다는 정황이겠다.

타우스크의 극단적인 죽음이 헛되지 않은 것은 그의 아들이 내분비 전공 의사가 되어 프로이드를 찾아와 선친이 신세진 학비를 갚겠다고 하였을 때 드러났다. 프로이드는 런던 망명 시절이라 고절된 시기였으나 아무것도 갚을 것 없다고 사양하였다고 한다. 프로이드는 그런 초연한 인물이었다. "꽃을 바라보는 일은 즐겁다. 꽃은 아무 갈등도 없다"는 고백은 프로이드 다운 심경이 엿보인다. 남의 마음속 비밀에 지친 프로이드 박사다운 한숨 어린 적나라한 고백이겠다. 프로이드가 살았던 집 Maresfield Gardens 20번가는 여전히 정신과 의사들의 메카가 되고 있다. 나도 그 집 앞을 서성댄 사람 중의 하나이다. 1983년도 봄날이었다.

젊은 날 타우스크 자살에 충격을 받아 옮겨 놓았던『동물형제』책의 기억을 더듬으며 자살의 개인병리 내지 역학관계를 떠올려 본다. 자살의 원인을 제 아무리 의학적으로 사회학적으로 밝혀낸다 한들 생명을 포기하고 먼저 지구라는 무대를 퇴장한 당사자의 비장한 마음을 헤아릴 수는 없겠다. 친분 유무를 떠나서 누군가 자살의 뉴스를 들을 때 덜컹 하는 놀람은 너나없이 공통된 유사반응이리라.

특히 정신과가 본업인 나는 자살 뉴스를 들으면 이상하게도 죄의식 비슷한, 살려야 될 사람을 살리지 못한 직무태만의 죄스러움을 맛본다. 더욱이 병원을 닫고 일 년을 쉬고 있을 때 그런 뉴스를 들으니 내가 편한 시간을 보내고 있는 것이 마치 그 사람을 자살로 가게 한 원인의 일부라도 된 듯 마음이 가볍지 않았다.

자살 예방에 대해 입이 닳게 설명을 하고 자살 사고에 대한 대비는 정신과 의사라면 목숨을 다해 지켜야 되는 고지가 아닌가? 누군가 옆에 붙어서 죽기살기로 자살 예방을 위해 직접적이고 강력한 위기관리를 한다면 자살은 분명 방지 내지 보류된다.

마릴린 먼로의 마지막 전화를 받은 사람이 외롭다는 말에 그러냐고 우리 모두 그렇다는 따듯한 대답 한마디만 했더라도 마릴린은 자살하지 않았을 거라는 해석은 우리 모두의 이기적 심사, 무관심과 잔인함을 일깨워 준다. 너와 나의 삶이 소외가 아닌 진정한 유대로 묶여 있다면 이렇게 무망하게 지구라는 무대를 떠나는 존재들을 붙잡을 수 있으리라.

어느 사이에 우리 곁에서 피를 토하고 가는 영혼들을 보면 설사 그 인물이 생전에 최고 권력자로서 남이 못 누린 온갖 영화를 누렸다 한들 죽음 앞에 한낱 시신일 뿐이라는 비애가 인다. 헛소동 비슷하게 난리법석을 떨며 온 나라를 뒤흔들어대는 애도의 물결이 무슨 소용이 있는가? 살아서 아직도 무엇인가를 획책하고 탐하려는 중생들의 잔꾀로밖에 보이지 않는 각종 소동을 보며 '사는 것이, 과연 때로는 도조* 처럼, 죽음보다 어렵다'는 그런 기분을 느낀다.

망자의 의지와는 상관없이 그의 삶은 남은 사람들의 각본(?)대로 마구 윤색되어진다. 진정하게 한 개인을 위하고 그 개인의 유언을 따르는 예의나 염치를 저버리고 침소봉대하는 과장된 연극을 하기도 한다. 자살 앞에 정치권력이 무슨 소용이 있는가? 고인의 영혼의 안식을 위한 기도가 시급한 시점에 온갖 멜로물의 주인공으로 등장시키느라 혈안이다.

나는 산소에 가서 성묘를 하고 망자와 단 몇 분이라도 못 다한 무언의 대화를 하고, 앞으로라도 그와 같은 과오를 범하지 않도록 빌고 다짐하는 일련의 과정을 귀하게 여긴다. 우리가 바삐 산다고 하여 목적을 잃고 달린다면 어디로 가겠는가? 산으로 갈 사람이 바다로 가서 익사하는 게 아닐까?

잊어버릴 만하면 들려오는 매스컴을 장식하던 인물들의 자살소동을 겪으며 마음속에 오갔던 상념을 개인적인 애도와 더불어 피력하고 나니 그간의 무거웠던 마음과 깊이 잠겨있던 죄스러움이 가벼워졌다. 망자들에게도 나의 애도가 닿아 영혼이 연옥에 시달리지 않고 불멸의 휴식을 누리기를 간절히 바란다.

살아있는 분들이여! 제발 입 좀 다물자. 조용히 묵상하자. 망자들이 시끄러워 저승에 가서도 평안하지 않다면 그것은 덕이 아니라 부끄러운 일이다. 우리의 사랑이 미약하여 그 분들을 놓쳤다는 슬픔을 딛고 앞으로 누군가를 위해 기도하는 시간이 더욱 길어져야 하거늘…….

*도조 : 2차대전 전범

음식이 훌륭하다면

돌연 안면이 있는 선생님이 클리닉에 찾아 왔다. 누가 찾아왔다고 마냥 반갑지만은 않은 것이 정신과 의사의 고뇌이다. 무슨 일이 있는 게 아닐까 하는 우려가 앞서기 때문이다.

분노와 배신감으로 펄펄 뛰는 선생님의 이야기를 듣고 안정을 취하도록 처방을 하고 학교 교장선생님과도 의사소통을 하고 나니 학교 상황과 내담자의 역학이 눈에 들어온다. 요는 무슨 수를 써서라도 승진을 하고야 말겠다는 의지와 경쟁사회 속의 충돌인 것이다. 밥맛도 잃고 잠도 못 자고 옆에 있으면 찔러 죽이고 싶을 정도로 화가 난다는 말을 들으니 예사 집착이 아니다. 법으로 대결하여 방송에도 고발하겠다는 둥 횡설수설하여 그렇게 하는 방법은 화해가 어려우니 신중해야 된다는 정도로만 언질을 주고 하면 안 된다는 등 간섭은 삼가했다.

여하간 내담자는 안정과 자존감의 훼손을 회복하고 명예를 찾는 것이 급선무겠다. 후배 선생들한테 떠나라는 종용을 당했다는 생각이 치욕적이라는 주장이다. 연장자로서 승진이 안 되어 평교사로 일하면서 일어난 사태이다. 방법에서 좀 더 완곡하게 인정을 바탕으로 대화가 되지 못하는 살벌한 장면이 떠오른다. 서로 간의 책임이 있다고 하겠다.

승진을 하지 못했다 하여 교육자로 헌신해온 삶이 일시에 무너지지 않는다. 사랑으로 가르친 제자들의 마음속에 스승이란 존재로 살아 있다면 이미 보답 받은 것이다.

승진이라는 제도가 있는 현실을 수긍하되, 평교사라고 하여 스승으로서의 보람이 절하되고 그럴 일은 아니므로 하는 일에서 더욱 보람을 찾는 노력을 기울이는 게 즐거운 선택 아닐까?

친구가 명년 봄에 명퇴를 하겠다고 하여 잘했다고 박수를 쳐주었다. 최선을 했고 이제 후배들을 위해서도 물러나 주는 것이 필요하다고 했다. '떠나야 할 때가 언제인가를 알고 떠나는' 것은 얼마나 아름다운가?

경쟁 속 세상에서 우리 같은 생각을 하는 사람은 패배주의자밖에 안 된다고 생각하기 쉽지만, 그러나 승진 말고도 우리 인생의 의미가 무궁무진하다는 말을 해주고 싶다. 문명을 등지고 가난한 사람 속에 들어가 동고동락하는 말없는 휴머니스트들이 얼마나 많은가? 짐바브웨 공항에서 토고 베닝에서 의료봉사를 하고 나오는 의사들을 만났을 때 같은 의사로서 얼마나 고마웠는지 모른다. 내가 못 해도 누군가 이렇게 틈틈이 훌륭한 일을 하고 있다는 믿음이야말로 우리가 고단한 하루하루를 고단한지 모르고 살아가게 하는 원동력이다.

도통 승진이니 출세니 하는 것을 관심 밖으로 두고 사는 사람도 많다. 두말없이 그림자처럼 자기를 내세우지 않고 헌신하는 사람들을 주변에서 발견한다. 이 분들이야말로 진정한 영웅이라고 나는 마음속으로 추앙한다.

생각이 천차만별이니 개인적 이상을 주창하는 것도 무리이고 한계가 있겠다. 그래서 너나없이 냉소와 무관심 내지 야유 또는 조롱으로 일관하는 무리들이 있는가 보다. 그러나 하루하루가 너무도 소중한 나는 승패에 연연하지 않고 주어진 나날을 이삭 줍듯 사랑하리라. 높고 낮음의 구분이라는 것도 우리 인간들 차원과 제도의 속성이지 한 사람 한 사람 생명의 존엄성은 너무도 찬란하여 그 광채에 눈이 부실 지경이다.

파인만 & 랄프 레이톤의 『남이야 뭐라하건』을 읽다보면 드럼 연주회에 청중이 얼마 오지 않아 실망한 랄프 레이톤이 '텅 빈 식당에서 음식을 먹는 기분'이라고 불평하자, 물리학계의 천재 파인만 박사가 "음식이 훌륭하다면 무슨 상관이겠나? 그냥 우리가 뭘 하고 있는지만 생각하면 되는 거야. 우린 발레곡을 작곡하고 연주하고 있잖아!"라고 달래는 장면이 나온다. 나는 역시 천재의 사고는 범인의 그것을 벗어난다는 감탄과 부러움을 동시에 느꼈다. 목적과 본질에 최선을 다한다는 자세보다 더 중요한 게 어디 있는가? 명성과 인기와 갈채를 받고자 하는 욕망 자체를 부정할 생각은 없으나 본질을 놓치지 않고 충실하다는 것이야말로 다른 어떤 일에 앞서 선행되는 자세라고 굳게 믿는다.

파인만은 끝내 투바 공화국을 여행하지 못했지만 그들이 보여준 삶에 대한 진지한 열정과 호기심은 한 권의 책이 되어 내 머리맡을 떠나지 않고 있다. 노벨상 수상자라는 권위를 이용해 쉽게 투바 공화국을 방문할 수 있었지만 특권을 버리고 민간인으로서 냉전시대에 투바 공화국을 찾아가는 이 뉴 프론티어들의 열성은 서부 개척자들의 후손의 남다른 용기와 끈기를 보여준다. 랄프 레이톤이 중간에 한국을 방문하고 설악산을 다녀간 기록까지 나오나 랄프의 머릿속에는 오직 투바 공화국만 들어 있어 우리나라는 스쳐간 여행지로 나오는 것이 한국 독자로서 약간 아쉽다고나 할까?

'음식이 훌륭하다면 문제 될 게 없잖은가?'

나는 이 말을 다음 번 치료에서 말해주고 싶다. 내가 하는 일에 열정과 자부심과 최선을 다하고 있다면, 즉 음식이 훌륭하다면 보는 사람이 얼마 안 되는 게 뭐가 그리 괴로운가? 두 어깨를 쫙 펴고 위풍당당 행진곡이라도 틀고 힘차게 교실 문을 밀고 들어서면 될 것 아닌가?

불타는 은총

잔 모리스의 50년 간의 유럽 여행을 읽다 보면 베네치아의 황금사자상을 보았을 때의 감격에 대한 절절한 토로가 나오는데 참으로 감탄을 자아내게 하는 대목이 아닐 수 없다. 어떤 여행지에서의 특별한 만남이랄까 감흥이 전설처럼 생생하다는 그 오묘한 체험 말이다.

오늘 미사에서 '주 하느님 크시도다'를 부르는데 갑자기 빅토리아 폭포 앞에서 누구라고 할 것도 없이 혼연일체가 되어 불렀던 그 여름날의 감동이 이 자리에서 홀연히 피어난다. 시공을 초월하여 그날 아침의 순백한 기쁨이 그대로 현현된다. 내가 가장 좋아하는 성가 중 하나로서 가사가 참 소박하기도 하다. 나는 시간이 나면 숲속을 거니는 것이 유일한 낙인 사람이므로, 나에게는 오로지 혼자만의 시간이 허락된다면 뒤도 돌아보지 않고 숲속이나 시냇가로 숨어버리는 사람이므로 더욱 이 성가가 무명이불을 덮을 때처럼 포근하다. 빅토리아 폭포 앞에서 누가 그 바쁜 여정 중에 복사를 해왔는지 악보를 나눠주어 선창이고 뭐고 없이 한마음이 되어 경배하던 그 환호가 되살아난다. 모든 종파를 떠나 그날 빅토리아 폭포 앞에서 우리(한국여자의사회)가 불렀던 그 찬송 '주 하느님 크시도다'야말로 우리의 본 마음을 아무 꾸밈 없이 봉헌한 것이리라. 우리는 대자연의 위용 앞에서 압도되어 절대 자와의 소통을 체험한 것이다.

토마스 머튼은 일요일 오후 시간을 하느님 시간이라고 외치는데, 맞는 말이다. 그 시간에는 고된 노역에서 벗어나 하느님의 은총을 오붓하게 누려야 된다. 일요일만이라도 우리 영혼이 거룩해져야 하므로….

교중미사를 마친 일요일 오후 우성이산으로 유유히 걸어 들어가면 솔바람 소리가 들리고, 소나무 숲 사이로 길게 뻗어 들어오는 광선과 어른대는 그림자가 나를 침묵하게 한다. 그럴 때면 나란 존재가 대자연 속에 곤두박질치듯 팽창하고 충일해진다.

이 우성이산 자락에 산 지도 벌써 십 개 성상이 훌쩍 지났다. 시간을 잊고 살았던 지난 세월들이 아득하다. 숨가쁘게 달려온 오늘, 이미 노년의 문턱에 들어서 있는 자신을 발견하곤 아연하다. 그러나 세월의 흐름에 애석함만이 남는 것은 아니다. 시간의 여과로 이렇듯 자적한 시간을 누리는 이 안위는 나이가 주는 지혜와 성찰의 선물인 것이다. 아무도 부러워하지 않고 아무 것도 탐하지 않는 이 오후의 안녕은 값진 희생을 치른 나이 덕분이다. 오로지 나의 일 진료 외에는 곁눈질도 아까운 그런 나날을 보내며 무엇을 더 기도하랴? 아쉽다면 책을 빨리 내야 되는 부담, 학생들이 눈이 빠지게 기다릴 책을 생각하면 숫제 숙제를 못 다한 사람처럼 전전긍긍하는데, 이 타는 속은 한편 얼마나 불타는 은총이런가!

Igor Lebedev의 연주를 듣고

런던의 바비칸 센터를 드나들던 그 시절 밤늦게 연주회가 끝나 지하철을 타고 캠버웰로 돌아오던 늦은 시각의 텅 빈 정경이 뇌리를 맴돈다. 이미 승객도 드물고 거의 막차를 타고 돌아오는 그 시간의 우수랄까 애수가 가슴을 후벼판다.

음악을 사랑한다는 말을 굳이 뇌일 필요가 있을까? 음악에 일생을 바치고 음악 감상을 위해 또 좋아하는 음악가의 연주를 쫓아다니며 듣는 극성 애호가도 부지기수인데 우리같이 그저 음악을 차 안에서 겨우 출퇴근 시간에 듣는 정도인 사람이 음악을 사랑한다고 내세울 수 있나? 음악회를 거의 찾지 못하고 지내는 작금의 형편을 보아 음악에 대해 거론하는 것은 민망하지만 그래도 음악 애호열을 토로하지 않을 수 없다.

현재 나의 나날이 음악과 함께 음악 속에 사는 행운과는 멀다고 하나 음악애호열의 불씨마저 꺼진 것은 아니다. 어젯밤 레베데프 연주를 듣고 나는 평생 처음 벌떡 일어나 기립박수를 보냈다. 다른 사람 누가 또 기립박수를 했는지 여부는 관심도 없고 두리번거릴 경황도 없었다. 그저 최고의 찬사와 숭배의 박수를 길게 길게 생애 최초로 레베데프를 향해 손바닥이 부르트도록 쳐서 보냈다. 2010년 여름 IYF CONCERT를 들은 이후 꼭 3년 만에 듣는 그의 연주는 참으로 장려하다.

3년 전보다 백발도 더 희어졌고 장발도 더 길어져 연주하는 내내 굽이치는 백발이 파도처럼 물결쳤다. 러시안이 연주하는 차이코프스키 피아노 협주곡 1번을 들으며 나만 감탄하는 게 아니라 수천의 청중이 모두 그의 손끝에 압도되어 얼어붙었다고나 할까? 정적이 순간순간 일기도 하였다. 오케스트라 단원도, 아니 보리스 아발리안(지휘자)까지도 이 노 거장 앞에서는 아이에 불과한 그런 정황이었다. 이 표현이 보리스의 명성에 누가 된다고는 생각하지 않기 바란다. 보리스의 지휘는 심장을 떨리게 하는 마력이 있다. 특히 크리스마스 칸타타 연주는 압권이다. 나는 어쩌면 그의 지휘를 보기 위해 수십 번 본 크리스마스 칸타타를 올해도 거르지 않고 또 갈 것이다. 레베데프의 피아노 연주는 참으로 우리가 지상에서 들을 수 있고 접할 수 있는 인간의 연주로서는 최고라고 나는 단언한다.

약간 먼 아름아름한 거리서 보이는 그의 두상은 얼핏 저 무서운 레닌의 형상을 방불케 한다. 특히 격정적 순간의 그 맹렬한 눈빛은 어떤 맹수도 그 앞에서는 오금이 저릴 듯 삼엄하기까지 하다. 그러나 그 광기 그 도취는 오로지 음악의 전달, 그 넘치는 영감을 청중에게 전달하고자 하는 혼신의 무아경의 열중이다. 간혹 청중을 의식하여 과도한 제스추어를 보이는 연주자도 눈에 띄는데, 레베데프의 그것은 어떤 타산적 동기나 세속적 생각들이 무망함을 여실히 증명해준다. 애교도 아양도 친절도 전혀 아닌 오로지 연주자로서의 열중만이 장내를 터질 듯 채운다. 자신이 사랑하는 일을 위해 그토록 헌신하는 용기, 정열, 집념, 저 지조는 얼마나 숭고한지.

숨죽이고 그의 연주에 빠져들고 있는데 간혹 철없는 학생들이 통로를 들락날락하는 것은 참으로 참기 어려운 무분별한 소치였다. 이 지극한 경지의 음악, 일 초를 놓치기 아까운 예술혼의 향연을 저렇듯 소홀하게 흘려보내다니…….

늘 듣고 보았던 피아노 협주곡과 발레곡들이 레베데프의 손끝을 통해서는 장중한 러시아 설원의 광풍과 고적함과 은백의 아름다움을 자아내고 있다. 음악을 듣고 나와 수목원의 잔디와 산책길의 시원한 바람을 맞으며 이런 거장들은 돌아가시지 않고 계속 생존하여 아름다운 음악을 우리에게 연주해준다면 얼마나 좋을까 하는 기도를 한다. 길가의 돌멩이처럼 흔한 군중들 속에서 이런 천재의 예술혼 덕분에 우리 같은 범인이 일상의 권태와 질곡과 번민에서 놓여나 자유의 날개를 타고 잠시나마 세속을 초월하는 게 아니겠는가!

자기가 사랑하는 한 분야에 헌신한 분들의 지조랄까 그 집념에 갈채를 보내며 나도 나의 자리에서 참으로 전신을 태우듯 가루가 되도록 수고해야 될 날만 남았다는 각오를 다진다. 아름다움은 단지 그 감상으로 그치는 게 아니라 이렇듯 우리 삶의 지렛대가 되어 우리의 삶을 고양시키고 용기를 주고 미래라는 희망의 거울을 비춰주는 것이다.

종일 어르신이 갑자기 혈압이 떨어지고 소변도 줄어들어 호흡도 몰아치고 하여 우리 모두는 이제 곧 돌아가시나보다 체념을 하고 아들도 불러 전반적 경과를 말씀드리고 천근 같은 발걸음으로 야외 음악회에 참석한 것인데 이렇듯 황홀한 음악의 진수를, 특히 러시아 음악의 정통을 맛보았다. 그라시아 합창단의 알토인 조효임 자매의 변함없는 사랑이 나를 이 러시아 객원 교수들의 연주를 놓치지 않고 감상하도록 초대한 것이다. 우리 나날은 누군가의 사랑과 호의 속에서 이렇게 강물처럼 도도히 흘러가는 것을…….

한스 카로싸가 아니라도

작가 한스 카로싸가 아니라도 의사라면 누구나 수시로 겪는 갈등이 있다. 과로로 만신창이가 되어도 또 아픈 사람을 치료해줘야 되는 이중의 고통 말이다. 닥터 뷔르게가 자살하기 직전 대기실에서 줄을 지어 진료를 기다리고 있는 환자들이 자신의 피를 빨아먹으려는 흡혈귀 같다는 고백을 하는 장면이 있는데, 나는 의학생을 벗어난 지 수십 년이 되는 지금도 그 독백이 떠오른다. 닥터 뷔르게 같은 고결한 의사가 의사로서 양심과 의무를 더 이상 지켜갈 수 없는 전쟁이라는 극한상황에서 스스로 죽음을 택하는 내면의 갈등과 고뇌가 남의 일 같지 않기 때문이다. 물론 그의 비극적 죽음의 배후에는 미망인과 이루지 못한 사랑도 숨은 요인이지만 의사로서 노역에 시달리다 못해 세상을 하직한 것만은 틀림없다. 환자의 호소를 들어줄 수 없을 정도로 피로하더라도 그의 과로는 뒷전으로 밀려나고 우선 환자의 곁으로 달려가야 되는 사람들이 의사이다.

런던과 크로이던이 경계를 이루는 접도 구역에는 아직도 통행세가 있다. 그 옛날 영주들 간의 납세조항의 전통이 오늘날에도 남아 있는 것으로 유추된다. 그 통행세를 의사에게는 받지 않고 빨리 가도록 하는 영국의 전통이 의미심장하다. 아마 마차를 타고 급히 산모에게 달려가던 그 옛날, 날은 좀 침침하고 안개는 자욱하여 얼마나 갈 길이 더디고 힘들었으랴! 동전을 찾아 부스럭 부스럭 헤아리는데 또 그 동전의 종류가 좀 복잡한가. 옆 사람 얼굴도 잘 분간이 안 되는 안개가 짙은 유령의 도시 런던, 그것도 교외의 무시무시한 셔우드 숲속 같은 후미진 길이라면 의사의 행차를 빨리 통과시키는 게 산모와 태어날 아기를 위한 이웃의 사랑이었으리라! 영국인 동료 루스도 돈을 안 내고 어서 가시라는 인사를 들으면 기분이 으쓱해진다며 환하게 웃던 장면이 선연하다. 우리 사회의 의사에 대한 불신과 그칠 줄 모르는 깎아내리기 작전에 그로기가 된 나의 무의식이 지난날 드높은 이상을 향해 줄달음쳤던 모즐리 병원 시절로 향수에 젖어 되돌아갔다.

프로이드의 꿈의 해석 원전에 인용된 감옥의 죄수가 꾸는 꿈이 온통 수호천사와 창문으로 휘황찬란하게 쏟아지는 빛 등 그가 처한 현실과 극명한 대조를 이루듯 모함에 걸려 치도곤이가 된 나의 무의식이 문득 그 수인의 꿈을 연상했나보다.

오늘밤 나는 하현달이 뾰죽 창에 걸릴 때까지 런던 시절을 그리워하며 이 각박한 땅에서 의사의 소명이 얼마나 신성한가를, 그 서약을 결코 저버리지 않겠노라고, 의사의 노고를 헐값으로 아는 저 무지막지한 사람들을 오늘밤 눈물로 용서하노라고 외치고 있다.

할딱거리는 로빈새 한 마리를

– 한국여자의사회 대전·충남지회 이야기 –

장마가 계속되다가 오늘 아침 눈부신 햇살이 창을 때린다. 오랜만에 일찍 일어나 원고를 쓰는 지금 숲속은 온통 초록과 황금빛으로 신록의 잔치가 벌어지고 있다.

우리가 월 1회 점심에 모인다지만 늘 시간에 쫓겨 엉덩이를 한쪽에 걸치고 여차하면 뛸 준비를 하는 달리기 선수 같은 형국이다. 일찍 도착한 순서대로 주문을 하고 각자의 사정에 맞춰 자리를 떠야 하는 식이지만 그래도 이사회는 계속 이어진다. 짧은 점심시간에도 불구하고 빈틈없는 한영희 원장이 일착으로 들어온다.

김길자 전임 회장님이 지난 4년간 노고도 크셨는데 기천만 원의 기금을 불려 총무에게 전달하셨다. 김명숙 부회장과는 건너편에 대각선으로 앉게 되니 눈인사 정도밖에 못하고 헤어진다.

슈퍼우먼 황영희 총무가 살이 찌니 얼굴이 더 젊어 보인다는 비명이(?) 들리고, 나는 늦잠 자는 버릇, 일요일은 4시까지 자는 이야기를 하는데 이현숙 재무가 잠을 잘 못 잔다는 토로를 하여 내 잠 좀 덜어 줬으면 하는 바람이 간절해진다. 김혜경 원장님의 달변에 감탄하며 혼도 많이 났지만 선배님들의 꾸중에 크게 괘념하지 않는다.

질책은 달게 수용하고 실수는 만회하면 된다. 김은화 선생님은 바쁘신 이대 동문들을 대신하여 우리들에게 점심을 대접하고, 십시일반으로 모으는 이사회비는 봉사단체로 전달된다. 이순례 회장님이 외국인 근로자들을 위한 무료진료 문제를 발의, 만장일치로 찬성과 자발적인 협조를 표명했다. 기억이 전에 같지 않아 빚어지는 사태들을 직고하며 한차례 박장대소를 한 후 서둘러 자리를 뜬다.

병원으로 올라오는 머리 위로 한낮의 태양이 쏟아진다. 대낮에 이렇게 걷는 일도 우리 생활에서는 거의 드문 일이다. 마치 한가로이 발리섬을 걷는 듯 느긋하게 상상이 피어오른다. 얼마 전 박로자(귀화한 러시아인. 현재 오슬로 대학 교수)의 『당신들의 대한민국』을 읽으면서 얼마나 마음이 아프고 찔렸는지 모른다. 우리 땅에서 푸대접을 받은 외국인 근로자들 이야기가 가감 없이 통렬하게 고발된다.

나는 80년대 KAL을 타고 중동 근로자들과 함께 오가면서 그들의 애환을 들어주고 귀국 신고서에 영어로 이름을 대신 적어주곤 했던 기억이 있다. 근로자들은 젯다나 바레인에서 내리고 혼자 런던까지 가며 동포애를 곰곰이 되씹곤 했다. 세월이 바뀌어 우리가 외국인 근로자들을 받아들이는 형편이 되었다고 해서 지난 어려웠던 시절을 깡그리 잊어버리고 오만방자해서는 안 될 말이다. 차제에 우리 대전지회에서 외국인 근로자들을 돌볼 수 있는 기회가 마련되어 큰 다행이다. 묵묵한 봉사를 원하는 우리 회원들의 높은 지성과 사명감이 자랑스럽다. 광염선교회도 두말없이 거금을 후원하는 황안과 원장이 있어 빛을 발한다.

'할딱거리는 로빈새 한 마리를 둥지로 데려다 주는' 아프고 힘없고 약한 존재를 버리지 않고 돌보아 주는 모성적 사랑이 박애정신으로 승화되어 도도히 흐르는 우리 대전·충남여의사회의 전통과 그 미덕은 면면히 이어지리니!

문명 속 야만

밧줄 두건 복면 등 후세인 처형 장면은 야만이라는 말이 절로 터져 나온다. 우주인을 선발하고 축하 세례를 퍼붓는 지구 한쪽에서 이런 원시적인 처형이 자행되고 있다. 무슨 이유, 무슨 법을 들이대어도 인류가 같은 종의 생명을 박탈하는 것은 모순이다. 학살과 미증유의 폭정의 대가라고 눈을 감으라는 명령인데, 처형으로 희생된 사람들이 되살아나지 않는다면 처형은 또 다른 살육에 다름없다. 나는 이 점에서 까뮈의 사형 반대 사상을 적극 옹호한다. 체포 당시도 무슨 너구리 한 마리 낚아 올린듯 의기양양하게 전 세계에 보도한 사진도 아연한 장면이다. 정치적 이데올로기 쟁취의 세계에서 불가피하다고 의당 그런 거라고 무감각하다면 너나없이 인류의 양심이 마비된 것이다. 힘의 위세 앞에 침묵하고 있다면, 힘만이 모든 세상의 잣대가 되는 세상이라면 인류의 미래에 과연 희망의 무지개가 떠오를까?

생명의 탄생이 경건했다면 죽음 또한 경건해야 된다고 나는 믿는다. 아무리 중죄인일지라도 그 처형의 과정과 시신을 짐승인 양 만천하에 드러내고 보도하는 야만은 정나미가 떨어진다. 그런 장면을 아무 저항 없이 지구인들이 보도록 보도하는 서방 언론도 마찬가지다.

차우셰스크 처형도 성탄에 집행하더니, 무슨 심술인지 횡포인지, 이번에도 지구촌에 헤로데 대왕처럼 처형이라는 크리스마스 선물을 내리셨다. 꼼짝하면 이렇게 된다는 협박 아닌 협박을 인터넷이라는 문명 이기를 이용하여 지구를 발칵 뒤집어 놓았다. 안 봐도 되는 일들을 무차별 융단폭격을 하듯 타전한다. 첨단이니 문명이니 하는 말에 회의가 당연히 따른다. 이제는 부시 부자의 '부' 자만 들어도 두려워진다. 그 인자하게 세련된 미소 뒤에 저런 엄청난 계획들이 들어 있다는 상상이 들면 무심코 접하던 타임지 사진도 다시 한 번 보게 된다. 문명의 옷을 입었어도 그 속에 숨은 야만은 끝날 날이 없는 건가? 그래도 동방예의지국이란 말을 듣던 우리가 보다 인간적이라는 자부심이 든다. 선인들은 아이들에게 볼 것 못 볼 것을 가려 주었다. 물질적 합리적 사고가 극단에 처하면 과연 인류의 정신적 유산이 어떻게 보존될는지? 인간생명 경시 현상은 어제 오늘 일은 아니지만 지나치다.

온 국민의 기대와 꿈을 대변하고 있는 반기문 총장의 후세인 처형에 대한 답변을 두고 외신 기자들의 신랄한 비판을 받고 있다는 보도는 딱하다. 함무라비 법전을 그대로 외운 듯한 발언은 우리가 듣기에도 지구촌의 수장으로서 실망스러운 견해이다. 정치적 경도를 벗어나 인류애의 관점에서 유엔의 고귀한 이념에 맞게 자신의 목소리를 내었더라면 하는 아쉬움이 남는다.

백마 타고 오는 손님을 기다리며

우리 대통령이 바지춤에 손을 넣고 연설하는 엉거주춤한 자세가 일간지에 대서특필되었다. 무의식중에 연설에 열중하다 과열되어 그런 보기 딱한 자세가 노정된 것 같다. 문득 제랄드 포드 대통령이 비행기 트랩에서 내리다 넘어진 것을 두고두고 가십거리를 삼았던—런던에서까지—기사가 떠오른다. 발언 내용도 거의 원색적 수준의 공방이 오갔다는 보도이다. 대통령의 심기가 보통 불편한 게 아니구나 하는 감이 우리 같은 평범한 시민에게까지 가감 없이 전달된다. 화합의 실마리가 보이지 않는다. 어떻게 하다 이 지경까지 왔나?

한편으로는 그런 사진을 마음껏 찍을 수 있고 보도할 수 있다는 것은 그만큼 언론자유가 보장되었다는 반증도 된다. 감히 어디라고 각하 사진을 마음대로 찍었던가? 인상이 비슷하다는 것 하나만으로 출연이 금지되었던 군사문화의 획일화가 아직 잊혀지지 않는 우리들이다.

연설은 쉬운 일이 아니다. 대중 앞에 자신을 드러내 놓는 일로써 일거수일투족이 많은 사람의 집중을 받는다. 전율할 일이다. 내용뿐 아니라 형식 즉 자세에서도 가지런히 남 눈에 거슬리지 않게 한다는 것이 말처럼 쉬운 일인가? 대중 앞에 서면 자신도 모르게 긴장되어 알던 내용도 까맣게 떠오르지 않는다. 자료를 현명하게 갖고 가서 읽어도 무방하나 연설이 주는 청중을 사로잡는 매력은 덜하다. 아무래도 청중을 향해야 되는 시선이 탁자 앞의 원고에 가기 때문이다. 무슨 곡절이 있던 간에 주머니에 양손을 찌른 자세는 대통령으로서 안 어울린다. 시정잡배가 한판승을 하겠다고 달려드는 기세라면 혹 모르지만 시각적으로 거북한 장면이다. 빌미를 잡힐 일이 더 이상 나오지 않았으면 좋겠다. 열렬하고 순수한 기대와 희망을 걸었던 개혁세력들의 환멸을 더 이상 초래하지 않았으면 좋으련만…….

우리 대통령은 여하간 돌출한다고 할까 남다른 언행이 타의 추종을 불허한다. 후르시초프가 유엔에서 구두를 벗어 탁자를 쳤다고 하는데 버금가지 않나 하는 생각까지 든다.

이튿날 일간지의 사설은 기다리기라도 한 듯 결의라도 한 듯 일제히 대통령 발언에 대해 총 포문을 열어 부쳤다. 대통령 걱정을 땅이 꺼져라 하고 있다. 남은 임기 1년이 걱정스럽다는 제하의 사설을 읽는 시민들의 마음이 오죽 답답한가. 우리의 평화통일은 이렇게 험난한가! 회의석상에서도 이 전란이 일어나니 말이다. 선거법 개정 등 이상적으로 세상을 바꾸어 보려고 무진 애를 쓴 것을 모르는 바 아니나 손발이 안 맞는다고 할까, 당은 당대로 각료는 각료대로 각자 유리되어 돌아가는 지도력의 부재 현상이다. 통합의 기운이 보이지 않고 끝없는 분열과 개인의 야심을 채우기에 혈안이 되어 혈투를 벌이는 자중지란의 형국이다.

개인적으로 여당 정객을 접촉한 경우가 있는데, 여론이 바닥을 치고 원성이 하늘을 찌르는데도 오불관언이다. 염려를 하거나 자중하지 않고 극히 오만 방종하여 여론에 일희일비 하지 않는다고 허장성세를 부리더니 5.31 지방선거에 대패를 하였다. 그러고도 자리에 연연하여 앉아있는 강심장을 보았다. 당의 미래가 어떻든 내 자리가 있는 한 내 알 바 아니라는 이기적인 처세이다. 도탄에 빠진 시민들의 아우성이 귀에 들리지 않고 권력의 유지에 급급하여 세도에 취해 눈이 멀어가는 과정을 옆에서 보며 우리의 정치 현실이 이렇구나 통렬하게 가슴을 친 기억이 있다. 저런 사람들을 선량이라고 뽑아 놓다니! 찍은 우리 손을 빌라도처럼 씻을 수도 없는 노릇이고 속수무책이다. 시민에 대한 약속은 헌신짝처럼 저버리고 자리의 고수만이 목적이었다. 저런 야비한 철면피들이 정치를 하겠다고 모여드는 건지 정치판이라는 데가 멀쩡한 사람을 다 저렇게 비도덕적인 물을 들여 놓는 건지 알 수 없는 노릇이나, 한 가지 분명한 것은 양식의 부재 표리부동한 오합지졸의 난장판이라는 불행한 사실이다.

초기에 대통령은 청남대를 바로 충북으로 귀속시키는 등 신선했다. 그대로 두셔도 아무도 말 못할 일인데 지방으로 귀속시킨 것은 잘한 일이다. 특권을 많이 누리려고 하지 않는다는 의지를 주민에게 보여준 것은 멋진 일이다. 그런데 이후 어느 때부터인지 여러 정책에서 갈팡질팡하며 일관된 이슈가 없이 이리저리 표류하여 향좌를 잃고 있다. 많은 요인이 있겠지만 하부구조와 내부구조의 비장악도 그 한 요인이다. 리더를 중심으로 힘의 전달이 균형 있게 통로가 열리지 않고 어딘가 막혀 있는 조직은 머지않아 괴사가 시작되어 결국은 조직의 와해를 부른다. 뱀이 허물을 벗지 않으면 안 되듯이 생살을 도려내는 진통이 필요하다.

대통령에 호의적이고 아니고를 떠나 일제히 대통령의 발언에 대해 문제를 삼는 최근 사태는 민망하다. 이 기쁘고 경탄해야 할 성탄에 어둡고 슬픈 대통령의 행적이 일개 시민의 가슴을 때려 어울리지 않는 정치 주변의 이야기를 다 썼다. 우리가 눈을 뜨고 살아 있는 한 정치 영향을 벗어날 길 없기에 첨예한 우려의 글을 썼다.

우리에게는 팔뫼 수상만한 그런 정치가가 나올 수가 없을까? 수상이나 시민이 같이 지하철을 타는 나라임을 몸소 실천하다 스톡홀름의 지하철에서 저격당하기는 하였으나, 그 정도의 신념과 지성의 정치인이 없을까? 분명 있다고 믿는다. 때가 되면 혜성같이 비집고 출현하리라 믿는다. '백마 타고 오는 손님을 위해 가난한 노래의 씨를 뿌리고 /광야에서 목 놓아 부르게 하리라'고 외쳤던 육사 시인의 절규가 지하에서 떠돌고 있는 2006. 12. 25. 성탄의 밤이다.

송곳만한 그 자리

제도와 법은 우리가 살아가는데 필요 불가결한 규칙이므로 당연히 준수하고 신봉해야 된다. 새삼 강조할 까닭도 없다. 그러나 나는 오로지 제도를 위한 제도, 타인을 배척하는 데 쓰이는 방편으로서의 제도 운용에는 강하게 저항한다. 다음의 경우에서 나 아닌 다른 사람이라도 그가 의사라면 분연히 맞서서 환자를 위한 방책을 강구했으리라 나는 믿는다.

저녁에 병동에 올라갔더니 모 환자 때문에 오늘 밤 큰일 났다고 주사도 놓을 수 없고 치료를 할 수 없다고 속사포처럼 불평을 쏟는다. 도대체 어떤 환자이기에 이 난리가 났나? 났다면 바로 밤이 깊어지기 전에 진정을 시켜야지 싶어 살그머니 9층에 올라갔다.

아니 이 환자가 그 문제 환자란 말인가? 나를 보면 늘 반갑게 웃는 이 환자가 직원들이 몸서리치는 그 환자란 말인가?

이 환자에게는 보호자로 누나가 있는데 누나가 피지에 가 있어 동의서를 작성할 수가 없어 보호자 동의 없이 계속 입원이 안 된다며 내일

퇴원하라고 통고를 한 모양이다. 내과 선생님이 위장 출혈의 위험성을 경고하고 다른 병원으로 보내는 게 좋겠다는 견해를 밝힌 경위는 의사라면 누구나 앞으로의 예후를 염두에 두는 과학적인 태도이다. 문제는 이런 처방을 무조건 적용하여, 당장 내보내자고 모의를 하는 간부들의 경직된 사고이다. 병폐중의 병폐이다. 발단이 여기서 시작된 것이다. 흥분한 환자가 병동에 내려와 폭언을 하니 직원들이 당연히 위협을 느꼈으리라. 경영 마인드는 병원에 수입만 올리면 끝나는 것은 아니다. 병원은 그 운영자가 개인이든 국가든 이미 공익기관인 것이다. 오로지 수익에 집착하여 환자를 사람으로 보지 않고 액수로 환산한다면 머지않아 그 기관은 사람들의 발길이 멀어질 것이다.

직원의 잘잘못을 가리고 하는 것은 다음이고 환자가 걱정되어 "너무 염려하지 말라"고 이르고 주치의인 내과 선생님한테 메일을 보낸 후, 병록지 리뷰를 통해 자초지종을 파악한 다음 컨퍼런스 룸에서 면담을 시작하였다. 거듭된 역경에도 불구하고 환자는 애쓰며 살아온 사람이다. 그렇게 가정적 사회적으로 지원이 전무한 환경에서 범법을 한 기왕력은 없고 술을 마시게 된 것은 화근이나 나름대로 죽어라 현실과 싸워 온 청년이다. 아버지는 4살 때 사망, 어머니는 초등학교 2학년 때 개가, 막내로서 형 누나와 뭉쳐서 고모가 학비를 대주어 학교를 다니다가 그 고모도 고등학교 2학년 때 작고하여 더 이상 학비를 내지 못해 자퇴를 하였다. 형은 공부를 잘해 장학금으로 모 전문대를 졸업하고 가정을 꾸려 피지로 이민 가서 슈퍼를 하며 10년 넘게 살고 있다고 풀어 놓는다. 누나가 이혼을 겪고 겸사겸사 피지의 오빠한테가 있는 형편인데 입원 동의서 작성해달라고 나오라고 할 면목이 서겠는가?

환자 말이 "내 나이가 사십인데 내 가족이 없는 형편에서 누나를 의지하고 있는 것도 자랑스러운 것은 아닌데, 이런 저런 부탁을 해야 되는 처지가" 과연 환자 편에서 떡 먹듯 즐거울까? 쥐구멍이라도 있으면 들어가고 싶지 않을까? 가슴을 쥐어뜯고 자기연민에 괴롭기만 하겠다.

환자 편에서 보면 사실 이 동의서라는 것이 사회의 벽, 눈에 안 보이는 장벽으로 버티고 환자의 처소를 위협해대는 격이다. '너는 우리가 사는 곳에 안 맞으니 여기서 결별이다.' 말하고 있는 것이다. 인간이 다른 인간을 향해 이렇게 쉬워도 좋은가? 행여라도 향후 불리한 일이 일어날 경우를 대비하여 서류를 완벽하게 갖춰 놓자는 의도는 필요하다. 그러나 그 서류를 구실로 환자를 마구잡이로 내쫓는다는 모멸감이 들도록 비정하게 선언한 냉대 자체를 나는 지적한다. 우리는 누구를 냉대할 권리가 없다. 우리는 누구나 귀하고 귀한 존재이다. 세상에 나의 존재를 다른 유명한 사람하고 바꾸고 싶은 사람은 하늘 아래 아무도 없다. 이 우주 어디에도…….

중간 간부를 불러 이런 식으로 기계적으로 일을 처리하지 말고 그동안의 치료 경과를 내과 선생님과 상의한 후 상세히 기록하여 시간을 두고 받아줄 병원과 주치의 선생님이 정해지면 보내기로 일단락 지었다.

바닷속에 들어가 콩을 찾는 그런 각오로 나는 면담을 한다. 편안하게 이야기를 진행해 가는 듯 보일는지 모르나 정신과 의사는 환자가 겪는 그 모든 정신병리를 함께 공감해야 되는 의식ritual을 치른다. 녹초가 되어 미끄러운 눈길을 거의 기다시피 걸어 들어오니 너무 지쳐 잠도 오지 않는다.

이튿날, 그동안 간성혼수 등 부작용을 조심하느라 정신과 주약은 전혀 쓰지 않았으나, 나는 부작용은 부작용대로 대처하면 되므로 기분 안정제인 항조증 약물을 시작했다. 주치의도 자연스럽게 대화를 통해 바꾸고 자리로 가봤더니 이불을 뒤집어쓰고 자고 있다. 안경을 귤 위에다 삐딱하게 놓은 것을 보니 이 환자의 엉클어진 심상이 그대로 보인다. 당분간 내가 맡기로 하고 치료를 받겠느냐는 동의를 구하러 갔다가 뒤돌아 왔다. 비몽사몽 잠이 덜 깬 것 같아서다. 나는 자는 사람은 되도록 깨우지 않는다. 회진 아니라 뭐래도 개인이 가장 우선시 되어야 한다는 믿음을 지니고 살고 있다.

내 방으로 전화가 와서 자기를 맡는다고 아까 그랬느냐? 그럼 나 내일 안 나가도 되느냐며 짐 풀어도 되느냐고 다시 확인을 한다. 그렇다 하고 짧게 답했다.

물론 이런 분들이 흔히 보이는 행태는 기실 치료 멤버들에게 골탕 내지 맥빠지게 하는 일이 비일비재하다. 둘러대기, 임기응변(거짓말이라는 말은 나는 잘 쓰지 않는다), 즉흥적이고 충동적인 행동, 무절제 등의 행동으로 곤란하게 만든다.

아니나 다를까 이 환자도 투약을 하러 갔더니 환자가 안 보인다고 어디 외출한 모양이라고 간호사가 울상을 짓는다. 혹시나 싶어 올라갔더니 마침 자리에 들어와 있다. 어디 갔었느냐 물으니 간식을 사러 나갔다 왔다고 하여 투약하러 가자고 하고 스테이션으로 데리고 와 내 앞에서 물먹고 약을 먹게 하였다. 약이 밀려 한 봉은 그냥 남았다.

여하간 아수라장 같던 알력은 일단 불을 끄고 그의 정신병리를 진화해야 될 일만 급하다. 야간 당직을 자청하고 계신 목사님께 그의 영혼의 구원을 위해 잦은 상담을 부탁하고 나니 그래도 조금 안심이 된다. 이 기회에 우리 병원을 발판삼아 그가 재기의 계기를 삼았으면 더 바랄 나위가 없겠다. 그를 비난하고 그에게 돌을 던질 만큼 우리는 우리 자리에서 그들을(환자들) 사랑했는가 묻는다면 우리 모두는 그 앞에 양심선언이라도 하고 무릎을 꿇을 일이다. 사회제도가 한 개인의 꿈과 야망을 충분히 키워주지 못할망정 그에게 송곳만한 그 자리 하나조차 베풀지 못하는 파렴치한 사회가 되어서는 안 되겠다.

이 세상에서 버림받아도 좋은 사람은 아무도 없다. 너무도 귀하기 때문이다. 이 사회 국가라는 거대 조직은 그 생리상 거기에 한껏 올라타지 못하는 군상들을 낙오자라는 딱지를 붙여 도외시한다. 이들을 싹 청소해내고 그럴듯한 사람, 잘난 사람만 살 수도 없고 그것은 불가능하다. 우리는 우리 각자에게 다 소용되는 존재이기 때문이다.

지친 몸을 끌고 한강변에 나가니 눈이 녹지 않아 뽀드득 뽀드득 소리가 난다. 오랜만에 이런 눈길을 산책한 저녁이다. 물가의 오두막을 꿈꾸던 내게 한강변의 오두막에서 여생을 보내라시는가? 꿈이 이렇게 기이한 형태로 다가오는가? 대도시라지만 아직도 어딘가 어수룩한 시골 분위기가 도는 암사동은 그래서 선사 유적지가 남아 있을 정도로 움막 짓고 살기에 좋은 땅이었나 보다.

아아! 그러나 이 해가 저무는데, 나의 마음 한켠이 왜 이렇게 무너져 내리듯 허전한가? 나이 탓인가? 배반의 충격인가? 허깨비가 된 듯 나의 나날이 이렇듯 수심에 차서 어깨가 축 늘어져 있다. 사랑의 고통은 늘 이렇게 심한 환멸과 비애의 무덤을 선사하는 것인가? 가까이 있지만 마음이 멀어진 사람은 이미 작별이 진행된 사람이다. 이렇게 때로 우리 삶은 이전투구와 다를 바 없이 잔인하기도 하다.

나가 떨어지게 일하고도

– 의권에 대한 소고 –

한 시간 내에 서둘러 회의를 끝내 주신다고 하신 이향애 회장님의 선언에도 불구하고 시간 내에 딱 마치기는 어려운 노릇인가 보다. 어렵게 모인 위원들의 말문이 열리기 시작하니, 그리고 평소 하지 못한 이야기들도 많아 회의를 마친 시각은 8시 45분이다. 서울역에 나와 9시 20분 KTX를 올라타고 한숨 자고 나니 대전역 인근이다.

너나없이 우리 회원들은 하루 종일 나가떨어지게 일하고도 아직도 무슨 미련과 애정이 남아서 이리 모여 또 무슨 일을 도모하겠다고 이마를 맞대고 궁리하는가? 아직도 세상에 대한 사랑이 철철 남아서 또 이렇게 모여 의권의 정의니, 의권 확립이니에 대한 각자의 견해들을 기탄없이 토로하다니 참으로 눈물겹게 숭고하다.

아직 우리에게 꿈이 있다는 것, 아직도 이루고 싶은 소박한 꿈이 있다는 것, 세상을 조금이라도 더 나은 곳으로 만들고 이 지구를 떠나야 된다는 어떤 의무감 같은 것이 이렇게 우리를 암암리에 한국여자의사회관으로 모여들게 하는 게 아닐까? 나처럼 시골사람이 서울 구경하는 날도 바로 이런 날이다.

의권의 정의에 대한 각종 유권해석을 비롯하여 엄격한 정의에 대한 참고자료 법규를 한 짐 찾아오신 이향애 위원장님의 지적 열성과 탐구열은 가히 초인적이라 하겠다. 깨알 같은 법규는 눈에도 머리에도 들어오지 않는다. 유혜영 원장님이 의권옹호위원회에 그간 기여하신 햇수를 계산하여 4수를 하셨다고 우스갯소리를 한다. 저 꺼지지 않고 타오르는 횃불들이 시대의 새벽을 마련하는 발걸음 아니겠는가? 각자의 자리에서 치열하게 본분을 다하며 또 이런 참여의 노력을 게을리하지 않는다는 것이 우리 여자 의사들의 저력이다. 이 사회의 등불이 되고자 하는 열망과 사명감에 불타는 우리들의 눈빛이 그 표징이다.

의권이란 그간의 나의 경험에 비추어볼 때 의사 단독적인 권위라든지 권익은 현실적으로는 어렵지 않은가 하는 씁쓸한 생각을 많이 한다. 의사의 권리를 하늘을 찌를 듯 높게 온갖 법전을 찾아 총망라하여 정리하여 공포한다 하여도 그 권익을 즉 효력을 발생시킬 대상자나 사회 집단이 준비가 되어 있지 않다면 그야말로 빛 좋은 개살구 내지 종이호랑이로 전락할 수 있기 때문이다. 나의 이 기우가 기우로 끝난다면 얼마나 좋을까마는, 의사를 필요로 하는 환자들에게서 존경과 사랑, 그 전문성의 필요가 피부로, 전인적으로 수용되지 않는다면 과연 의사의 권위라는 것은 한낱 신기루에 지나지 않을 것이다.

최고의 전문성, 석학을 능가하는 두뇌와 여러 개의 학위 등으로 무장한들 막상 환자의 사랑과 사회의 추앙이 따르지 않는다면 그 많은 전문적 지식과 의술의 보람을 어디에서 찾는단 말인가?

의료제도의 모순, 의사 집단 내에서의 상호충돌 내지 불협화음, 각자 자기 앞의 작은 이익에 우선하느라 타 과와의 상생을 위한 합의나 타협점을 도출하지 못하고 등을 돌리거나 무관심한 사례 등 통합의 위력을 발휘하지 못하는 폐단은 우리 의사들이 처한 딜레마라 하겠다.

나는 괜찮은데 네가 나쁘다는 이런 투사기제는 이제 그만 일축하자. 자만에 빠져 사회와 유리되어 성을 쌓고 살던 우리들은 이제 그만 아집의 성문을 열자. 고립과 무관심의 울타리를 벗어나 세상 속으로 함께 흐르자. 그리하여 우리보다 못하다고, 교육연한이 덜하다고 상대하지 않았던 사람들이 우리를 넘보고 능멸하고 거꾸로 우리의 존재 자체를 비하 내지 백안시 하는 경거망동을 두고 보지 말자. 제도적 모순을 타파하자!

최근에 겪은 황당한 사태로 인해 이 미흡한 제도 속에서 의사들의 역할이 매몰되는 사례를 겪으면서 더욱 첨예하게 나의 뇌리를 떠나지 않는 일례가 있다.

여생에의 집념도 가히 초인적이셨던 분인데 천식, 당뇨, 파킨손씨병 및 우울증으로 결국은 가성 폐색 상태에서 급격하게 전신상태의 기능이 떨어지며 임종하셨다. 치료 중간에 등외판정의 결과를 뒤늦게 안 나는 공단에 전화하여 저간의 경위를 묻고 등외판정은 맞지 않는다는 설명을 하고 바로잡는 방안을 알려 달라고 촉구했다.

처음에는 직원 조사에는 잘못이 없었다고 옹호하더니 조목조목 추궁하는 나의 주장에 도리가 없다 여겼는지 이의신청 서식이 있다 한다. 병원으로 보내 달라 했더니, 아무래도 나의 서슬이 그리 녹록치 않다 느껴졌는지 월요일에 담당 공무원이 재심사를 하러 병원으로 오겠다고 숨넘어가게 파발이 왔다.

바쁜 월요일 아침 마지못해 오기는 왔는데 그래도 궁한 변명으로 합리화를 한다. 진단서는 참고하지 않는다고. 그렇다면 눈코 뜰 새 없이 바쁜 의사들에게 무엇 때문에 장장 긴 판정 소견서를 법적으로 요구한다는 말인가? 의사라는 직종을 도외시하고 요양제도가 확립될 수 있다고 믿는 이 분들의 의식은 위험하기 짝이 없다. 엄연히 국가가 요구하는 요양법규에 제시된 등급 판정 소견서를 공공연히 도외시하고 있다는 천진난만한 행태이다.

자기들은 일상행동(ADL)만을 본다고 발뺌한다. 식사를 하시므로 정상이라고 판정했다고 우기길래 식사하는데 손이 떨리고 저작이 어려워 1시간 반 이상 식사시간이 걸리는데 그것이 정상이냐고 다그쳤다. 겨우 서서 구부정하게 좀비처럼 걷는 어르신이 그래 정상이란 말이냐? 등외라는 판정이 과연 타당하냐고 지나가는 행인을 붙잡고 물어보라고 반문했다.

봄에 심사 나왔을 때도 파킨손씨병을 요약하여 설명을 해줬었다. 프린트 아웃까지 해서 공손하게 바쳤다. 나는 친절한 사람이므로 이 정도 서비스는 당연한 나의 임무로 생각하는 사람이다. 이 공직자가 아주 양심이 없지는 않아서 내가 명확하게 설명해준 것은 인정한다. 소견서도 그렇게 자세히 쓴 소견서는 처음이라고 아첨 아닌 아첨을 한다. 아니 이런 듣기 거북한 찬사를 듣자고 내가 이런 아까운 시간을 낭비하고 있는가? 내가 돌보고 있는 어르신뿐 아니라 어려운 가족들 그리고 의사들의 고뇌, 나아가서 우리 사회의 의료 발전을 위한 밑거름을 위해서이다.

나는 어조를 낮춰서 진지하게 심사하는 자리에 계시니 정확하게 임상상태를 파악하고 익혀야 된다는 것을 간곡히 일렀다. 환자의 삶의 질뿐 아니라 가족의 안위에 영향을 미치는 중요한 자리라고. 나아가서 우리 이웃의 안녕과도 직결되는 일이라는 것을 누누이 강조했다. 치매 어르신에게 시달리다 못해 가정파탄이 나는 사례도 적지 않다. 나도 지금도 배운다고, 늘 고민한다고, 한 분 한 분 곰곰 깊게 생각을 하는 시간이야말로 치료행위의 밑거름이 되는 가장 긴요한 치료관계의 장이라는 것을 일러 주었다. 그제야 솔직하게 등외 판정의 기준을 폐렴을 앓고 있는 상태를 급성기 호흡기 질환 즉 감기의 일환으로 간주하여 급성기는 등외에 해당되므로 규정상 안이하게 아니 무모하게 판정을 한 경위를 털어놓는다.

천식으로 골골하다 재발하여 만성 폐 질환에 이르렀는데 그것을 급성기 호흡기 질환에 포함시켜 등외판정을 내린 이 논리의 발상은 아연하다. 억지로 재심사를 해준다하고 돌아간 뒤 일주일도 안 되어 어르신은 운명하셨다. 설사 1급 판정을 받았어도 그 혜택을 누리기 전에 돌아가셨을 분을 두고 그리 인색하게 군 우리들, 살아 움직이는 사람들인 우리는 얼마나 비루한가? 생명의 존엄성 이전에 의료비 과다지출을 막기 위해 혈안이 되어 자행되는 이런 현실이 과연 우리가 꿈꾸는 현실인가? 파킨소니즘 어르신을 등외라고 우긴 이 공직자들의 횡포, 직권남용은 시정되어 마땅하다.

그 후 얼마 지나지 않아 다행히 노인병원 의료인 연수강좌에서 보험공단 책임자를 만나게 되어 그들의 고충을 알게 되었다. 그간 속았다고 주장하는 사례를 열거하며 아직도 분이 안 풀린다는 듯 씩씩거리는 숨소리가 내 자리까지 들려온다. 갖가지 궁색한 작태들은 자세히 더 들을 것도 없겠다. 완전히 누워 거동을 못하고 계시므로 1급 판정을 해줬는데, 1주일 후 동네에 출장을 갔더니 저편에서 그 어르신이 걸어오더라고. 이후 파킨손 병은 절대 속지 않는다며 아무 병도 아니라는 듯 속았다는 말을 강조하며 불쾌한 기억을 되뇐다.

토론 시간에 어지간해서는 발언을 하지 않는 사람이지만 보다 못해 첨언을 했다. '병은 병'이라고. 가족들이 부양하기에 여러 여건이 벅차 그런 치졸한 극을 꾸민 점이 노정된 것은 불미스러우나 건강한 사람을 두고 그런 연극을 한 것은 아니잖느냐? 부디 가족들과 환자들이 겪는 고통과 장애의 심각함을 따뜻한 마음으로 보시고 관대한 판정을 하여 주십사 간청을 하였다.

조사를 가서 한 번 보고 판정을 하지 말고, 설사 판정을 하더라도 의사 소견서를 왜 참작하지 않았느냐 질문하니 진단서 첨부 규정이 없으며 와상臥牀 상태는 행정관이 가서 눈으로 보고 판정한다고 덧붙인다.

타당도니 신뢰도니 개념이 전혀 없는 이런 분들이 심사 판정을 한다고 앉아 있으니 요양병원 심사기준도 기준이지만 현실적으로 제도운영상 많은 우려를 하게 된다. 연수강의가 끝나자 직원들이 속이 후련

했다며 내게 달려와 고맙다고 손을 잡는다. 공무원이라면 아직도 이렇게 벌벌 떨어야 되는지! 병원을 운영하려니 온갖 눈치를 보며 설설 기어대도록 무언의 위협을 가하는 이 무리들의 의식전환은 아직도 요원하다는 탄식이다.

의사의 입장만을 고수할 수는 없다 치더라도, 의사인 내가 왜곡된 제도권의 관료적 업무처리를 강 건너 불 보듯 하며 그저 입을 봉하고 앉아 있어야 되는가? 틈틈이 처한 자리에서 이들에게 치료의 개념과 임상상태의 교육을 해야겠다. 제도가 잘못 되었다면 시정되도록 계속 탄원 내지 의견을 제시하고 여론화 할 것이며, 개별적으로 기회가 되는대로 등급판정 소견서에도 상세하게 기술하여 심사하는 사람들에게 긍정적 자극을 줘야 될 것이다.

특히 딱한 노릇이 의사가 이렇게 환자를 위해 옹호하고 나서는 것을 마치 무슨 청탁이라도 오고가서 저렇게 하는 게 아닌가 하는 뉘앙스를 비치기도 한다. 그러나 나의 환자 가족들 형편이 도저히 로비를 할 처지가 아님을 그분들도 익히 아는지라 그런 점에서 나는 자유로울 따름이다. 남이 나를 어떻게 보는 것이 그리 무서운가?

(2010. 한국여의사회보, 가을호)

관료주의 - 이현령비현령

얼마 전 복지부에서 조사가 나왔다. 복지부가 그렇게 위용이 대단한가? 보건소 여직원들을 대동하고 옛날로 치면 어사또 행차 비슷하게 들이닥친다. 인사도 하는 둥 마는 둥 하고, 인상을 밝게 펴기는커녕 두려움을 느끼게끔 거드름을 피며 방을 하나 내놓으라고 명령한다. 여분의 방이 없는 병원도 있을 텐데 큰일 나겠다. 다행히 빈 방이 있어서 차려 드렸다. 상전이 따로 없다!

한참동안 병동을 뒤지고 직원을 오라가라하더니 따라온 정신과 동료가 환자를 불러 자세히 면담까지 하는 등 진지하게 현장 조사를 한다. 나는 보건소에서 따라온 두 분의 여직원과 대화를 하며 어서 조사가 끝나기를 기다렸다. 드디어 최종 조사를 마무리한 후 지적사항을 나열해 놓고 확인서를 쓰라고 나온다.

자유롭게 토론을 하고 상황 설명을 들은 것은 언제이고 정신 보건법 조항에 맞는 양식대로 서류를 구비하지 않았다고 벌금형의 법조항 문구를 들이민다. 나는 이미 병원을 조사하신 바대로 환자의 인권침해에 해당된 일이 없으며 서류를 갖추지 못한 점은 차후라도 바로 구비하겠으니 적발 사안은 아니잖느냐 반문했다. 그리고 그간 보건소 지도점검에 따라 이 잡듯 서류를 장만해 놓았는데 또 무슨 서류를 주렁주렁 달아 놓으란 말인가? 병원에 그렇게 할 일이 없단 말인가? 정신과 동료도 법대로 해야 된다고 합세하니 더욱 난처한 입장이 된다. 나는 속으로 나도 젊음을 공직에 바치고 나온 사람이지만 내 직위를 이용하여 부당한 권리나 이익을 도모하지 않았다는 자부심이 고개를 번쩍 든다. 추후에 나오면 이보다 더 심한 조사를 받는다고 위협 아닌 위협을 하며 심평원에 실사 나가도록 상부에 고자질(?) 하는 것으로 우리 병원을 나갔다.

막판에 옆에서들 그냥 사인하라고 종용하는데 나도 순간 망설였으나 심평원을 상대로 조사를 받게 되면 받자 하는 생각을 하니 오히려 마음이 가벼워져 안녕히 가시라고 하고 문을 걸었다.

길고 긴 하루였다. 공무원의 위세가 이렇게 사시나무 떨듯 대단하구나! 나는 젊은 날을 공직에 바쳤건만 왜 이런 스릴 넘치는 공무원의 맛을 몰랐을까? 고양이 앞에 쥐를 대하듯 병원을 들쑤시며 큰소리치는 저 호언장담이 다 힘을 부여 받았다는 철밥통의 보장에서 나오는 것이고 그 힘을 법이 허용했다는 근거 아닌가? 원칙과 법령을 들고 나오며 옴짝달싹 못하고 사시나무 떨듯 떨게 하지 않는가? 법이라는 것도 불필요하게 그렇게 세세하게 많아서 서류를 구비하다보면 진료기록보다 구비서류가 더 수북하도록 그렇게 많은 법이 필요한가?

의사의 진료와 치료환경 시설, 정신병에 대한 시민의 인식변화를 위한 교육 등 첩첩하게 쌓인 현안들을 미뤄두고 의사가 인권유린하는지 안 하는지 두 눈에 불을 켜고 들이닥친다. 그리고 조사를 하러 드나들더라도 기본 예의와 병원의 입장과 다른 환자들에게 미치는 정서적 반응도 고려해야 되는 게 아닌가?

나는 본능적으로 우리나라 공무원 특히 권력부서의 사람들을 대하면 경계심과 이들이 또 어떤 무례한 언행을 할까 전전긍긍하게 된다. 나도 별수 없이 파블로프의 개처럼 피해의식이라는 조건반사가 무의식적으로 침 대신 날카로운 방어라는 무기로 맞서나 보다.

조사할 것이 있으면 정확하게 조사해서 시정하여 더 나은 변화와 발전을 이루는 게 목적일 터인데, 조사를 위한 조사, 적발을 위한 적발로 처리하니 과연 시민 위주의 시민을 위한 행정이라고 느끼겠는가? 좀 더 친절하게 미소를 띠며 일하는 것이 그리 어려운 일일까? 왜 그리 험상궂은 얼굴을 하고 오만상을 찌푸리고 처음부터 위압감 내지 주눅이 들게 암암리에 압박부터 하고 드는 걸까? 서류도 이것저것 불필요한 것까지 내 놓으라고 극성이다.

양식이 같은 동의서를 두고 양식이 틀렸다는 둥 하도 호통을 쳐대니까 혼비백산했다가 나리님들의 행차가 지난 후 며칠이 되어서야 제정신이 들어온 원무과장이 똑같은 동의서를 가지고 트집을 잡았다고 볼멘소리를 한다. 다시 보니 종이가 바랜 것 빼고는 틀림없이 같은 양식을 그렇게 틀렸다고 우기고 기합을 주고 가셨다.

나는 유럽의 복지부나 관공서를 드나들던 경험을 되뇌고 싶지 않다. 남의 나라가 잘하는 것이 배아파서가 아니고 그러잖아도 꼬인 사람들이 더욱 비뚤어진 반응을 보일까 눈치가(!) 보이기 때문이다. 잡아먹을 듯 다니지 말라. 시민은, 특히 의료인은, 특히 정신병원에 근무하는 사람은 한시라도 긴장의 끈을 늦추지 못하고 사는 사람들이다. 외래 집무실에 앉아 있다가도 큰소리만 나면 귀신같이 알고 뛰어 올라간다. 소리만 들어도 발작의 정도와 행동화의 심각성을 감지하기 때문이다. 오래 정신과를 하다 보니 목소리까지 낮아져서 말소리가 조용해 못 알아듣겠다는 소리를 듣는다. 직업이 성격까지 영향을 준다는 것은 놀라운 일 아닌가!

그렇게 법, 법, 법조문을 들이대고 으르렁대는 사람들이 왜 보건소장 임용의 경우 의사회나 의사들의 동향을 묵살한 채 슬그머니 행정직 공무원으로 보건소장을 임용하려고 구렁이 담 넘어가듯 하는가? 왜 인사문제를 불공정하게, 그야말로 법령을 무시하고 직권남용을 하는가? 왜 이미 물밑 작업을 해놓고 시치미를 떼고 행정직을 임명해야 행정편의가 있느니 하는 말을 공공연히 하는가? 구청장을 위한 구청인지 아니면 시민을 위한 구청이고 보건소인지 그 답을 안다면 왜 의사들이 보건소장에 지원한 당사자가 아니라도 분연히 일어나서 의견개진을 하는지 저의를 알리라.

법의 해석을 권력자 중심으로 해석하고 남용하는 것을 시민들은 여론의 힘으로 막아야 된다. 의사가 보건소장을 하는 구의 경우 개원을 하는 사람들이 보건소 등쌀에 못하겠다는 원성이 없다. 그러나 중구의 경우 임상의 몰이해에서 오는 행정적 조치로 인해 알게 모르게 막대한 정신적 경제적 손실을 입은 의원가를 알고 있다. 나도 공무원을 했지만 그렇게 사람들을 쥐 잡듯 잡으려고 한 적도 없고 할 필요도 없었다. 내가 무슨 큰 세도를 잡은 사람도 아니고 단지 그 직위에서 봉사할 수 있는 자리를 잠시 부여받은 것 이상의 큰 의미를 두지 않았기 때문이다. 개중에는 법무부 권력기관에 근무한다는 것을 큰 힘으로 여겨 행세를 하는 사람이 없었던 것은 아니지만 나는 비위가 맞지 않아 적당한 시점에서 물러나왔다.

다시 한 번 제언하거니와 인사문제를 공정하게 법에 의거하여 보건의료정책 담당이 왜 의사가 되어야 되는가를 설파하고 준수해주기를 촉구하며 일선기관을 시찰할 때도 보다 친절하고 교양 있는 상식적인 매너를 갖추기를 감히 앙망한다.

대한민국의 공무원들 특히 복지부 의약 담당들이여!

제발 저승사자처럼 굴지 말라. 만면에 미소를 띠며 신사도를 지키면서도 해가 지지 않는 제국을 구축했던 나라의 지혜를 숙고해보기를 바라마지 않는다.

아침 무지개를 꿈꾸며

– 청주여자교도소를 다녀와서 –

번개같이 차를 몰고 청주교도소를 찾아 들어가니 정확하게 10시. 서울 팀이 보이지 않아 전화를 하니 10분이면 도착한다고 한다. 전직 법무부 공직자였던 나는 마치 친정에라도 돌아온 듯 사뭇 예전 기억들이 애틋하게 살아난다. 그렇게 속으로 미워했던 망루도 전에처럼 눈 흘기지 않고 바라보는 내 자신이 이미 환갑을 넘어 초로에 접어들었다.

연락을 받고 의무과장님이 내려오더니 반색을 하며 맞이해준다. 온유하기 이를 데 없는 인상이다. 차를 마시며 사무관 자리가 비었는데 충원이 안 되고 있다는 고충을 털어놓는다. 의사들에게 교도소 근무가 별반 구미가 당기지 않는다는 토로이다. 처우가 매력을 느낄 만큼 된다면 다행일 텐데, 그것도 아니라면 오지 않는 의사들만 비난할 문제는 아니겠다.

반가운 음성들이 들린다. 일행이 밖에 도착한 모양이다. 박경아 회장님 그 특유의 화려한 미소와 쾌활한 음성이 자칫 무겁게 느껴지는 교도소 공기를 단박에 가르고 청량하게 둔갑시킨다. 홍자선 이옥주

대 선배님이 내려오시는 줄 몰랐다. 우리 연배나 아래 후배들이 오는 줄 알았다. 여하간 선배님들을 앞세우니 그리 든든하다. 선배들의 경륜에서 우러난 지혜는 후배들이 범접하기 어렵다는 만고불변의 진리를 나는 숭배하는 사람이다. 이옥주 원로가 빵을 사갖고 오셔서 소장님께 내 놓으신다. 수형자분들을 만나러 가기 전에 모든 소지품을 맡기고 출입증을 받고 미로 같은 계단을 통해 강당으로 안내되었다. 네 동료들이 사방 동서남북으로 앉아서 약 90명에 가까운 분들을 상담했다. 당연히 내게는 정신과적 상담을 원하는 분들이 의뢰되었다.

이름 없는, 아니 이름을 밝히지 않고 숫자로만 불리는 분들이라 이름을 묻기도 그렇다. 상담은 그러나 기다렸다는 듯 봇물처럼 터져 나온다.

첫 번째, 마약 거래를 하다가 수형을 받고 있다는 이 분은 월경 전 증후군이 심하다는 증상과 소리를 지르고 싶다는 등 여러 가지 호소를 하나 구태여 정신병적이라고 볼 정도는 아니다. 현실 판단과 자신이 돈에 눈이 멀어 마약을 거래했다는 술회를 가감 없이 하고 남편 또한 중국에서 수형 생활을 한다고 한다. 다행히 지난 크리스마스에 세례를 받고 부지런히 기도를 한다고 한다. 이 분은 잔여기간이 1년 6개월로 얼마 남지 않았고, 또 남을 원망하거나 남 때문이라는 비난이나 원망 없이 본인이 원해서 한 거라고 말을 하는 점과 공범들을(아마 유혹했던 조직원들) 이미 다 용서했다는 말을 들으니 내 마음도 한결 가벼워진다. 월경 전 긴장 상태는 정상적 생리적 현상임을 강조하고 심하면 의무과를 바로 이용하도록 당부했다.

이어서, 3주에 한 번 외부에서 왕진 오는 정신과 진료를 직접 받고 있다는 다음 분은 진정한 치료관계의 확립 즉 의사와 환자의 믿음이 맺어지는 것이 무엇보다도 중요한 관건이 되고 있다. 도무지 자기 말을 믿어주질 않는다는 한탄과 약이 안 맞는다는 호소를 필두로 줄줄이 증상을 호소하는데 정신과 진단의 범주 어디에 해당되는가를 떠올리기 이전에 환자의 비애가 가슴을 콕콕 찌른다. 가족력과 극도로 불행했던 어린 시절 사건들을 누에고치처럼 토해낸다.

알코올중독의 아버지, 구타를 견디다 못해 집을 떠난 어머니, 새어머니와의 어려움, 눈치, 구박, 그런 불운한 환경에서 그래도 이렇게 건강한 면이 남아 있다는 것이 나는 오히려 대견할 정도이다. 신산한 삶의 주인공이라고 보이지 않게 늘씬하고 아름다운 젊은 숙녀이건만, 대체 이 분이 무슨 법에 저촉되었는지 도무지 감이 잡히지 않는다. 다만 아무도 자기 호소를 들어주지 않고 믿어주지 않는다는 슬픈 호소가 내 심장을 찌른다.

자해를 하고 자살기도를 하는 등 많은 곤란을 겪다보니 아예 이 분의 영혼에 대해서는 주변에서 참아주고 귀를 기울일 여유가 없었던 듯하다. 환자로 넘어가 버리고 거기다 수형자란 딱지가 철썩 달라붙었으니 더더욱 인간적 존중이나 이해를 받기가 쉽지 않았으리라. '해라!' '해라!' 해서 자해를 했는데 아무도 안 믿어 주고 혹독하게 처벌을 받았다는 이야기를 한다.

환자를 지배하는 명령환청은 매우 강력하여(morbid) 도저히 저항하기 어려운 상태라는 설명을 덧붙여 주니 비로소 안도를 하는 눈빛이다. 이 분에게는 다음 번에는 왕진 오시는 정신과 선생님께 겁먹지 말고 어린 시절 이야기를 자세히 털어놓으라고 신신당부했다. 의사와 환자가 마음이 오가서 맺어지면 정신과 치료가 그렇게 부담스러운 일은 아니다.

점심 식탁이 풍성하다. 정성껏 차린 음식을 게걸스럽게 먹었다. 후식으로 노랑 아이스크림을 초록 나뭇잎에다 블루베리와 함께 내온 것을 보고 소장님께 여기 식당 직원들을 부디 크게 칭찬해 주시라고 간청했다. 의례적인 찬사가 아니란 것을 아시고 소장님도 무척 자랑스러워하신다. 본래 음식을 잘한다고 덧붙인다. 조미료는 질색인 나는 이런 토속 음식에 열광한다.

박경아 회장님이 여름이라도 찬물 샤워를 힘들어하니 온수공급의 가능성을 타진했다. 소장님은 예산이 없음에도 불구하고 이미 한 달 이상 온수를 공급했다고 밝히시며 적극적으로 마음을 열고 경청하신다. 이옥주 선배님은 초음파 등 유방암에 대한 예방적 차원으로써 임상적 대안을 제시하신다. 의무과장도 공손히 듣고 수긍한다. 적용하겠다고. 업무량은 폭주하더라도 하겠다고.

강당으로 향하다 눈을 들어 교도소를 둘러보니 벽에 벽화가 그려져 있다. 살벌한 회색, 철창색 등 나는 감호소 색채를 얼마나 혐오했는지 모른다. 왜 천편일률적으로 옛날 서대문형무소 색을 그대로 쓰는가? 진절머리가 나지도 않는가? 그 숱한 희생을 치른 분들의 신음과 핏자국이 서린 그 한의 상징인 무표정한 회색빛이 그래 그리도 마음에 드는가? 아니면 게으르기 짝이 없어 그냥 그대로 두고 세월을 보내는가? 일제 잔재를 청산한다는 의미만으로도 교도소 색채를 과감하게 혁신하지 못하는가? 항상 못마땅했다. 1993년도 2개월 간의 스웨덴 사법정신과 병원 시찰 후 더욱더 이런 내적 불만이 비등했다.

스톡홀름 시내에 위치한 샹트오란 병원St Goeran Hospital은 실내를 핑크색으로 칠하고 가정집처럼 정신과 외래를 아늑하게 커튼을 걸고 있고 할Hall 감호병원 복도 벽에 환자들이 그린 온갖 기괴한 그림이 그대로 장식되어 있었다. 이 분들을 법에 묶어 책임을 지우는 현실(즉 자유제한)이라 하더라도 이 분들의 존엄성, 표현의 자유 등은 박탈하지 않고 어떻게든 허용하고 격려하는 이런 사회가 정의가 지켜지는 사회 아닐까?

여지가 있는 사회, 숨을 쉬게 하는 사회, 비록 잘못은 책하더라도 인간으로서 존재가치를 말살하지 않겠다는 결의를 나는 할 병원 복도에서 접하고 스웨덴이란 나라와 사람들의 팬이 되었다.

대체 활발한 상상이나 창조, 아름다움의 추구 같은 것을 이 분들에게서 박탈할 이유가 무엇인가? 그들의 잘못 이면에는 그들의 환경, 가정·사회적 책임도 있지 않은가? 누구라도 그런 극도로 불리한 환경에 처하여 자신의 행동이 이 분들과 달랐으리라고 장담할 수 있는가? 내가 이 분들의 내면을 그 영혼을 만나고 이렇게 저리게 찔리는 이유가 바로 여기에 있다. 우리들도 이 분들의 잘못에 연루되어 있다. 우리는 양심을 저버리지 말자. 이들에게만 법이란 올가미를 씌우고 이렇게 도외시하고 편하게 살 작정을 하지 말자.

이제 예술성 여부를 떠나 여하간 벽에 숲과 나무와 하늘을 그린 월

페인팅을 보니, 젊은 날 감호소에서 흘린 우리 모두의 땀방울은 헛되지 않았음을 알겠다.

1시 반부터 나머지 기다리는 분들을 상담했다. 나는 마지막 만난 분이야말로 홉스의 설대로 하느님이 꼭 오늘 가서 만나고 오라고 한 예정된 분 같았다.

상담이 시작되자마자 북받치는 눈물을 훔쳐가며 그간의 곡절을 이야기한다. 조교를 하던 중이었다는 말과 연인을 찾아 미국에 갔던 비련의 과거와 이 분의 치열한 실존적 고뇌가 전염되어 듣는 내가 현기증이 나는 기분이다. 방통대 3학년이며, 나가려면 아직도 10년이 남았고 그때 되면 자기는 나가도 부모님은 연로하고 아무도 곁에 없을 것이라고 흐느낀다.

벼랑 끝에 서있는 기분, 오리무중의 밤길에 혼지 버려진 절망감, 그러나 그 끝에 희망의 무지개가 뜬다는 믿음이 이 분에게 피어오르기를 바라며 치맛자락을 붙잡고 늘어지는 아이를 차마 떼어놓듯 간신히 적당한 시점에서 마무리를 짓고 일어났다. 이미 동료들이 상담을 끝내고 나만 바라보고 있는 형국이니 말이다.

교도소 현판 앞에서 사진 촬영을 하고 이병헌 의무과장님 방에 들러 인사를 하였다. 박경아 회장님은 소장님께 금일봉을 전달하고 뒤도 돌아보지 않고 서울로 급히 상경하는 차에 올랐다. 손을 흔들어 배웅을 하고 나 또한 비호같이 불가마 속 같은 더위를 뚫고 청원을 내리 달려 도룡동으로 돌아왔다.

오랜만에 해가 있는 시간에 귀가하니 마치 금의환향이라도 한듯 새삼 행복하기만 하다. 나의 집이 이렇게 눈부시게 밝았던가? 오늘 만난 분들을 위해 소리 없는 화살기도를 했다.

무엇을 훔쳤던지, 막중한 죄를 지어 발각될까봐 전전긍긍하다 눈을 뜨니, 새벽을 알리는 까치들이 덱크에 앉아 깍깍거리며 난리이다.

꿈이지만 벌벌 떨며 몸서리치던 두려움이 걷힌 오늘 새벽의 희망과 환희가 왜 이리 넘치는가? 이 아침 서광이 교도소 담장 안에도 깊숙이 빛나리니, 밤이 아무리 어둡고 길어도 어김없이 새벽이 온다는 이 엄연한 희망의 전조가 어제 만난 분들에게 전해진다면, 이 찬란한 여명이 산남동 일대 고즈넉한 숲속에 쏟아진다면 아침 무지개가 홀연 떠오르지 않겠는가!

이제는 의사인 내가 울 차례

나는 느닷없이 상담을 원하는 전화를 받으면 본능적으로 움칠한다. 직감으로 보통 일이 아니리라는 예단에서이다. 나를 황급하게 찾는 목소리의 주인공들은 다 누구나 원하지 않는 잔인한 가혹한 병마에 대해 행여나 그 증상이 정신병이 아니기를 바라는 실낱같은 희망을 걸고 아니면 위로라도 받을 심사에서 내게 긴급조난신호로 손쉬운 전화를 한다.

아니나 다를까? 태인 휴게소에서 참으로 맛깔스런 밥상을 받아 뚝딱 점심을 먹고 돌아오는 도중 걸려온 전화도 그 한 예이다. 상담 운운하여 다시 전화한다고 하고 재빨리 끊었다. 옆의 직원들이 있고 그리고 본시 사람들 있는데서 핸드폰으로 말하는 게 익숙하지 않은 나의 평소 버릇 때문이다. 집에 도착하여 바로 통화를 하니 유감스럽게도 따님의 증상은 아무리 백 번 양보를 한다 하여도 간질발현의 징후가 명백하다. 행여라도 히스테리 발작이었다면 하는 바람도 무망하게 너무도 객관적 정황과 본인의 인식이 또렷하다.

쓰러지고 난 다음에 일어난 일에 대해 전혀 기억을 하지 못한다는 사실. 그냥 자고 난 것 같다는 고백이 얼마나 정확한 진실인가? 아침에 일어난 일, 그동안 잠을 안 자고 연구를 하였다는 일, 발작이 여러 번 있었다는 어머니의 말, 병원에서는 수면장애라는 진단을 받았다는 이야기를 곁들인다. 수면장애라는 진단은 가족들은 물론 환자에게도 훨씬 듣기 좋은 범주임에 틀림없다. 그러나 실제 병이 수면장애가 아니고 간질이라면 그 완곡어법euphemism 비슷한 진단의 영향력은 사라진다. 나도 아름다운 진단명을 들려주면 얼마나 좋을까? 더군다나 다른 사람도 아닌 인척간인데…. 그러나 화장실에서 나와 정신을 차리고 보니 자기가 대소변을 여기저기 놓았다는 것을 발견하고 따님이 당혹감과 수치심에서 엄마에게 알린 정황은 지울 수 없는 징후이다. 명민한 여식이 도저히 의식상태에서 저지를 수 없는 일이 일어난 것이 그 증거이다. 나는 어렸을 때 경기 유무를 물었더니 어렸을 때 경기를 했었다고 말한다. 열이 날 때만 그랬다고 하는데 그게 경기이다.

나는 아무래도 간질의 증상 즉 경기가 성인이 되어 간질로 이행되는 경우가 높다는 사실을 주지시키고 인근 병원에 가서 대뇌검사를 받고 처방을 따르라고 일렀다. 수면장애라고 한 병원에서는 대뇌검사에서 아무 병소가 안 나왔다, 즉 깨끗하다는 결과를 믿고 싶어 하는 엄마 마음이 확연히 느껴진다. 엄마의 입장에서 사랑스런 딸이, 그렇게 공부를 잘해 명문대 한의대를 간 딸이 간질이라는 사실이 선뜻 받아들여지겠는가?

연구에 혼신을 기울이고 있는 미혼의 여식이 수면부족에 때도 거르며 공부를 하지 않았을까? 아버지의 거듭되는 실패, 가장 역할을 하는 어머니, 여러 스트레스가 동시에 간질발현에 작용하였으리라. 무리한 도전, 지원 부족, 미혼이 겪는 성적 긴장 등등. 그 따님의 내적 역동이 눈에 보이듯 손금처럼 드러난다. 마치 환자를 대면하고 있는 것처럼.

간질이 유발되는 상황, 즉 원인을 알려주고 간질은 좋은 약이 개발되어 잘 조절되니까 염려하지 말라고 하는 내 말은 귀에 들어가지 않는 눈치이다. 나의 지시를 더 듣지도 않고 전화통화는 중단되었다. 스트레스를 받아 예의를 차리고 할 여유가 없는 어머니 정황이다. 내게서 혹 간질이 아니라는 말을 듣고 싶어 전화를 한 게 아닐까? 병을 부정하고 싶은 마음, 실낱 같은 희망에서 썩은 동아줄이라도 잡는 심경으로 내게 전화를 했을 터인데 의학적인 내 답변에 질려버린 모양이다.

이렇게 되면 이제는 내 마음이 한동안 마음을 못 잡고 울게 된다. 왜 우리 인간에게 이런 질병의 고통을 내려주시는지 하느님을 원망하게 된다. 도대체 무슨 심사에서 거의 천형으로 여기는 간질이란 병마를 이 집 따님에게 내리셨는가? 인과응보라는 불교의 설법도 떠오르고 이내 나의 평온했던 마음에 파문이 인다. 마음이 쓰라리다. 이렇게 우리 인간들 삶의 노정은 가시밭길이란 말인가!

정신과에 몸담은 지 한두 해 된 일도 아닌데 매번 갈수록 더욱 정신병 환자 당사자는 물론 가족들의 그 짐을 생각하면 내가 지레 마음이 무거워 한동안 몸살을 앓는다. 꼭 머리를 싸매고 누워야 앓는 것인가? 마음속 깊이 소리 없이 비애의 냇물이 흐르는 것을 나는 안다. 침묵 속에 일상을 견디면서 나는 소리 없이 운다. 인간의 조건이 딱해서, 그리고 너나없이 인간이란 유한한 존재가 가엾어서 눈물 짓는다.

이렇게 우리는 가련한 존재인가? 이런 무시무시한 병마에 휘둘려야 하는 이유가 무엇인가? 찰나에 불과한 일생을 병마에 사로잡혀 그것도 정신병에 걸려 한 세상을 살다 가게 하는 저의가 무엇인가? 더구나 미혼의 대학생인 총명한 딸에게 거는 꿈으로 하루하루를 싸워 가는 억척스런 어머니에게 이 무슨 날벼락이란 말인가? 어려운 가정에 또 이런 액운이 찾아 드는가? 모르는 사람이라면 설명으로 끝날 일이 이렇듯 며칠을 두고 내 마음이 괴롭다. 정신과 의사라서 이렇게 내가 괴로운가? 아니면 나의 지나친 감수성이 이렇게 나를 포박하는 것인가?

전화를 아예 찰칵 끊고 살아야 될 일인가?

비 온 뒤 땅이 굳듯

– The pill is bitter but it has to be swallowed_투르게네프의 소설 '아버지와 아들들'에서 니콜라이의 고백 –

다른 말로 고육지계라고 하나. 이번 한국여자의사회 추천위원회의 결정을 두고 원망과 탄원이 빗발치는 글을 읽으려니, 일개 회원에 불과한 나도 덩달아 엉킨 실타래처럼 마음이 착잡하다.

저간의 사정은 불문곡직하고 추천위원회에서 이미 내려진 결정에 대해서는 지켜야 하는 게 순리라고 생각한다. 추천위원회란 기구가 존속해 온 역사가 있고 그 권한을 회원인 우리가 부여했다면 그 기구에서 직책을 갖고 책임을 져 온 위원들의 권위를 인정해야 된다. 결정된 사항이 모든 회원에게 완전 충족되지 않는다손 치더라도 그 위원들이 내린 결정을 믿고 따라줄 의무가 우리 회원에게 있기에 하는 말이다. 위원회의 진행상 문제는 문제대로 상정을 하여 절차를 밟아 보완해 가는 수순을 밟을 일이지 결정 자체를 백지화 하자는 움직임은 관습과 질서를 깨는 일이다.

극약처방을 내리기까지 추천위원들의 고충을 헤아려 보자. 한 캠퍼스에서 어깨를 맞대고 학창시절을 보낸 사람들이 그 누구보다도 정답고 도원결의라도 해야 될 사람들이 차기 회장 후보 자리를 두고 양보와 타협을 얻어내지 못했다면 과연 이보다 더 큰 단체인 한국여자의사회를 진두지휘할 지도자로 낙점하는데 망설이지 않을 어른이 있을까?

한국여자의사회장은 우리나라를 대표하고 국제사회에 나가서 얼굴이 되어야 할 인물이다. 추천위원회에서 누구를 예스하고 또 누구를 아니라고 해야하나? '투표, 투표' 하지만 투표가 능사는 아니고 사전에 마음을 열고 대화를 통해 단일화를 이뤄내는 것이야말로 화합의 첩경이고 기본적인 관건이다.

대학 자체 내에서 자연스런 대화 통로를 통해 설득과 결연한 양보의 미덕을 발휘하여 한 대표를 옹립할 만한 기량이 부족했다면 어른들의 경험적 지혜에서 볼 때 그 내홍의 여진까지도 장래 한국여자의사회의 부담이 된다고 내다보지 않았을까? 문제의 불씨를 알고는 호도하지 않고 문제의 본질을 봉합하여 대화의 시간을 더 갖게 하려는 의도로 기왕의 순서를 뒤로 바꾼 것으로 보인다. 몇 년 뒤로 늦춰진 것을 억울해 하기보다 그 시간에 더욱 '나만을 위한 사랑'이 아닌 '우리를 향한 보다 큰 사랑'에 눈뜨고 그 사랑을 실천하는 미덕을 쌓는다면 그 시간은 성숙을 향한 낮잠과 같은 충만한 시간이 되지 않겠는가? 위원들의 판단과 혜안을 존중하자. 그 분들의 숨은 노고 위에 오늘의 우리 단체가 우뚝 서 있는 것이 자명하므로…….

이렇게 하실 줄 몰랐다는 토로를 들으면 해당 대학 동료들의 애끓는 심경이 십분 이해가 된다. 해당 대학에서 기껏 단일 후보를 올렸는데도 트집을 잡아 고의로 후보를 추인하지 않고 차례를 뒤로 미룬 결정을 내렸다면 의당 분연히 맞서야 될 일이다. 그러나 이번 사안은 전혀 다른 국면이다. 추천위원회의 규정을 준수하지 않은 결과 회무 진행에 차질이 빚어지고 결과가 뜻하지 않은 방향으로 처리되었다 하여 이렇게 비방할 일만은 아니다.

이번 비통한 경험을 거울삼아 두 번 다시 이런 혼선이 야기되지 않고 선후배가 서로 사랑하고 존경하고 양보하는 전통이 굳건히 확립된다면 비 온 뒤 땅이 굳듯 관련 대학뿐 아니라 차후로 타 대학에서도 한층 경건하게 추천위원회에 임하게 되겠다. 어떤 변명을 하더라도 대선배님들에 대한 예의가 부족했다는 점과 절차를 무시하고 난립했다는 지적을 받지 않을 수 없다.

이번 결정이 미래의 한국여자의사회의 드높은 비상을 위해서 쓰디쓴 교훈이 되리라고 감히 단언한다. 진정한 용기란, 그리고 자부심이란 실책을 인정하고 인내라는 진통을 겪으며 성찰하는 데 있으므로……. 대한민국 여성들이 선망하는 최고의 지성인이라 자처하면서 우리를 바라보는 저 순박한 이웃들의 눈빛이 부끄럽지 않아야겠다. 어두운 겨울 저녁, 산골짜기 어려운 이웃을 찾아 들어가면 의사인 우리들을 그저 환대하고 황공해하는 저 헐벗은 우리 이웃들에게 우리야말로 머리를 숙이며 겸손해야 하는 것이다. 그 힘든 처지에서도 감사와 사랑과 존경심을 잃지 않는 그분들의 숭고한 인격과 맑은 영혼 앞에 우리야말로 무릎 꿇고 자성해야 되리라.

아미그달라amygdala를 떼어내기보다

환자가 뜸하여 오프라 윈프리의 토크 쇼를 보게 되었다. 이슈가 '성적 학대'라 지나칠 수 없어 시청을 하였다.

신부神父의 제물이 되었던 두 형제부터, 아버지의 성적 학대를 겪은 아들의 고백이다. 어머니도 중간에 눈치를 챘던 것 같건만 그냥 모르는 채 지속되었다던 무심한 과거사들이 낱낱이 폭로되었다. 인터뷰어 오프라의 표정도 비장하다. 나도 아마 경악하여 입이 벌어졌는지도 모를 일이다. 내 무의식의 요동을 난들 어떻게 알겠는가?

대저 우리들이 누리는 오늘의 안녕은 곧바로 부모란 분들의 청렴한 인격과 가없는 사랑과 바다 같은 용서 속에서 비롯되었음에 그 분들의 헌신으로 우리들의 오늘이 맑은 하늘 아래 유유하게 흘러가거늘, 저런 음흉한 부모가 나의 부모였다면 하는 가상만으로도 눈앞이 캄캄해진다.

부모에게 전적으로 의존할 수밖에 없는 어린 시절에 당하는 이 수난의 고초를 무슨 말로 위로를 하랴? 그것도 세상에 나를 낳아준 아버지에게 공포와 완력에 밀려 속수무책으로 유린된 가녀린 영혼들의 울음

소리가 귓가에 쟁쟁거린다. 한 술 더 떠, 신부의 비행을 어머니에게 말해도 믿지 않았다는 고백을 들으니 더욱 그 형제들이 가엾고 또 가엾다. 얼마나 암담한 나날을 살았을까! 아들 이전에 한 영혼의 소유자이며 우주의 주인공이라는 생각이 좁쌀만큼만 있었더라도 형제들을 야수 같은 신부에게 성적 희롱의 제물로 바치지 않았으련만…….

내가 낳은 자식이니 내 소유물이나 애장품 같은 그런 전횡의식이 있었던 것인지 아니면 맹목적인 신앙심으로 그저 신부를 우상화하고 비판적 시각을 내려놓았던 것인지 도무지 이런 분들의 마음속 그림자를 가늠할 수가 없다. 아무리 정신분석이 날로 달로 발전을 해왔다 해도 이런 일들이 버젓이 횡행하는 인간들의 어두운 본능을 속 시원히 밝혀내는 천재는 없다. 더더구나 세상의 성적 방종이 근절되기는커녕 성행하여 순진한 의학생까지도 감히 타락시키고 있다.

나도 가톨릭 신자이지만 사제는 사제의 길이 있고 평신도는 평신도로서의 길이 있다. 하느님과 각자의 관계에 경건하면 족하지 무엇 때문에 신부란 한 유약한 존재에게 연연하여 그 난리들인가? 우리는 하느님을 만나러 성당에 가서 미사를 드리는 것이지, 신부 개인을 보러 성당에 가는 것은 아니다. 물론 그 분들의 헌신과 일생을 바친 결단에 경의를 당연히 표한다. 그러나 인간적 애착이나 어떤 호기심을 갖고 서성댈 일은 아니다. 그러다가 이런 괴물 같은 신부의 마수의 갈고리에 걸려 호된 희생을 치룬 두 형제의 사례가 불거져 나왔으리라.

신부의 성 문제는 가톨릭이 처한 난제 중의 난제이겠다. 베네딕트 16세 교황이 여기저기서 터지는 부하들(?) 섹스 스캔들로 골치를 썩느라 그러잖아도 성성한 백발이 더욱 바래 반짝반짝 하얗게 빛난다. 발단이 된 신부를 파문은 하지 않고 사면으로 그친 것을 두고 공박을 해대지만 교황이라도 무 자르듯 사제들을 솎아낼 수도 없는 노릇이라 벙어리 냉가슴 앓듯 바티칸 바닥이 파일 정도로 엎드려 기구를 드리는 모습이 애처로울 정도이다.

돌연 플래시 백 한 토막.

인스티튜(Institute of Psychiatry, London)에서 금요일 오전에 열리던 소아정신과 세미나는 거의 매주 근친상간의 사례로 홍수를 이뤘다. 인스티튜 세미나는 늘 그렇듯 진지하게 이론과 임상적 접근에 대해 열띤 토론이 오고가지만 그러나 어딘가 어색한 분위기로 시종일관 거북살스러웠다. 사례보고를 하는 발표자나 참석자들이나 서로들 낯을 들고 똑바로 바라보지 못했던 당혹스러웠던 기억이 난다. 영국인 동료들은 본래 감정표현을 절제하고 과묵의 덕을 강조하는 사람들이라지만 이 근친상간이란 사례만큼은 너나 할 것 없이 곤혹스런 안색이다. 그러나 각자 주어진 역할은 냉철하게 맡아서 세미나의 진행은 차질 없이 종료되었다.

나는 이런 세미나를 마치고 프린세스 마리나 하우스(외국인 의사 숙소)로 돌아오면서 공자님 말씀이 인류의 근본 소명임을 깨달았다. 천륜을 저버리는 일이 암암리에 일어나는 문명사회라는, 원죄의 그림자로 얼룩진 영국의 이런 치부는 한국인인 나로서는 용납하기 어려운 문화충격이었다.

근친상간, 성적 학대, 강간, 성희롱 등 왜곡된 성의식으로 인한 결과는 본인의 결함으로 그치지 않고 반드시 대상자 즉 희생자가 속출된다. 강간의 경우 한 술 더 떠 범행을 은폐하고자 목숨을 빼앗는 무자비한 범행이 병발되기도 한다. 특히 어린 시절에 받은 성적 희생자들의 상처는 심리적, 생물학적, 사회적 여파를 깊게 남긴다. 손상된 자부심의 회복도 더디다. 다행히 결혼을 하고 가정을 꾸려도 내가 사랑받을 만한 가치가 있는가라는 자괴감을 씻는 과정이 결코 녹록하지 않았음을 출연자들의 토로를 통해 알 수 있다. 그 분들로는 대단한 용기를 갖고 공중매체에 나와 다음 희생자들을 방지하는 데 사력을 다하고 있다. 훌륭한 분들이다. 자기를 열 수 있는 용기와 낱낱이 상처를 내보이며 남들에게 자기가 받은 고난을 면하게 해주려는 갸륵한 의지라 하겠다. 또한 이런 프로그램을 통해 공익에 기여하는 윈프리의 강인한 의지 또한 본받을 일이다.

성적 충동, 넓은 의미의 충동공격이라는 본능적 행동을 치유하고자 온갖 이론들을 토해내고 아미그달라를 절제하는 수술까지 권유되지만(예전에 정신분열증 환자의 치료로 전두엽 수술이 자행되기도 했었다.), 어느 세월에 그 잠재적 성 약탈자들을 색출하여 하느님이 주신 뇌의 구조물을 손볼 겨를이 있겠는가? 근원적으로 천륜의 양심이 바로 서는 윤리적 가치 확립과 안정된 가족문화가 철통같을 때 이와 같은 성 약탈의 비틀린 병리가 자랄 곳이 없을 것이다.

사회라는 그릇이 청정하다면 불청객들이 감히 활보하겠는가? 초등학생을 노리는 불한당이 진을 치고 망을 보고 다닐 수 있게 한 것은 그만큼 우리 사회가 무감각한, 어쩌면 성적 아노미에 빠져 있는지도 모른다. 위선과 탐욕에 눈이 멀어 사랑을 망각하고 어떤 미망에 빠져 있는지도 모른다.

더 이상 이렇게 음흉하고 초대 받지 않은 손님들이 발붙일 데가 없게 밝은 사회를 만들자. 애꿎은 정신과 의사에게만 지우는 고질적 부담이 되어서는 안 될 일이다. 그러잖아도 평생 이상 질환자들의 분석에 골몰하다 본인들이 지쳐 나가떨어진 정신과 의사들을 그만 이쯤에서 사면하자. 보다 엄격한 법적 장치, 여론화, 바른 성교육 및 예방 캠페인으로 오프라 토크쇼는 시사하는 바가 크다.

좀 더 바란다면 우리도 보다 적극적으로 성 학대를 여론화 하여 눈에 보이지 않는 희생자들을 위한 토론장이 있어야겠다. 정신과 의사 개개인이 피를 말리듯 정신분석을 해서 치유하는 영혼의 숭고함을 어디에 비하랴? 그러나 동시에 우리 사회가 일제히 관심을 갖고 성범죄, 특히 어떤 특정한 집단인 성직자, 상아탑의 권위자들, 권력자들뿐 아니라 한 가정의 비틀린 아버지에게서 어린 자녀를 구출해내야 되겠다. 뾰족한 수는 없지만 그래도 대대적으로 세상의 인본이 확립되고 밤낮이 표리부동하지 않고 건강하고 밝고 명랑한 우리들이 일으킨 여론의 바람으로 저 음습한 골목골목의 성 약탈자들을 일제히 창공으로 날려 보내자! 그리하여 엎드리면 코 닿을 학교를 차에 실려 다니는 초등학생들을 마음 놓고 조잘대며 걸어 다니게 하자! 마치 산토끼처럼 산으로 들로 마음 놓고 뛰고 놀았던 내 어린 날의 천국에 이들을 데려다 줄 수 있다면……. 성 약탈자 없는 행복한 세상을 만들고 안 만들고는 우리들 각자의 영혼 속 무언의 명령에 달려 있는 것을…….

떨리도록 사랑하리라

두 달 가까이 이어지는 촛불시위에 대한 시민들의 반응은 이제는 냉소와 우려의 한숨이 터져 나오고 있다. 전신을 태워 어둠을 밝힌다는 상징적 의미가 퇴색되고 남용되고 있다는 현실을 개탄하는 소리가 도도히 흐른다. 그 의미의 빛이 다한 촛불을 들고 서있는 시위대의 그림자들이 이제 서로 서로 발을 밟고 있다. 성직자까지 가세하고 있는 사진도 거북하다. 우리는 그분들께 독재에 맞서 불의에 타협하지 않은 시대적 양심과 헌신의 누를 입고 있다.

그러나 21세기 초입 촌각을 다투는 국제 사회에서 과연 우리가 이대로 시대를 역행해도 좋은가? 인도와 상해가 저렇듯 치닫고 치달아 거점 도시로서의 면목을 만천하에 드러내고 있는데 서울을 거점 도시화할 모든 전략을 총망라해도 시원찮을 판에 이렇게 발목이 잡혀 이러지도 저러지도 못하고 질질 끌려가야 되는가? 도쿄가 급성장하던 속도에서 필요한 거점 도시로의 변신을 꾀하지 못하고 침체의 늪에서 허우적대던 예를 옆에서 보았는데 서울의 앞날이 도쿄의 전철을 밟지 않고 세계사 속의 거점 도시화하여 21세기의 번영과 영광을 누려야 순리 아닌가? 이제 제발 시위는 멈춰야 된다. 목적 없는 행동도 어지간한 선에서 접어야 된다. 목적이 수단을 정당화할 수 없다. 결코!

좋은 예는 아니나, 극단적인 영성주의에 빠져 숭고한 의업까지 부정하고 오로지 청빈과 가난에 사는 게 아니라 폐인이 되어 걸인과 같은 행색을 하고 다니는 신자를 보며 과연 신의 영광이 이렇게 극단적으로 드러나야만 하나 혼돈스러웠다. 비슷한 종교 망상으로 몇 차례 입원치료를 거쳐 외래 추적 치료를 하는 환자와 이분의 문제를 두고 토론을 하니까 단박에 착각이라고 단언한다. 바른 신앙이 아니라 망상이라고. 이 집단 히스테리를 연상케 하는 걷잡을 수 없는 촛불 행렬은 끝나야 될 때를 놓치고 공명이 없는, 아니 눈총을 받는 시위가 되었다. 적당한 시점에 끝냈다면 진정성과 충정에 우리 모두 큰 자극과 성찰의 면목을 갖추게 되었을 것을 심술을 부리는 우스꽝스러운 처지로 전락되었다. 아무래도 시작과 끝을 안다는 것은 거의 성인에 가까운 예지를 요한다고 하겠다.

5공 시절을 남의 나라에서 살았던 나는 우리나라의 반정부 독재타도 뉴스를 보며 네 나라는 위험하지 않느냐? 질문을 받으면 뉴스로 보도되는 장면은 일상의 일부분이라 화면에 보이는 장면이 곧바로 전국이 화염병으로 휩싸인 것은 아니라고 보도의 맹점을 지적해 주었다. 미디어에 대해 통찰력을 갖기가 얼마나 힘든가를 누구보다 드높은 지성의 젊은 과학자와 대화를 나누며 통탄했다. 그런 지성인도 전해지는 뉴스를 통해서 그 나라를 일반화 하여 보는데 하물며 일반 불특정

다수의 전 세계 시청자들에게 파급되는 쇠고기 파동으로 장기화하고 있는 촛불시위가 어떻게 전달되겠는가?

갈팡질팡하는 민심 나락으로 향하는 경제 민주화 내지 사회주의 기치를 사뭇 치달아 보수는 쥐구멍으로 숨어도 시원찮을 형국이다. 나를 알기 위해서 남이라는 거울이 필요하듯 어서 빨리 밖으로 나가서 뉴스를 들어야겠다. 지금도 생생하게 기억하는데 IMF가 터지기 2년 전 OECD 독일 경제 자문가가 우리나라의 IMF 위기를 예고했던 기억이 난다. 당시 나는 그것이 IMF 위기를 의미하는지를 모르고 막연하게 느끼고 있던 국내 문제를 외국인이 통렬하게 문제의 실체를 꼬집어서 내심 놀랐다. 정경유착 재벌의 비리를 한국인인 나보다 더 통탄하던 노신사는 프랑크푸르트 경제학자로서 독일 대표 자문관이었다. 국제회의를 서울에서 참가하고 돌아가는 길에 동석을 하게 되어 전문가의 진단을 미리 들었으나 우매한 나는 IMF라는 대혼란의 그 파장을 감지하지 못했다.

이 난국이 빨리 타개되어 안정된 일상으로 돌아오기를 손톱이 피가 나게 빈다. 너 나 없이 우리의 밝은 미래를 바란다면 하루빨리 광장에서 곧바로 각자의 일터로 되돌아가야 된다. 시위가 직업이 된다면 테러리스트라는 직종으로 불려야 마땅하다. 인명을 앗아가는 것만이 테러는 아니다. 이렇게 사회교란으로 전복을 도모하는 양상도 테러의 일환이다.

대처 수상을 최근에 다시 한 번 면밀히 생각하는데, 광부파업 특히 노동당수 닐 키녹과 무섭게 대치하던 때 날이면 날마다 어지간히 뉴스를 장식하더니 끝끝내 한 사람씩 사인을 받아 내어 영국병을 종식시키고 늪에 빠진 영국경제를 살려내었던 그 치열했던 집권과정을 되돌아본다. 극한적 대치상황에서 철옹성 같은 노조와 노동당원들의 기세를 꺾고 계획대로 치적을 쌓아가는 노련함에 박수를 보냈다. 물론 대처 수상도 주위에서 반대세력이 만만찮았다. 브라이튼 호텔의 암살 폭파가 불발로 끝난 다음 날 뉴스에서는 철의 여인이라는 수상도 안색이 피폐했던 기억이 또렷하다. 누구나 생명의 위협을 받고 죽음의 공포에 처했던 충격으로 정서적 마비numbness가 오는 것은 당연한 반응이겠다.

무엇이 내나라 미래를 위해 필요한 관건인가를 알고 있다면 충천하는 용기와 불굴의 의지로 앞만 보고 달려야 되리라. 덜리치 공원을 산책하면 시야에 들어오던 대처 수상의 흰 저택으로 재임이 기정사실화된 저녁 기자들이 덜리치 사저에까지 쳐들어와 당선소감을 묻자 조용히 기다리라고 짐짓 기자들을 따돌리는 의연한 언행이 뇌리에 남아 있다. 득의만면하여 일장 연설을 하지 않고 상대당의 입장을 고려하는 면모가 돋보였다. 승리했다고 펄펄 뛰지 않고 조용히 침묵을 지키도록 위엄 있게 명령하며 이층으로 올라가던 그 풍모가 그립다.

시민의 한 사람으로서 본래의 촛불의 의미가 되살아나기를 빌며 은총의 새벽을 맞기 위해 나는 밤새껏 "촛불을 밝히며 홀로 울기는" 커녕 맹렬하게 글을 쓰고 있다. 3층 굴뚝까지 무성하게 자란 목련나무는 우성이산 산새들의 마티니 공연장이라고 하겠다. 이 아침의 저 요령소리보다 더 영롱한 찌르레기와 까치소리 표준 연구소에 둥지를 틀고 있는 접동새들이 너도나도 목청껏 밝아오는 여명을 축복하고 있다. 희망이라는 미래의 손님을 맞을 산새들의 서곡이 울려 퍼지는 이 조국의 아침을 아아! 나는 떨리도록 사랑하리라!

광우병 소동에 즈음하여

– cJVD: variant Creutzfeldt Jacob Disease –

눈덩이처럼 커지는 대규모 촛불집회는 사안의 중대성 여부를 떠나 의구심이 일어난다. 협상력이 미비했다면 보완해서 충분히 대처할 발판을 마련하여 타개하도록 협력이 필요한 사안이지 문제의 위험성 내지 본질에서 벗어나 일종의 정치력의 대결구도로 치닫는 듯한 분위기가 팽배하다. 의사표현도 한두 번 했으면 충분히 전달되었겠다. 허구한 날 전국이 벌집 쑤셔 놓은 듯 촛불집회로 난리가 나고 있는 것도 바람직하지 않다. 어린 학생들까지 어른들이 못 미더워 잘못을 촉구하는 사태도 곤혹스럽다. 국론이 분열되어 전쟁을 치루 듯 불협화음이 지속되는 나날이 뭐 그리 자랑스러운가? 실책이 있다면 그것은 그것대로 책임을 묻고 개선해가면서 정상업무가 진행 되어야지 이렇게 들고 일어나는 현상도 마냥 민주화의 산물이니 과정이니 태평스레 천연덕스럽게 주장할 일도 아니다.

오늘 아침도 급하게 집안의 만성환자가 운명을 하셔 연가를 가야겠다 하여 그러라고 하는데 어머니가 상대 쪽 병원을 고소하시겠다고 하신다. 무슨 일을 그런 식으로 해결하려고 하느냐? 반문했다. 기분 나빠서 고소한다는 주장은 우매한 소치이다. 담당 직원이 위로나 조의를 표명하지 않았다는 서운한 감정을 곧바로 그 병원이 의료적 책임을 다하지 않은 것으로 비약 확대하여 고소를 하여야 할 사안인가? 일종의 유행처럼 번지는, 툭하면 고소 고발을 해대는 풍조도 우리 전통과는 상극되는 현상이다. 누가 독일에서 살면서 코딱지만한 일까지도 고발을 해대서 죽을 맛이었다는 말을 들었는데, 피아노 소리가 거슬린다고 고발을 했다나? 나는 지나가다가도 이웃집에서 피아노 소리가 나면 발걸음을 멈추고 부러워서 귀를 기울이곤 한다. 우리 어린 시절 시골에 피아노가 어디에 있었던가? 고장 난 풍금 하나가 유일한 악기였다. 서울로 올라와 중학교를 다니며 옆집에서 흘러나오는 피아노 소리를 들으면 그렇게 낭만적이고 행복해보여 발돋움을 하고 이층 양옥집을 넘어다보곤 했다.

내식구가 하는 일만 중요하고 이웃집 자녀가 배우는 소리는 듣기도 싫다는 편벽된 사고가 타민족을 말살하자는 망상자를 지도자로 추대한 것 아닌가? 우리나라가 어느새 어떤 독일인 이웃집처럼 따져서 결판을 보는 버릇이 들었단 말인가?

오랜만에 먼지가 뽀얗게 앉은 리쉬만 교수의 명저 『기질 정신의학 Organic Psychiatry』을 펴서 광우병을 찾는다. 리쉬만 교수가 흥분하여 모즐리 병원 6병동으로 vCJD 환자를 함께 자문하러 가자고 하여 우르르 따라가서 보았던 장면이 떠오른다. 환자는 이미 말기에 이르러 언어 장애가 와서 거의 들리지 않는 쉰 목소리로 답변을 하던 애처로운 표정이 눈에 어른댄다. 진단을 내리지 못하고 중간에 히스테리로 진단을 받았다던가? 우여곡절 끝에 유럽의 모든 미진단의 정신과 환자의 집결지인 모즐리 병원으로 의뢰되었던 분이었다.

확진에 대한 자부심으로 어깨가 올라간 명랑한 리쉬만 교수가 곁들여 이 병을 실제로 처음 진단한 분이 병리실의 미스 엘리자벳이었는데 노벨상은 미국인에게 빼앗겼다는 속사정을 두고두고 강의 때마다 하셨다. 발견의 단서를 알고 그것을 재빨리 장비와 자금을 동원하여 연구보고에 맞춰 획기적 발견으로 대서특필된 이상, 그 이전에 무수한 표본과 사후 대뇌절개를 통하여 이 병의 존재를 파악했던 모즐리 병원팀의 뒤늦음을 누가 알아주겠는가? 노벨상과 더불어 이미 이름까지 채택된 병인 것을! 리쉬만 교수의 아쉬움은 이해하나 과학의 현실은 냉엄한 것이다.

구석에 처박혀 있던 앨범을 꺼내 보니 리쉬만 교수님 댁의 가든파티에 초대받았던 '스트로베리 파티' 장면이 빛바랜 사진에 가지런히 남아 있다. 눈부신 오월 일요일 햇살과 아름다운 정원과 기질 정신의학 멤버들이 모인 은성한 분위기가 잡힐 듯 전해온다. 지나간 젊은 날에 대한 애틋한 동경을 잠시나마 그 열렬했던 이상에 대해 아련한 향수를 느낀다.

각설하고, 광우병이란 병에 대한 의학적 사실을 가감 없이 홍보하고 그 예후까지 알리고 교육하는 일을 부지런히 하면서 왜곡된 불만의 표출구로 남용되지 않도록 의사들은 현명하게 처신해야 된다. 전국이 아수라장이 되도록 가열 비등하고 있는 것은 참으로 애석하다.

빨리 진정하고 더 일을 잘하도록 참고 북돋아주고 다시는 실수하지 않도록 용기를 주고 격려하는 미덕을 발휘하자! 각자의 자리를 지키고 직분을 잘할 수 있도록 기회를 주자. 이렇게 뒤흔들어대면 있던 실력마저도 위축될까 저어된다. 강한 것 같아도 약한 것이 사람 아닌가? 자신감을 회복하고 협상에 늠름하게 임하도록 기도를 하자. 나의 생명이 우리 조국의 미래와 불가분 연관되는 공동 운명체일진대 이렇게 과도한 집회는 명분을 잃고 맹목적 결과가 된다면 이런 파란을 원하는 것이 고작 우리의 열망은 아니잖은가?

뇌종양에 걸린 사모님을 위해 조기 은퇴를 하셨던 리쉬만 교수님과 다정했던 동료들이 사뭇 그리워진다. 백수를 목표로 삼고 있는 최근 하루하루가 더디게 지나간다. 빨리 굴레를 벗고 간판을 내려야 되겠다. 나도…….

폴 뉴만 - 미국인의 우상

'병원도 안 하는 동창회장'이 무엇이 그리 분주하여 신문 TV도 안 보고 살아가는지! 폴 뉴만 서거를 어제서야 여의사 홈피의 애도사를 통해 알았다. 거목이 쓰러지면 근방의 고을이 휑한 기분이 들 듯 폴 뉴만의 죽음은 전성기 미국인의 전형이 사라지는 애석함이 감돈다. 그가 예일대에서 연극을 정통으로 공부하고 피나게 연기를 탁마한 인물이라든지 여타 그의 사회적 책무에 대한 칭송은 여러 곳에서 보도하고 있으니 새삼 거론하는 것이 무색하다.

특별히 그의 가족에 대한 헌신에 대해 타임지 대담 기사에서 "어떻게 그렇게 모범적으로 평생 죠안 우드워드와 해로했느냐?" 그 비결을 물으니 짓궂은 폴 뉴만 왈 부인이 "해주는 대로 먹고 살았다" 즉 이래라 저래라 잔소리 하지 않고 부인을 하늘처럼 모시며 존중하고 살았다는 의미의 대답을 읽으며 무릎을 쳤었다. 톰 행크스와 부자로 나온 영화에서 시나리오에서는 부자가 춤을 추는 것으로 되어 있는데 폴 뉴만이 춤은 노우 굿이라 둘이 피아노 치는 장면으로 바꿨다는 뒷이야기를 진솔하게 털어 놓았던 기사였다. 구구하게 변명하고 자가선전을 해야 하는 세상에서 폴 뉴만의 개성이 더욱 빛나는 이유이기도 하다.

동서양을 막론하고 진정한 신사도나 유교에서 지향하는 군자의 상은 그 지향하는 바가 다르지 않다. 타임지에 로버트 레드포드의 애도사가 실려 있어 발췌한다. 섣불리 폴 뉴만이라는 배우를 말하는 것보다 로버트의 우정 어린 글이 훨씬 감동적이리라.

1968년 영화 〈내일을 향해 쏴라Butch Cassidy and the Sundance Kid〉의 감독인 George Roy Hill 이 뉴욕에서 우리를 소개하여 처음으로 폴을 만났다. 카스트로와 체와의 만남처럼 만나야 될 사람이 만난 것이다. 스튜디오에서는 폴 뉴만 정도의 명배우를 원했지만 폴은 나를 발탁하여 배역을 맡게 되었다. 스튜디오의 막강한 파워에 맞서 그렇게 당당하게 바른 말을 할 수 있는 사람이 과연 얼마나 될까? 그 후 4년 뒤 "The Sting"이 나오면서 우리는 나이차가 있어도 연극과 live TV 출신이라는 유대감이 있어 자연스럽게 친밀해졌다. 배우로서 장인정신과 배역의 성격을 우리는 진지하게 천착하였다. 미국 배우의 특징과 덕인 건방진 태도, 남의 약점을 조롱하고, 일견 건달기질을 보이기도 하지만 그러나 마음속에 인정이 배어 있는 미국인 배우 기질을 고수했다. 폴의 연기에의 몰입은 타의 추종을 불허하였다고 할까. 폴은 배역을 맡으면 바로 그 주인공으로 둔갑한 듯 전력투구하였다. 동시에 아주 익살맞게 일했다. 연기를 하다 실수하면 다른 사람보다 본인이 더 신나서 무안하기는커녕 스튜디오가 떠나가도록 박장대소를 했다.

우리 두 사람은 운 좋게 성공했다면 세상에서 누린 누累를 나눠야 한다고 믿었다. 폴은 뉴만스온Newman's Own 회사를 차려 난치병 아이를 위한 캠프를 설립하였다. 내가 선댄스 영화제와 연구소를 열은 것도 폴의 생각에서 나온 것이다. 자주 만나지는 못해도 연기의 성과를 함께 누렸다. 우리는 한 사람이 성공의 정점에 서면 한 사람은 냉철하게 비판하는 식으로 즉 겸손을 잃지 않도록 신중하게 조화를 꾀했다.

내가 아는 폴은 자의식이 강했다. 그는 세인들의 허장성세와 왜곡된 심사를 익히 알아 세평에 편승하지 않고 사생활을 지켰다. 그는 관대하고 박애주의자이고 충성스럽고 자신을 드러내지 않는 겸양을 보였다. 폴은 연기와 사회적 책무와 가족에게 헌신하였다.

마지막으로 그를 본 것은 몇 달 전이다. 병원을 들락날락하는 그를 보며 임박한 죽음을 그도 나도 알았으나 우리는 죽음을 언급하지 않고 선거, 정치, 우리가 바라는 정치에 대해 이야기 하였다. 우리 우정은 말이 필요 없었다.

우리가 누렸던 즐거운 시간들이 몹시 아쉽다. 짓궂은 장난도 많이 했다. 내가 자동차 경주를 하자 내 포세를 타보더니 그도 자동차 경주에 빠져 들었다. 그는 반사신경이 뛰어나서 훌륭한 경주자가 되었다. 그러나 자동차 경주에 빠져 차 이야기만 하자 식상하여 포세를 쭈그러트려 그의 50세 생일 선물로 현관에 갖다 놓았다. 그는 가타부타 말이 없더니, 얼마 후 철판 한 상자를 나의 렌트하우스로 보내 마룻바닥이 움푹 꺼지게 만들었다. 나는 흉측하게 조각을 하여 그의 정원에 도로 갖다 놓았다. 오늘까지 아무도 우리는 그 일에 대해 더 이상 말하지 않는다.

노는 것이 미국인답게 통 크게 노는데, 중요한 것은 어느 시대 어느 나라에서 살든 인지상정이랄까 인간 본성은 다르지 않다는 예증을 이 두 사람의 일화에서 보는 것 같다. 폴 뉴만은 오스카 시상식에 참석하지 않고 즉 상을 못 탄다고 하여 그 배우가 연기를 못 하는 게 아니라고 옹호하고 항상 자기를 드러내지 않는 겸양을 보였다. 음흉하지 않게 짓궂은 장난이나 약간 불손기도 보이는 등 미국적 행동을 하였어도 근본적인 기저에는 다른 사람에 대한 배려와 약자를 존중하고 남을 돕는 모범을 보였다는 점에서 스크린의 우상으로서뿐 아니라 존경받는 미국인의 우상이 되어 내세라는 전설 속으로 사라진 것이리라.

눈이 파래 색맹으로 오해받아 해군에서 불합격되었다는 폴 뉴만의 사심 없는 파란 눈을 보아야겠다. 아무래도 밀포드 사운드를 다녀온 연후에나 시간이 날 것 같다. 20세기 아남 TV를 고쳐야 되니 말이다.

이런 사람을 무엇이라고 부르랴?

타임지에서 2008년 한 해 동안 서거한 명사를 소개하는데 맨 처음 전면을 차지한 사진을 보고 처음에는 누군가 했었다. 황량한 비치 철망 쓰레기통에 비스듬히 걸터앉아 정면을 바라보는 신사(스웨드 코트, 짙은 청바지, 카우보이 부츠, 무표정하나 눈빛은 여전 형형하다.), 얼핏 홈리스 인상의 주인공이 바로 한 세기를 풍미한 폴 뉴만이었다. 매력 넘치는 그 많은 사진을 두고 굳이 이 사진을 게재한 의도가 어디에 있는가? 영웅의 역설적 강조 그가 열연한 반 영웅의 이미지를 전달하고자 한 각색이 아닐까?

보잘것없는 구유에 태어난 아기 예수가 온 인류의 구원의 메시아로 오신 것처럼 영웅은 무소불위의 권력을 휘둘러 지구촌을 살육의 도가니, 고통과 신음과 피눈물의 지옥으로 만드는 장본인이 아니라 직업적 열정과 헌신적 삶을 통하여 이웃과 더불어 울고 웃는 겸손한 삶을 산 인물에 그 의미가 있다는 메시지 아닌가?

폴 뉴만이 생전에는 혼신의 연기력으로 전 세계 젊은이들의 우상이 되더니 사후에는 박애주의자로서 세계인의 불멸의 예찬을 받고 있다. 구두를 벗어 던져 그 자리서 불경죄로 영어의 신세가 된 언론인의 조국은 난처하기가 사면초가의 형국이다. 자국민을 보호 못하는 주권이 서지 못하는 나라의 국민의 자유의 한계는 '구두 던지기'에서 극명히 노정되는데, 점령국의 횡포 오명 불신이 비등하는 가운데에도 폴 뉴만 같은 양식 있는 미국인이 있다는 것을 강조하고 싶어 타임은 그 기라성 같은 망자들을 물리치고 폴 뉴만을 클로즈 업 시켰나보다. 오래전부터 폴 뉴만의 지지자인 나는 그가 이렇게 사후에 영웅으로 최고의 헌사를 받는 것이 몹시 즐겁다. 가장 헐벗은 모습으로 우리 곁에 오신 아기 예수님의 상징처럼 폴 뉴만의 가장 평범한 사진이 이렇게 전 세계 타임 애독자를 울리는 것은 진정한 영웅은 우리의 일상 속에 존재한다는 강한 반증 아닌가? 정원의 크리스마스트리가 찬란한 이 성탄의 마지막 밤, 폴 뉴만이 사랑한 난치병 아이들도 천국에서 기뻐 환호하리라! 우리들 마음속에 천국이 있다는 환상을 육화한 그의 유산은 면면히 이 지구촌을 휘날리니…….

서창에 휘영청 보름달이

– 제사에 깃든 정신문화 –

1.

어깨 통증으로 잠이 깨어 눈을 뜨니 서창을 얼비치는 휘영청 보름달이 걸려 있다. 보름이 다가온다. 그것도 정월 대보름이. 어린 시절 대보름은 굉장한 명절이라 온 동네가 들썩이었다.

이른 저녁 오곡밥을 배불리 먹고 달이 뜨기 전 벌써부터 동산에 모여든 마을 사람들은 너나없이 둥근달을 제일 먼저 보고자 목을 늘이고 기다렸다. 무슨 소원을 빈 기억은 없고 그저 달이 떠오르는 그 광경에 신이 나서 환호하던 어린 날들의 기억이 새삼 가슴을 친다. 흑성산 너머로 어둠을 뚫고 떠오르는 보름달, 그것도 정월대보름의 보름달은 다른 어느 때보다도 장엄하여 곧바로 무슨 신비로운 일이 당장 일어날 듯 설레게 했다.

할아버지 제사가 정월 열사흗날이라 우리 사촌들에게 정월대보름은 더욱 간과하기 어려운 대명절이었다. 외딴집 용영이 엄마가 놋그릇을 닦으러 오면 제삿날이 멀지 않았다는 신호탄이었다. 아버지가 구겨진 화선지를 펴고 계시면 물을 떠다 연적에 채우는 것은 막내인 나의 차지였다. 정성들여 제방을 쓰시는 아버지 곁에서 먹을 가는 것도 언니와 나의 몫이었다. 안채에서는 부침개를 부치는 냄새가 담장을 넘어 온 동네 고샅에 풍기고, 일꾼들은 인절미를 찧고, 불린 밤을 생율을 치라고 사랑채 어른들에게 부탁하는 종부는 치맛자락을 휙휙 날리며 종종걸음을 쳤다.

대청마루에 돗자리를 펴고 이윽고 상다리가 부러지게 漁어 東동 肉육 西서 순서로 음식을 정성껏 차리고 마지막으로 탕국을 끓여 올리고 병풍에 제방을 붙이고 축을 읽는다. 이 축을 읽는 음색의 톤은 아주 낮고 단조로워, 투바 공화국 타이가(샤먼)가 목젖으로 내는 특유의 소리(throat singing)와 매우 흡사했다(어쩌면 지리적으로 멀어도 인류의 삶속에는 불가결한 공통된 유산이 기묘하게 교직되어 면면히 흐른다고 하겠다).

앞자리 가운데에 제주가 서고 서열대로 자리를 잡으면 우리들 손녀 딸들은 뒷자리에 서서 절을 하였다. 제사는 남자들만 지내는 것으로 알았을 뿐 오로지 철상 후 재빨리 집어먹을 음식에 골몰하였다. 특히 당시 노란 미깡은 얼마나 사촌과 나의 눈독을 받았던지! 심가 며느리 다섯 분들도 당연히 제례에 참여하여 큰절을 하였다.

순서대로 절이 끝나면 촛불을 끄고 병풍을 쳐서 망자들이 마음 편히 식사를 하고 떠나시도록 기다린다. 망자들이 식사하실 시간을 넉넉히 드린 다음 다시 나와 절(배웅)을 하고 철상을 하면 이제는 제삿밥을 먹으러 오신 동네 사람들의 잔치가 시작되는 것이다.

제삿날은 큰 대문에 등불을 켜놓고 온 집안을 환하게 밤새도록 밝혔다. 우리들은 새벽까지 이웃집에 제사떡을 돌렸다. 모판을 들고 이웃집 덕래네 집에 떡을 갖다 주고 돌아오던 마당에 대낮처럼 창망했던 그 달빛이 지금도 뇌리에 박혀 있다. 정신과에서 중요시 여기는 최초기억이 나에게는 달빛, 하얀 목화밭, 어느 날 아침에 일어나 바깥마당에 나갔을 때 헛간에 죽어 누워있던 말 등 대자연과 밀착되어 있다.

제사는 아산 큰집 대청마루에서 지내는 것으로 못이 박혀 있는 내게 다른 장소에서의 제사는 어설프기 짝이 없다. 사인펜으로 제방을 써서 붙이는 것을 상상이나 했던가? 붓, 벼루가 눈앞에서 사라진 지가 벌써 오래전 이야기이므로 사인펜으로 쓰는 것이 하등 이상할 것 없건만 붓으로 쓰지 않은 제방은 제방으로 여겨지지 않는다. 아버지가 환생하시지 않는 한 그 웅혼한 서체의 제방을 어디서 다시 볼 수 있으랴!

이제 제사란 풍습도 희미해져 가고, 매번 한 분 한 분 제사 지내기 번거롭다고 적당히 줄여 설과 추석, 그리고 대표로 할아버지 제삿날에 모든 조상들의 숟가락을 놓고 제사를 지내는 형편이다. 대가 이미 바뀌어 다음 세대가 제주가 되었으니 이들에게 그 옛날 풍습을 고수하라는 주문도 벅찬 일이 되었다. 등잔불과 남포 촛불을 켜고 제사를 지내던 시절에서 휘황찬란한 호텔방에서 제사를 지내는 시대이니 말이다.

제사에 대한 향수를 아예 잊기로 하나 마음 한구석이 이리 허전하다. 이미 한 세대가 끝났다는 아쉬움과 체념, 시간의 바퀴를 되돌릴 수 없다는 애석함이 가슴을 친다. 영화로운 과거는 추억의 궁전에서 홀연히 빛나는가?

2.

우리는 진력을 내는 제사라는 풍속을 외국인들이 흥미를 갖는 글을 보면 묘한 기분이 든다. 특히 『만행 하버드에서 화계사까지』를 보면 더욱 그런 자긍심이 솟구친다. 열차를 타고 가다 창밖으로 보이는, 후손들이 산소 앞에 옹기종기 모여 절을 하고, 음식을 나눠먹는 모습이 그리 신기했던 모양이다. 망자까지도 허기지지 않도록 밥을 나눠먹는 우리민족의 정신을 침이 튀게 칭송한다.

남들은 우리 풍속을 목이 터져라 칭송하는데 정작 우리는 시대가 바뀌었다는 한마디로 헌신짝 버리듯 버리거나 마지못해 편법으로 지내고 있다. 그나마 가서 절을 하는 것으로 조상과의 실낱같은 인연의 다리가 끊어지지 않는다고 위안을 삼아야 하나?

눈이 돌아가게 바쁜 이 치열한 세상에 망자들을 위한 식탁까지 차리는 우리민족의 제사는 분명 남다른 전통임에 틀림없다. 그러나 옛 향수에 사로잡혀 지금 앉아 있는 아파트 제사상을 결코 가볍게 보면 안 되겠다. 종손의 굴레를 쓰고 전통을 지키느라 나름 기를 쓰는 후손들을 어여삐 여기시고 조상들도 기꺼이 한 끼 저녁을 배불리 드시고 표표히 지하 영계로 내려가시리라 믿는다.

세월이 흘러 봉제사의 무대였던 대청마루도 사라졌다. 기와의 무게를 버티지 못해 그대로 두었다가는 집이 폭삭 주저앉기 직전이라 개축하지 않을 수 없었던 때문이다. 그런데 왜 새로 고친 집은 이상하게 남의 집 같기만 한 것인지! 대청마루와 툇마루, 편장문, 일각문, 후원의 장독대 등이 이미 사라진 집은 편리하게 리모델링을 하였으나 심가의 후손들 마음속에 그렇듯 끈덕지게 자리 잡고 있는 '큰집'이 더 이상 아닌 것이다. LA 삼촌께 안부전화를 하면 끝내 울먹이시며 그리는 그 아산 큰집이 아닌 것이다. 큰아버지가 늘 사랑채에 앉아 계시고 큰어머니 당연히 안채에서 오가는 손님 친인척 대소가 제례를 도맡아 치르던 그 큰집이 더 이상 아닌 것이다. 제 3대 논산 훈련소장을 마지막으로 33세의 젊은 나이에 요절하신 넷째 삼촌의 영결식을 치른 그 큰집이 더 이상 아닌 것이다. 군악대들이 사랑방에서 밥을 먹던 것을 호기심 어려 바라보던 여섯 살의 나는 이미 그 열배의 나이도 훨씬 더 지났다. 큰 대문을 활짝 열어 놓아 누구나 때가 되면 밥 한 그릇 당연히 먹고 가던 집, 비단장수 생선장수 등 보따리장수들이 해 지면 들어와 밥 먹고 웃방에서 자고 가던 그런 집이 더는 아닌 것이다.

할아버지 제사를 마치고 사촌동생을 비롯하여 각자의 처소로 돌아가는 둔산 아파트 단지에 정월 열사흘 달이 떠 있있다. 그러나 아무도 바라보는 사람 없는 달은 무색하기만 하다. 이제 달은 신비와 온갖 상상의 원천이던 그 명성을 짐짓 내려놔야 되리라. 밤길을 가던 사람들의 길동무가 되고 제사떡을 나르던 아이의 고사리 같은 손을 어루만져 주던 달빛은 이제 GPS의 위력에 뒷전으로 밀려나 머쓱하게 떠있다. 내비게이터 앞에 지구는 속수무책으로 전라로 폭로되고 있다. 내비게이션만 보고 눈코 뜰 새 없이 그저 달려가는 사람들 발자국 소리만 요란하다. 그럼에도 모든 사라진 지난날들에 대한 향수를 저버리지 못해 이렇듯 열병을 앓는 몽유병자가 아직도 남아 있거늘…….

아아! 모든 사라지는 선율 보이지 않는 선율이 보이는 선율보다 더 아름답다고 노래한 키츠는 그러므로 누구보다도 제사의 의의를 간파한 시인 아니런가! 보이지 않는 영혼을 위해 산 사람이 밥을 함께 먹는 시간이야말로 보이지 않는 영계까지도 사랑하고자하는 우리들의 눈물겨운 집념, 어쩌면 인고의 도전 아니겠는가?

아산 고가에서의 제사가 사뭇 그립다.

다 하지 못한 사랑

– 묘비명 –

사하라에 불시착한 쌩떽즈를 구조한 베두인이 없었다면 오로지 인간만이 유일한 희망의 조건이라는 〈인간의 대지〉란 불후의 메시지가 인류에게 남겨졌을까? 우리는 왕왕 〈어린 왕자〉를 입이 마르게 예찬하지만 막상 그 이면의 베두인이 보인 인류애의 모범은 망각하는 것은 아닌지 모르겠다.

이에 나는 내 여생의 모범을 휴머니스트로서 즉 인류애의 실천가로 살아가겠다. 그가 누구이건 여자이건 남자이건 얼굴빛이 검건 희건 혹은 누렇건, 그가 무엇을 하든 투나발루에서 물고기를 낚아채서 사는 남태평양 바닷가 사람이든 세상을 호령하는 무소불위의 권력가이든(독재자의 가능성이 크겠다!) 그늘나무 밑 땀 식히는 노옹이건, 추종자를 벌떼처럼 몰고 다니는 인기인이건, 나는 그들을 대하는 마음 바탕에 평등이란 가치관을 한결같이 지켜갈 것이며 의사란 나의 소명은 다름 아닌 이 인애의 사상에 기초를 둘 것이다.

이른 새벽 눈을 떠 커튼을 열 때 이 우주에 한 생명을 부여받았음 그 자체에 대한 감격의 일념으로 하루를 열 것이다. 나의 매일 매일에서 감사하는 마음을 주변 사람이 느낀다면 그것이야말로 내가 존재하는 크나큰 기쁜 이유가 되리라. 덱크에 날아와 아침 인사를 하는 저 까치는 얼마나 반가운가? 내가 집을 얼마간 비우고 돌아오면 어느새 날아와 기별을 하는 까치. 천둥 번개가 벼락같던 간밤의 횡포를 단박에 날려 버리는 저 정다운 까치 두 마리. 지붕 추녀 밑 물받이 홈통 사이에 그네를 타듯 앉아있다. 정원을 뛰노는 강아지, 3층 지붕을 넘보도록 훌쩍 자란 목련나무, 한여름을 장엄하게 꽃 피우는 능소화 등에서 우주의 비결 그 오묘한 창조주의 신비를 느끼는 것 또한 얼마나 큰 축복인가? 대체 이들이 주는 무한한 기쁨을 무엇으로 보답해야 될지 난처하나 그러나 주저하지 않고 순간순간을 힘차게 그 은혜에 답례하려 한다. 나를 넘어 이웃, 우리나라, 세계, 지구, 우주, 신에게로의 사랑을 극대화하는 나날을 벅차게 벅차게 영위하겠다.

자다가 깨어 일어나 뾰족창에 박힌 보름달과 창망한 달빛의 신비를 접할 때의 그 경이로움은 또 얼마나 나의 삶을 풍요롭게 축복해주는가? 첨단의 문명이 어지럽도록 휘황찬란해도 근원을 밝히는 영원한 천체의 발광이야말로 우리에게 변하지 않는 영원한 진리의 징표 아닌가? 더욱 겸손되이 이 영원불변의 천체의 신비 앞에 옷깃을 여미는 헐벗은 나를 만나게 해주지 않던가! 안데르센을 인도했던 그 동경의 달빛이 변함없이 도롱동 창을 비춘다는 것은 또 얼마나 영묘한 일인가!

내가 의사로서 불현듯 병원을 접고, 안식년을 내어 아프리카로 의료봉사를 떠났던 것도 이 인류애를 꿈으로만 끝내지 않고 단 하루라도 행동으로 실천하고 싶었기 때문이다. 원 없이 아프리카 사람들과 사랑을 나누고 돌아오는 발길이 떨어지지 않아 또 한숨을 지었다. 봉사현장에서 맞닥뜨렸던 결핍의 문제들을 더 파악하기 위해 더 실제적인 도움을 알기 위해서, 2009년 3월 차동엽 신부가 주관하는 시그마 선교훈련 코스를 마쳤고, 국제 재난가 과정(International Disaster Course)을 연세대 보건대학원에서 수료했다. 2011년 목표는 아이티 파견에 호응하고자 기도하고 있다.

아버지가 내린 가훈 '積善種德'을 부담스러워하고, "당신은 어떤 사람으로 죽은 후에 기억되기를 바라는가?"라고 촌철살인의 질문을 던지는 피터 드러커의 '위대한 성찰'이 버거웠지만, 이제 나는 이 분들을 어려워하지 않고, 있는 그대로의 나를 받아들이고 내 분수에 맞게 지금 이 자리에서 항상 나와 더불어 누군가를 늘 사랑하고 감사하는 매일 매일을 채워 간다면 나의 여생에 대해 어떤 사람으로 기억되는가를 두려워할 게 무어란 말인가?

내가 주장하는 나란 기실 아무 의미 없지 않은가? 내 행동을 겪은 사람들의 마음속에 나란 사람이 각인되어질진대 내가 무슨 더 좋은 사람으로 보아 달라고 염치없는 주문을 하겠는가? 오로지 이웃들에 감사하고 그들의 사랑을 가벼이 여기지 않고 그들의 처분에 나를 고스란히 맡기는 것이 나의 올바른 처세일 것이다.

토마스 모어경의 기도처럼 '사물을 자연 질서대로 발견할 수 있는 지혜와, 너무 두려워하지 않게 해주시고, 악에 굴복하지 않게 해 주소서!'란 자신을 위한 기도를 드리는 것으로 나의 아침 기도는 이어지리니…….

덧붙여,

어느 때인가 의학생 때부터 항상 어떤 일을 계획하면 끝에서부터 시작하던 습관은 영구히 계속될 것이며, 묘비명을 어떻게 작성하느냐를 염두에 두는 무의식 한가운데에서 함형수 시인의 〈해바라기의 비명〉의 마지막 구절을 조금 변형하여 〈여기 한 아녀자가 누웠으되 세상을 모두 사랑하기 위해 애썼으나 아직도 그 사랑을 다하지 못하고 잠들다〉란 문구는 어떨까 한다.

레인보우 팜Rainbow farm

레인보우 팜Rainbow farm을 방문했다. 왜 레인보우냐니까 송어 이름에서 유래했다고 한다. 아닌 게 아니라 송어 배 가운데로 붉은 띠와 푸른색이 둘러쳐서 이들이 맑은 물에서 놀 때 햇빛에 반사되어 무지개처럼 굴절된다. 물이 얼마나 맑은가는 여인내 속살처럼 맑다고 하면 맞을 듯 입이 벌어진다. 더 감탄을 못하겠다. 무공해 천연의 무진장한 대자연의 거대한 숲 천지인 로토루아는 그 아름다움이 지천이다.

동물농장의 짐승들이 사람을 왜 그리 따르는지! 병아리도 우리가 가니까 반갑다는 듯 우리 밖으로까지 빠져나와 졸졸 따라다닌다. 먹을 것을 주니까 그 맛을 톡톡히 안다. 돼지까지 모셔다 놨는데 붉은 빛이 도는 밝은 밤색 털이다. 귀를 돌짝에다 부비는 양도 귀엽다. 만져 보니 통통하다. 오리, 키위까지 실물을 보았다. 여하간 이 나라는 공원에 들어가면 해가 보이질 않는다. 나무가 우거지고 또 찌를 듯 높아서 고개를 돌려 올려다보면 고개가 빠질 정도다. 고층건물이 없는 이 나라는 나무가 우리 63빌딩처럼 드높게 서있다.

농장에서 돌아와 온천에 가서 목욕하고 독탕에 누워 배영의 자세로 둥둥 떠가는 흰 구름을 바라본다. 이보다 더 화평한 순간은 드물 것 같다. 콧노래, 휘파람이 저절로 난다. 아침 햇빛을 받아 물결은 반짝이고 갈매기 우는 한적한 아침바다는 얼마나 쾌적한지! 유황냄새가 역하지 않고 묘한 자극을 준다. 블루 레이크, 그린 레이크 또한 기막히게 아름답다. 수목원 정확히 산림부를 거쳐 집에 와 다즐링 차 한 잔을 마시는 이 한유함이여! 장미정원을 지나 레인보우 팜에서 철책에 갇힌 멧돼지를 구조 요청하여 빼내 준 일은 참 다행한 일이다.

화장을 지울 겸 저녁 세수하고 또 스파에 갔다 오는, 백만장자 부럽지 않은 호화로운 나날이다. 라듐온천 그것도 독탕에 누웠다. 야외온천에 들어가 있으면 발바닥이 간질간질하다. 장미향기에 취해 쓰러질 정도로 호수를 사랑하는 라마르띠느를 오래전부터 외우는 내게 이 호수가 많은 로투루아는 정녕코 살맛난다.

아침에 일어나 정원에 나가면 온갖 꽃향기가 진동을 한다. 술에 취해 쓰러지는 게 아니라 꽃향기에 취해 쓰러진다. 백가든에는 빨래대가 설치되어 있다. 풍향에 따라 돌아가도록 고안된 장치로, 주부 일손을 절약해주려는 섬세한 아이디어다. 휴양지, 고요하고 번잡하지 않고 간헐천의 수증기가 멈추지 않는…….

'야니'의 마지막 부분을 보다. 음악이 이렇게 신선할 수가! '세월이 약이겠지'란 유행가 가락은 진리다. 시간 앞에는 어떤 존재도 무력하니까. 시간이야말로 신이 아닐까? 죽음의 결정도 결국 시간의 손이니까.

저녁 세수도 스파에 가서 하고 돌아온다. 물이 이제까지 내가 다녀본 온천 중에 최고로 치겠다. 그리고 호수 같은 바다가 앞에 있고 카페의 멋진 실내장식, 맛난 카푸치노, 아! 얼그레이 차, 이 얼그레이 차 맛에 녹아웃. 나는 지금 아무도 부럽지 않다. 바쁜 일상을 탈출하여 나의 존재 아무것도 아닌 나의 존재를 확인하는 것이다. 그럴듯해 보이나 실은 아무 것도 없다!

로바니에의 산타클로스 빌리지

두 달의 출장기간이 어느새 훅 달아나, 벌써 귀국 날이 가까워졌다. 미루던 북구 여행을 서둘지 않으면 그대로 떠밀려 김포공항에 내리게 될 것 같다. 오나가나 왜 그렇게 일이 많은지! 더 방문하고 싶은 곳이 있으나 어지간히 애초 계획을 달성했기에 마지막으로 웁살라대학 사법정신과에 가서 그곳 시설과 연구경향을 살펴보고 우리 병원의 현황을 소개하는 것으로 출장을 마치려 계획하고 있다.

KBS에서 제작해줬던 나의 프로그램 〈충청 동서남북〉의 비디오를 의국에서 부쳐줘서 다행이다. 남 앞에서 연설한다는 것은, 특히 외국인 동료에게 우리나라를 알릴 수 있는 기회를 부여받는다는 것은 영예로운 일이라고 믿기에 나는 우리나라 비디오 시스템과 스웨덴의 것이 달라 – 소리는 그대로 나오는데 화면의 속도가 빨라 도저히 시청할 수 없었다– 솔나solna의 비디오 숍에 가서 다시 스웨덴 시스템의 비디오로 복사를 하는 등 번거로운 과정을 마다하지 않았다.

왜 우리는 늘 남의 것을 배우기만 하고 우리 것을 그들에게도 느끼고 배우게 할 기회나 노력을 하지 않는가. 나는 열심히 우리 병원의 구조와 감호제도를 정리하며 간략한 설명을 덧붙이고 있다. 연단을 독점해야만 직성이 풀리는 사람도 있지만, 청중이 지루해서 누에처럼 머리를 흔들어도 아랑곳없이 연설을 하시는 분도 있지만, 나는 말이나 글은 간결할수록 좋다고 믿는다. 나폴레옹이 자기는 정복자로서 역사에 기억될 것이 아니고 법전으로 기억될 것이라고 장담했고 그만큼 심혈을 기울였다는 일화는 법조문 한 구절, 어휘 하나하나를 두고 "그 보다 더 적합한 어휘는 없는가?"로 시종 퇴짜를 놓아서 문무백관과 시종들이야 죽어났겠지만 그 결과 프랑스어는 더욱 우아해지지 않았는가!

토요일. 날씨는 청명한데 북구 특유의 바람이 음산하다. 서둘러 짐을 싸들고 607번 단드리드 병원Dandryds sjikhus 행 버스를 타고 종점에서 내려 slussen(스웨덴 말로 부두 내지 선창가라는 뜻)에서 내려 지하도로 내려가니 바이킹 라인 행 버스 45번 정류소가 보인다. 핀란드 여자들이 잡담을 하며 서 있다. 스타디움의 비닐 백을 몇 개씩 든 것을 보니 어지간히 많은 물건을 산 모양이다. 하기는 유럽 사람들의 일과 중 면세 지역을 찾아가 생활용품을 장만하는 게 우리식 시장보러 가는 개념과 크게 다르지 않다. 벌벌 떨며 바이킹 라인 건물로 들어가니 여기저기 승선을 대기하는 무리들이 눈에 띈다. 표는 어제 예약을 해놨기 때문에 따로 신경 쓸 것은 없다.

내가 두리번거리니까 한 동양인이 여기서 기다리면 된다는 신호를 준다. 중국에서 산업시찰을 나온 역군들이다. 나는 다가가서 나의 소개를 했다. 중국이 무섭게 기지개를 켠다는 것을 나는 이미 중국제의 각종 물건이 스톡홀롬 시장을 잠식하고 있는 것을 보고 알았다. 눈 문양을 넣어 짠 스웨터를 사고 보니 중국제였다. 인민군을 남파해 그 많은 살육의 전장을 이뤘던 과거가 스쳐갔으나, 미래를 향해 마음을 여는 것이 중요하다고 믿는 사람이므로 나는 주저없이 반갑게 그들과 악수를 나눴다.

선실(캐빈) 2051호실에 내려오니 한 숙녀가 먼저 도착해 있다. 인사를 하고 보니 브라질 사람이다. 언어 치료사이며 카트리느 드느뷰를 연상시키는 정결한 미모이다. 부모는 파리에 살고 휴가 중이라고 한다. 저녁은 바이킹식 부페를 6층 레스토랑에다 예약해 뒀다. 죠지아와 그의 친구 빅터(멕시코인) 그리고 한국인 닥터 심 셋이 그룹이 된 것이다.

바이킹 부페 순서를 다섯 차례에 걸쳐 먹어보라고 친절하게 인쇄해 놨다. 나는 찬 연어와 캐비아 등을 조금씩 날라와 스웨덴 사람의 고추장에 해당되는 링언 소스를 잔뜩 발라 먹었다. 죠지아가 갸우뚱한다. 간단하게 스웨덴인 기호식품이라고 귀띔해주었다. 낙조의 하늘, 바다를 가르고 유유히 바이킹 라인의 마리엘라호가 떠간다. 죠지아는 연어 요리만을 세 접시 비운다. 브라질은 연어가 비싸다나.

내가 뉴올리안스 플라자 호텔에서 미시시피강을 바라보며 바닷가재 요리를 맛있게 먹었던 기억을 말하니까 빅터도 맞장구를 치며 뉴올리안스의 매력에 동조한다. 속삭이듯 흘러나오는 재즈를 들으며 리버 워크를 걷는 경묘함, 프렌치 쿼터의 전통 등을 나도 죠지아에게 덧붙여 설명해 주었다. 적녁식사 후 면세점을 둘러보고 환전을 했다.

갑판에 나갔으나 거센 바람을 배길 재간이 없어 쏜살같이 실내로 들어왔다. 바닷바람을 더 맞고 싶은 듯한 빅터와 죠지아는 얼른 나의 애원을 받아들이고 우리는 자연히 여기저기 기웃거리며 바이킹 라인 구석구석을 탐색하는데 나이트클럽의 흥겨운 음악이 복도까지 들린다. 우리는 자연스레 그곳으로 가기로 뜻이 모아졌다. 한배를 탄 중국인 남자들은 오락을 하느라 정신이 없다. 서로 반가이 웃었다. 영국인 MC가 나와 개시를 한다. 그의 발음은 아주 정확하여 듣기에 편하다. 샴페인 세 병을 손님들에게 선사하는 순서를 아기자기하게 진행해간다. 너도나도 손을 들어 샴페인을 달라고 하던 사람들 중 두 남자와 한 숙녀가 지명되었다. 사회자는 이들에게 차례로 즉흥극을 하도록 지시한다.

맨 먼저 중년의 남자는 핀란드인인데 32명의 여성에게 키스를 해야지만 샴페인을 선물하겠다고 한다. 만장에 가득한 숙녀분들의 빰에 키스하는 정도는 무관하지 않겠느냐며 재치와 자신이 넘치는 사회가 진행된다. 이 남자는 32명의 여성에게 키스를 하느라 이 좌석 저 좌석 비호같이 뛰어다니는데 너나할 것 없이 박장대소를 한다. 사회자는 능청스럽게 여성들이 달려와 이 신사에게 키스를 해주어 그를 도와줄 수 없겠느냐고 한다.

다음 두 번째 게스트인 숙녀에게 캉캉춤을 추어 달라고 하자 수줍은 숙녀는 밴드에 맞춰 사회자와 캉캉춤을 추고 마지막의 절하는 것까지 익살스럽게 마무리지었다. 마지막으로 오늘밤의 거장으로 소개된 홀랜드 청년은 왈츠를 4분의 3박자로 지휘하라고 하니 밴드가 그의 지휘봉에 따라 가지각색으로 연주하여 난리가 났다. 청년은 사회자의 코치에 따라 얼마 후 요한 스트라우스 왈츠를 제법 그럴 듯하게 지휘했다.

이 다음부터 본격적인 무도회가 이어진다. 춤은 유럽인들의 특전이 아닌가 싶게 미끄러지듯 능숙하게 무대 위로 나와 춤을 춘다. 옆의 죠지아는 춤을 좋아한다며 이미 상체가 절로 들썩들썩한다. 나는 휴식과 취미를 누리는 차이를 비교 연구하려는 듯 열심히 구경하면서, 한편 즐길 줄 안다는 것이 생활 속에 얼마나 큰 활력소가 되는 것인가를 감탄하며 서 있는데 어떤 신사가 와서 춤을 추자고 하여 나는 정말로 놀랐다. 전혀 예상하지 않았던 일을 겪을 때의 당황함 바로 그것이었다. 나는 사실대로 춤을 잘 못 춘다고 실토를 하였더니–사양이 아니라 내겐 서툰 일인 것이다– 옆의 죠지아가 우리도 다 같이 잘 못 춘다며 부추기어 더 이상 모면할 도리가 없게 되었다. 할 수 없다는 심경으로 무대 위 선회하는 떼 속으로 들어갔다. 죠지아와 빅터도 같이 무대로 나왔다.

나의 춤 파트너는 핀란드 사람이라며 라이몽이라고 소개를 한다. 그러나 영어를 거의 못한다. 아쉬운 대로 의사소통을 하는 것만으로도 외국어를 할 줄 안다는 것은 보람 있다는 생각이 들었다. 캐롤리나 악단 6인조 밴드는 상당한 수준이다. 우선 곡목의 선정과 배합이 나의 취향에 맞는다. 어쩌다 마지못해 회식을 나갔다 동참해서 구경해 본 유성 바닥의 나이트클럽의 분위기가 얼핏 스쳐간다. 이상하게 퀴퀴한

냄새, 탑탑한 먼지, 담배연기, 엎질러진 맥주병, 고막이 터질 것 같은 광란의 밴드, 내 귀에 전혀 익숙하지 않은 유행하는 음악들……. 캐롤리나 악단은 세미클래식 수준의 음악, 북구의 민속음악과 탱고, 각종 스텝의 음악을, 그러나 비교적 친숙하며 정감어린 멜로디컬한 음악을 많이 연주해준다.

테이블에 돌아와 진토닉 한 잔을 마시고 있는데 조지아에게 한 청년이 다가와 춤을 청한다. 빅터에게 먼저 양해를 구하고 죠지아는 세련되게 춤춘다. 빅터는 비대한 편이라 그런지 춤을 잘 추지 않는다. 이 청년이 계속 죠지아와 춤추기를 원하니까 빅터가 그러잖아도 자기는 너무 피곤하다며 자러 가겠다고 하고 먼저 캐빈으로 돌아갔다. 나는 더듬더듬거리며 핀란드 신사가 하는 이야기를 참을성 있게 들어주었다. 이혼을 하고 현재 실업상태라는 것을 알게 되었다. 헬싱키 근교에 산다고. 캐묻지 않고 들어주는 정도로 일관했다.

나는 물끄러미 무대와 음악을 들으며 헬싱키 여행을 배로 하라고 적극 권유하던 지인들 마음을 알았다. 감미로운 탱고의 선율과 적당히 취한 사람들, 미끄러지듯 거대한 선체가 항해를 하는 진동이 밴드의 음악과 3박자가 되어 흥겨움을 더해준다. 미드나이트 쇼의 시작은 예의 영국인 사회자가 나와 익살을 부린다. 미드나이트 쇼지만 우리나라에서 흥행하는 스트립쇼가 아니다. 화려한 옷을 갈아입고 나와 노래를 하는 것이 초저녁과 다를 뿐이다. 유람선의 체통이라는 게 은연중 있는 것이다.

사회자는 관중까지 합창에 끌어들이는 재치가 있다. 친근한 곡목을 선정하여 선창을 하고는 후렴은 전 관중이 웅장하게 합창을 한다. 하리하리… 후리후리… 이리이리… 점입가경의 쇼가 새벽 두 시나 되어 문을 닫자 여기저기 만취한 신사들이 서성대며 캐빈으로 들어가지 않고 있다. 심지어는 여자 숙소 앞 복도에 쓰러져 몸을 가누지 못하는 남자도 있다. 창가의 안락의자에 앉아 내일을 생각하고 핀란드 안내를 보고 있는데 거나하게 술에 취한 핀란드 사람이 옆에 와서 계속 핀란드 말로 지껄인다. 대강 자기는 스웨덴에서 일하며 헬싱키에 어머니가 산다는 내용이다. 나보고도 무어라 자꾸 말을 거는데 더 이상 대꾸를 않고 웃고 있으니까 다른 자리로 간다.

어느새 죠지아가 먼저 돌아와 곯아떨어져 자고 있다. 단잠을 자고 있는데 나직한 방송으로 아침식사가 서빙되고 있음을 알려준다. 헬싱키는 영하 6도라고. 잉글리쉬 브랙퍼스트 멘트까지 듣고 또 눈을 붙였는데 청소하는 직원들이 문을 두드린다. 배가 이미 헬싱키 항에 입항했다는 신호이다. 서둘러 샤워를 하고 짐을 꾸리고 죠지아와 주소를 교환하고 빅터와 약속한 8시반 4층 입구 만나기로 한 데로 가서 기다리고 있으나 나타나지 않는다. 주위에 사람들도 없다. 이게 아닌데 싶어 6층으로 올라가 보니 하나, 둘 사람들이 배를 나가 버린다. 여기저기 뒤처리를 하는 직원들의 발걸음만 바쁘고.

바이킹 라인의 가방을 샀으면 했는데 문이 잠겼다. 죠지아가 빅터 방에 갔다 왔으나 그의 방문은 잠겨 있고 대답이 없더라고 한다. 할 수 없이 거의 마지막 하선객으로 긴 통로를 거쳐 헬싱키 바이킹 라인 사무실로 나와 보니 여기에도 빅터는 없다. 죠지아는 낭패감을 감추지 못한다. 죠지아가 함께 헬싱키 1일 관광을 했으면 하는데 나는 로바니에로 올라가려는 계획이어서 기념사진을 바삐 한 장 찍고 작별인사를 하고 헬싱키 기차역으로 가는 4번 버스를 탔다.

헬싱키는 사진에서 자주 봤던 피터스부르그와 인상이 흡사하다. 핀스카 비카(핀란드 만)의 수량이 풍부한 무변한 바다 위에 떠 있는 작은 어촌 같은 수도이다. 헬싱키의 첫인상은 한적하고 그리고 칙칙한 색조의 건물들이 어딘가 러시아적인 음울한 기분을 자아낸다. 거기다 비가 내려 그야말로 여행자의 여수를 위해서는 더할 나위 없이 어울리는 날씨이다. 여수를 실컷 얼굴이 트도록 맛보라는 계시인가, 나의 뺨은 이미 얼어서 터졌다. 햇빛에 타듯 한파에 탄다.

헬싱키 역은 19세기 말에 사리넨 등 건축가들이 스웨덴이나 러시아와는 구별되는 핀란드 고유의 건축양식을 확립하기 위해 주창한 이른바 '국민적 낭만주의 양식'의 최대 걸작품이다. 중세의 고성을 연상시키는 장중하고 신비스러운 분위기가 드넓은 바다를 끼고 있는 헬싱키와 묘한 대비를 이루면서 더 한층 방문객을 사로잡는다. 핀란드 애국심의 발현이 멋진 건축물을 잉태한 것은 칭송할 일이나, 역내에 러시아인 전용 매표 사무소가 버젓이 그것도 고급스런 방을 차지하고 앉아 있는 게 눈길을 끈다. 핀란드로서는 과거 굴종의 역사와의 결별이 그리도 어려운 일인가 보다. 180km 밖 레닌그라드는 물리적 거리로서뿐 아니라 실제 문화적 거리로서도 가까이 침투해 있는 것이다.

여직원에게 로바니에 기차 시간을 물으니 저녁 7시 26분 행이 있다고 한다. 침대칸을 예약해 놓고 막 짐을 로커에 넣으러 돌아서는 찰나

소시지와 프렌치프라이를 들고 먹고 있는 빅터를 발견하여 나는 반갑게 어깨를 쳤다. 어떻게 된 거냐니까 되레 아무리 기다려도 나오지를 않고, 사람들은 다 나오고 해서 그냥 나왔노라고 태평한 대답이다. 이 점에서 멕시코인과 우리가 다르지 않나 하는 생각이 든다. 우리는 어떻게 해서라도 함께 행동해야 되는데 멕시코인은 그다지 괘념하지 않는 눈치이다. 하긴 저녁 배를 탈 테니까 그때 만나게 되겠지 정도로 낙천적인가 보다.

나는 죠지아가 무척 걱정을 했다고 알려 주었다. 빅터의 책임은 없다. 요는 죠지아와 내가 핀란드가 한 시간 빠른데도 시계바늘을 돌려놓지 않고 늑장을 부리다가 이변을 일으킨 것이다. 스웨덴 타임으로 8시 반 그러니까 9시 반에서야 빅터를 만나러 나갔던 것이다. 이런 곡절도 결국 국경을 넘는 여행의 한 단막극으로 여기니 오히려 유쾌하다. 나는 우선 점심을 먹어야겠기에 빅터에게 물으니 부지런한 그는 이미 벌써 헬싱키 중요한 명소를 도보로 둘러보았다고 했다. 역에서 멀지 않은 포름 광장으로 내려가서 이태리 음식을 찾고 있으려니 어디서 손짓들을 한다. 예의 중국인 사절단들. 또 만났다고 반가워한다. 한 사람은 열심히 기록을 하고 나머지 사람들은 왁자지껄 떠든다. 내가 한문을 안다니까 시사 주간지를 내민다. 지명, 인사 등 식은 죽 먹기인 것을 그들은 깜짝 놀란다. 어떻게 한문을 잘 아느냐고. 우리나라에서는 나 정도 한문 실력은 아무 것도 아니다, 한문을 잘 아는 사람들이 많다 정도로 응수하고 아버지 이야기까지는 하지 않았다. 이들은 프린트 기술 및 자료를 찾아 출장 중이라며 싱가폴로 간다고 한다.

빅터는 마침 컴퓨터 컨설턴트라 이들과 인사를 나누고 서로 장래 사업을 논한다. 잠시 레스트 룸을 두리번거리며 찾고 있는데 팝 한편에 어제 죠지아의 춤 파트너였던 청년이 친구와 맥주를 마시고 있다. 나는 눈인사를 하고 자리로 돌아와 빅터보고 어제 그 파트너를 보았다니까 그러냐며 세상이 넓다고들 하지만 실제로 너무나 좁다며 감탄을 한다. 바이킹 라인에 승선했던 사람들이 헬싱키 시내에서 또 만나게 마련이다. 이는 인연의 신비 이전에 사람의 관습이나 선택의 규모가 거의 비슷하다는 데 이유가 있겠다.

스파게티 한 접시를 비우고 중국인 사절단과 헤어져 빅터와 암벽 속의 벰팔레키우 교회를 가까스로 찾았다. 가는 도중 날씨가 어떻게 변덕이 심한지 몇 차례나 해가 나왔다 들어갔다 하며 비 뿌리고 바람 불고 하여 나는 여우가 시집가고 호랑이 장가간다며 해 나오라고 빌며 놀았던 어린 시절이 떠올랐다. 꽁꽁 얼어 비를 맞고 교회에 도착하니 마침 일요 예배가 막 시작되고 있었다.

왜 암벽 속에 교회를 지었나 생각해보니 카타콤의 신앙을 기리는 의미에서 그런 건축양식을 택한 것 같다. 규모는 아담하다. 음향이 무척 아름답다는 파이프오르간 성가를 들어보지 못하고 되돌아 나왔다. 나는 시벨리우스 공원을 꼭 가고 싶은데 빅터는 시내를 더 구경하겠다고 하여 2시에 헤어졌다. 일요일이라 상점도 전부 문이 닫혀 있고 통행인도 얼마 없다. 비는 구질구질하게 오고 건물은 제정 러시아를 연상케 하는 침침한 색조이다. 덜덜 떨며 한참 만에 24번 버스를 타고 시벨리우스 공원을 가려면 어디서 내려야 되느냐 물으니 뒷좌석의 할머니가 반가이 알려준다.

공원은 호수를 끼고 자리 잡고 있는데 상상한 것만큼 큰 공원은 아니고 아담하고 간소한 기념공원이다. 핀란드의 정서가 단아하지 않나 하는 생각이 든다. 나는 웅장하고 거대한 조각공원을 연상했었는데 평범하고 조용한 동산이다. 크고 으리으리하고 그런 데 익숙한 눈으로는 한유하기 이를 데 없는 관광명소이다. 하긴 헬싱키 시내가 걸어서 다니기에 알맞은 작은 도시, 수도라지만 이웃 동네 마실을 가듯 산책하기 십상인 도시이다.

잠자는 미녀처럼 누워 있는 호수를 뒤로 두고 조국에 희망과 용기를 준 시벨리우스 음악혼에 경배하며 되짚어 나왔다. 버스를 타고 시내 일주. 어찌나 고단한지 종점인 터미널에 와서 눈을 떴다. 버스 종점이 시내 한복판에 있어 관광객에게는 편리하다. 전철이 있지만 전철이 낭비라고 하는 비난이 수긍이 간다. 한 나라의 수도가 이리 아담하고, 천연의 바다를 끼고 있는 게 신기하다. 알렉산더 동상의 광장 옆에는 유리성 같은 카페가 눈에 띈다. 인상적인 건축양식이다. 어느 나라에서도 보지 못했던 유리의 건물 속에 앉아 담소하는 사람들이 밖에서도 훤히 보인다. 원로원 광장도 가까이 가려 있다.

나는 그리스 정교회를 가보고 싶으나 피로하여 일단 카페로 들어갔다. 당연히 사람들은 이방인의 내왕을 눈여겨본다. 커피는 별로 맛이 없다. 싱거운 기분이 들어 다시 한 잔을 더 마셔봤으나 역시 불만이다. 나는 내가 크림을 많이 넣었나 생각했는데 그게 아니고 그 사이 벌써 스웨덴 커피 맛에 길들었던 것이다. 후딩에 병원의 공문서 및 우편

물 담당인 직원이(그에게 나는 여러 가지 사소한 일, 특히 팩스를 보내는 일 등 많은 친절을 입었다) 다른 나라 커피는 커피 맛이 안 난다던 말이 떠오른다. 정말 그렇다. 예과 시절 헨렌이라고 불렀던 심리학자, 모즐리서 만났던 동료가 여기에 살겠지만 연락할 도리가 없다. 꽤나 적극적인 여장부였는데…….

저녁 5시가 되니까 어느 사이 테이블마다 스노우볼에 촛불을 당겨 갖다 놓는다. 촛불이 타고 유리성 같은 카페 밖으로 황혼의 미명이 펼쳐져 있고 친근한 음악 러브스토리 등이 나온다. 만인을 울리는 정감적인 음악……. 나는 잔잔한 환희에 들떠 시간 가는 줄 모르고 상상의 나래를 펼친다. 나는 어째서 이 시점에 이렇게 혼자 여기 헬싱키 카페에 앉아 있나? 인연설에 빠지면 걷잡을 수 없는 미신가가 될 것도 같다. 촉수가 낮은 조명 아래 촛불이 실내를 밝히는 카페 안은 더없이 아늑하다.

기차시간을 염두에 두고 역으로 돌아와서 플랫폼 8번을 재확인하고 카드를 사고 코코아와 페스트리를 먹고 달러를 마저 바꾸고(카드를 사용하고 수표가 있어 현금을 잘 사용하지 않더라도 그래도 여유가 있어야겠기에) 가방을 로커에서 꺼낸 다음 플랫폼에 나가 여기가 8번 플랫폼 정확한 거냐며 한 사람에게 물었다. 그렇다며 그가 나를 유심히 보더니 대뜸 한국에서 왔느냐 한다. 나는 생전 처음 나를 보고 한국인으로 알아맞힌 분에게 탄성을 질렀다. 당신은 어쩐 일로 내가 한국인인 줄 아느냐? 외국인들은 열이면 열, 다 나를 보고 일본인이냐고 묻는데 하니까 한국인이란 감이 들더라고 한다. 자기는 2년 전에 건축일로 서울 출장을 갔었다고 한다. 바레인에서도 한국인들과 함께 일했다며 삼성, 한일 등 이름을 댄다. 이 사람도 세상이 좁다고 감탄을 한다. 오늘 꼭 두 번 듣는 소리다. 세상에 핀란드 사람이 한국까지 출장을 갔다는 것도, 또 한국서 출장 온 사람이 헬싱키 역에서 그 많은 사람들을 놔두고 그 사람에게 플랫폼을 물은 것이 인연이 되어 두 나라는 단번에 두 사람 마음속에 가장 가까운 나라가 된 것이다. 이 사람은 탐파레에 산단다. 헬싱키가 역시 좋다고 하며 자주 나온다고 하는데 탐파레 행 기차가 발차 직전이라 작별을 했다. 아무쪼록 핀란드 여행이 즐거우라고 손을 흔든다. 아무렴 나는 이미 핀란드를 사랑하기 시작했는데…….

드디어 로바니에 행 기차는 움직인다. 이제 산타클로스 마을은 반쯤 도착한 기분이 든다. 침대칸은 3인용인데 나는 핀란드 할머니가 영어를 전혀 못해 그냥 웃음으로 인사를 대신하고 로바니에 법과대학 졸업반의 숙녀와 많은 이야기를 나눴다. 최종 시험만 남기고 다른 시험은 다 패스한 재원이었다. 변호사 후보생. 눈이 그렇게 크고 맑을 수가 없다. 구슬 같다. 핀란드의 실업이 심각하다는 이야기, 경제적으로 어렵다는 이야기, 여성의 사회진출이 크다는 이야기, 자기는 아시아를 여행하고 싶으나 너무 비싸다는 이야기, 나는 우리나라 사정도 여성문제를 비롯하여 정치적으로 개혁을 겪고 있어 우리는 희망에 부풀어 있다고 말했다.

나는 정치를 마음 놓고 자랑스럽게 설명했다. 독재자의 나라라는 것을 남이 먼저 알고 염려와 동정을 받았던 때의 불만을 면한 것만으로도 나는 기쁘다. 한없이 자랑스러운 것이다. 우리도 민주적인 정치를 실현시킬 수 있다는 비전이 있는 것이다. 내가 핀란드인을 만나고 직관적으로 어딘가 모르게 스웨덴인에게서 풍기는 여유와 관대함과는 다른, 좋게 말하면 순박하나 무뚝뚝한 인상이 이들의 과거 역사와도 관련 있지 않았을까 생각해 보았다. 러시아에 종속되어 싫든 좋든 러시아 체제에 따라 살아야 했던 이들에게는 스웨덴인에게서 발견되는 자발적인 친절이나 세련됨이 부족한 것 같다. 스웨덴인들은 수선을 떨지 않고 조용히 나의 거동, 언행을 살펴보고 있다가 내가 다른 방향의 기차를 탄 것 같으면 쫓아와서 알려주고 간다. 그런 사람이 한두 명이 아니다. 나의 거동을 보고 내가 취할 다음 동작, 즉 행선지를 알아차리고 재빨리 잘못된 방향을 잡아주곤 했다.

나는 정신없어 몰라도 그들은 눈여겨 나의 행동거지를 파악했던 것이다. 나는 스웨덴인의 사려깊음에 매번 혀를 찼었다. 내가 어디 간다고 하면 자세히 알려줌은 물론 그 정류장에 도착해서 내릴 때까지 신경을 써준다. 나도 내리면서 뒤돌아보며 몇 차례나 고맙다는 손을 흔들고는 했다. 살기가 이렇게 신나고 편한 나라도 있는 것이다. 물론 너무 편한 맛이 든 국민들 때문에 이번에는 심각하게 다른 나라식의 자유경쟁을 도입하고 있는 이 나라는 그러나 아직 한 번도 안 해본 제도가 잘 정착이 될지 모두들 두려움 반 희망 반의 견해들이다.

나는 다시 핀란드 숙녀에게로 돌아와 미래는 아무도 모르는 거니까 그리고 너는 변호사가 될 사람이니까 한국에 충분히 여행할 만하다며 내 주소와 전화번호를 알려주고 언제든지 한국에 오면 연락하라고 적어줬다. 그녀도 맞장구를 치며 자기 부모 집 주소를 적어준다. 미혼이

고 아직 졸업반 학생이라며. 장장 열세 시간의 밤 열차가 로바니에 역에 도착한 이른 아침, 침대칸의 커튼을 열었을 때 창밖에는 백설이 전나무 숲을 뒤덮고 있는 은백의 눈나라가 펼쳐져 있다. 그것도 발목이 푹 빠질 정도인 25센티나 되는 눈이다.

역이라고 하지만 손바닥만 하다. 이 작은 역이 산타클로스 마을이 있으므로 해서 세계적인 명소가 된 것이다. 물론 북극권이 시작되는 첫 도시임도 중요한 사실이다. 나는 버스를 기다리다가 아무래도 노정이 바빠 택시를 탔다. 내가 다시 로바니에를 방문한다는 것은 생애 두 번 있기 어려울 일 아닌가?

산타클로스 집은 문이 잠겨 있다. 첫 손님인 것이다. 안에서 문을 열어주며 아직 개장 시간은 안 되었지만 앉아서 기다리라고 소파를 가리킨다. 눈 위에 아침 해가 뜨는 광경은, 그것도 북극권에서 고국에서

와는 정 반대 방향의 해를 보는 것이 그리 흥분될 수가 없다. 나는 잠시 북극 풍물의 전시관을 둘러보다가 아무래도 커피 한 잔을 마셔야 될 것 같아 2층으로 올라갔다. 청년이 아직 회의 중이지만 함께 앉아서 커피를 마셔도 좋다고 하며 얼른 커피를 따라준다. 도넛 하나와 커피 한 잔. 창 밖에는 어느새 눈이 내린다. 참 일기가 변덕이 심하다. 눈이 그쳤는가 싶으면 내리니. 여하간 나는 눈이 내리는 다락방처럼 아늑한 2층 산타클로스 마을 카페에 앉아 차를 마시는 내 자신이 동화 속의 신데렐라처럼 행복하기만 한 것이다. 통나무집 건축양식 등이 그야말로 동화 속 산타클로스 나라 그대로이다.

내가 도넛 값을 지불하자 청년이 대뜸 '아리가도 고자이마스' 하고 나직하게 인사를 해서 나는 웃으면서 일본인이 아니고 한국인이라니까 미안하다고 사과를 한다. 그는 미국에서 공부할 때 일본인과 한국인 친구가 많았다며 일본어도 한 학기 이수했는데 쓰지 않으니까 잊어버렸다며 간지며 가나가나 히라가나 등을 말한다. 전공이 국민경제이며 석사과정을 마쳤다고 한다. 지금 어머니가 다리를 다쳐서 대신 커피숍 일을 보고 있다고. 참 총명한 사람이라고 감탄하니까 총명해서 나쁠 것 없지 않느냐며 경쾌하게 맞장구를 치는데 영락없는 미국인 제스처이다. 단 천박할 정도로 요란스럽지 않고 통틀어 젊은 사람 특유의 자신과 정열이 느껴지는 가볍게 연극적인 제스처. 나는 눈도 오고 따로 레스토랑도 없고 하여 뭐 더 입맛 다실 게 없나 둘러보다 펭귄이 그려진 아이스크림이 보여 핀란드 아이스크림 맛 좀 보기로 했다. 화평한 실내에 앉아 눈 오는 창밖을 바라보며 아이스크림을 조금씩 핥아먹었다. 너무 딱딱하다고 하니까 청년이 레인지에다 녹여주겠다고 하여 괜찮다고 하였다.

청년은 핀란드 그것도 순록의 나라 북극권의 산록 사람 같지 않은 도시적인 풍모가 배어 있다. 미국 유학이 이 청년을 이렇게 변화시켜 놓았나 보다. 아이스크림 이름이 무엇이냐니까 '발로야테로'라고 발로 회사의 아이스크림이라는 뜻이라고 한다. 나는 좀더 시적인 이름으로 상상했었다며 네가 그러잖아도 국민경제 전공한 사람이니까 이 아이스크림 이름부터 북극권 이미지에 맞는 이름으로 바꿔보라고 하니까 신중하게 듣는다. 청년은 자유분방한 듯하면서도 사려가 깊어 중요한 아이디어는 재빨리 귀담아 듣는다. 사진을 찍으려고 구도를 잡았으나 눈이 그치지 않는다.

청년과의 대화는 진지했으나 시간이 급한 나는 다시 보자고 하고 내려왔다. 카드를 잔뜩 고르다가 일본인 여행자로 보이는 숙녀에게 시간을 물어보니 10시 20분이라고 한다. 나는 서둘러 어머니와 의국으로 북극 카드를 보내고 산타클로스 집에 들어갔다. 당신이 정말로 산타클로스냐니까 그렇다며 반갑게 맞는다. 내가 한국에서 왔다니까 지난해 12월 1주일간 한국 정부 초청으로 서울에 가서 KBS도 출연했고 서울시장도 만났다고 자랑한다. 그랬던가? TV를 뉴스 외에 잘 보지 않는 나는 서울시장이 누군지도 모르겠다.

여하간 우리나라를 방문한 사람을 만나 기쁘다고 했다. 그는 더 이야기를 했으면 하는 눈치였으나 그대로 나와 사진을 서너 장 찍고 11시 로바니에로 돌아오는 버스를 타고 작은 역사로 돌아왔다. 스웨덴으로 넘어가려는 나의 일정은 한 치의 에누리도 없이 버거웠다. 여기서 아차하면 하루가 그냥 달아나는 것이다. 로바니에 역에 나와 케미행 열차시간과 침대권을 예약해야 되지 않느냐니까 할 필요 없다며 손님 없이 앉아 있다가 한국인 여행객이 이런저런 말을 거니까 기다렸다는 듯이 많은 이야기를 해준다.

올해는 눈이 다른 때보다 일찍 왔다면서 지금 가을인데 이렇게 눈이 왔다며 이상하다고 한다. 이상하나마나 나는 너무나 예기치 않은 선물을, 그것도 평소 꿈꾸던 연인에게서 담뿍 받은 듯 황홀해 있는데 그런 내게 눈이 일찍 온 게 이상하다니! 당신은 이렇게 아름다운 데서 사니 얼마나 좋으냐, 여기 다시 한 번 더 오고 싶다고(진정이다!) 몇 번이나 되뇌었다. 여유 있게 하룻밤만이라도 산타클로스 마을 눈의 숲 속에서 촛불을 켜고 총명한 청년과 국제경제며 북극권의 생태며 시와 인류문제를 이야기할 수 있다면 하는 아쉬움이 계속 남는다. 청년은 그렇게 총명하고 순수한 아름다운 사람이었다. 언젠가 여름날 무지개처럼 만났던 내가 알았던 그 기자와 어딘가 비슷한 면모가 풍긴다. 그 기자는 행방불명이 되어 아무도 종적을 모르지만…….

쟈크 베르니스같이 신비한 인물을 좋아하던 내게 큰 기쁨과 슬픔을 동시에 안겨준 종횡무진으로 활약하던 프리랜서여! 한국이라는 지상에서 잠적하여 그대는 또 어느 하늘 아래를 비상하려 하는가. 그대를 사랑하는 사람들을 저버리고 남태평양을 향한 은행가처럼 그대는 그렇게도 기자혼이, 예술혼이 불타는 사람이었던 것을……. 나는 가열된 환상에서 돌아와 국경을 넘어야 된다는 사실을 환기했다. 아직 시간 반의 여유가 있어 옆의 레스토랑으로 들어갔다. 랩족의 여인이 이미 술에 취해 깜짝 놀라 쳐다본다. 동양인 여행객이 신기한 것이다. 음식을 시켜야겠는데 핀란드 말을 몰라 알 만한 음식 이름을 찾고 있는데 예의 그 랩족 여인이 쫓아와 자기는 영어를 할 줄 안다며 제일 비싼 음식을 집어준다. 나도 얼른 그것으로 하라고 했다. 여행을 다닐 때는 우선 잘 먹어야 된다. 최고급으로. 끼니도 걸러선 안 된다. 매시트포테이토에다가 쇠고기 잘게 썬 것으로 링언 소스 비슷하나 열매인데 맛은 영 딴판인 시금털털한 맛. 거기다 갈색의 음료는 역시 약간 맥주 맛이 나서, 그리고 나는 시간이 걱정되어–여행지에서는 대합실에 앉아 있지 않으면 몹시 불안한 것이다– 빨리 먹으려고 하니 제대로 넘어가지 않는다. 나는 영 빨리 먹지 못한다. 빨리 먹으면 영락없이 거북하다. 위나 성격이나 똑같다.

오후 1시 반 기차가 헬싱키를 향해 서서히 움직인다. 나는 도중의 케미 역에서 내려 서쪽으로 스웨덴으로 들어가야 된다. 나는 금연칸에 들어가 자리를 잡고 차창에 얼굴을 대고 너무나 아름다운 북극의 설경에 취해 그야말로 북극 정신병이 들린 듯 쳐다보았다. 오후의 햇빛이 눈부시게 차창을 얼비쳐 눈이 녹아 내리는 물방울, 그 차창 위에 굴절된 사양斜陽. 이 절묘한 미학. 그런데 가만 보니 이 칸은 다름 아닌 영화 칸이라 리처드 기어 주연의 홈드라마가 방영되기 시작하니까 여기저기서 커튼을 닫느라고 난리이다. 이들은 눈이 그렇게 대수롭잖은가 보다. 나는 도저히 영화를, 시정의 이야기는 더는 보고 싶지 않아

(시정의 온갖 잡다한 삶이 그래 질리지도 않는단 말인가? 여행하는 순간만이라도 세

상을 잊고 꿈속을 여행하고 싶은 것이 그래 그렇게도 사치스러운 일이란 말인가?) 바바리와 가방을 들고 다른 칸으로 갔다.

자리를 잡고 보니 제대군인, 그것도 해병대 군인들 일색이었다. 어제 제대한 사람들이니 오죽 환호작약한가! 군대복무는 9개월 반이라고 한다. 우리는 거의 3년을 복무한다고 하며 핀란드가 그렇게 군대를 유지할 필요가 있느냐니까 예전 경험을 거울삼아 독립된 방비를 하려 한다고 말한다. 제대하고 귀환하는 청년들이라 맥주를 들고 다니며 마시는 등 간밤의 파티가 오후 귀환열차에까지 이어진다. 군인들이라 그런가? 이들은 전반적으로 무뚝뚝한 인상이다. 묻는 말에는 설명을 해주나 별로 내게는 묻지를 않는다. 한국이란 나라에 대해 별 호기심이 없어 보였다. 호기심이야말로 지극히 단순한 탐구심의 원천이거늘. 나는 어느 나라 사람을 만나든 열심히 그 나라에 대해 묻고 메모하곤 한다. 세계가 그야말로 산 교과서라는 것을 나는 강하게 믿는다.

케미에서 내려 버스 시간을 재확인하니 하파란다 행 토르니오 경유 버스가 3시 10분에 출발한다고 한다. 3번 정류장에서 나는 아무래도 케미가 핀란드로서는 마지막 지점일 것 같아 남은 동전으로 초콜렛을 샀다. 그대로 남은 지폐는 다시 환전을 하면 되겠고. 터미널에서 토르니오 행 버스를 타고 케미 기차역으로 내려오니 열차 안의 그 해병대 청년이 올라탄다. 세상이 이렇게 좁은 것이다. 나는 얼른 나의 옆자리를 비웠다. 그는 술 취했을 때와는 딴판으로 겸연쩍은 표정을 지으며 자리에 앉더니 그대로 자버린다. 하파란다에 내려 대합실 겸 사무소를 들어서며 대뜸 이제 스웨덴이구나 직감했다.

낯익은 반들반들한 의자와 테이블 그리고 위생적인 설비가 최적으로 안락함을 과시하고 있다. 나는 사무실에 들어가 여기가 스웨덴이냐니까 그렇다며 웃는다. 일시에 긴장이 확 풀린다. 두 달 가까이 살았다는 시간의 축적이 이렇게 안심을 준다. 시계를 보니까 도로 3시. 이제 잃었던 시간을 찾은 것은 좋으나 보덴 행 기차는 5시 45분에 하나가 있을 뿐으로 2시간 반을 기다려야 된다. 나는 시내를 돌아다닐 여력도 없고 하여 멍하니 이 생각 저 생각을 굴리며 앉아 있다가 사무실 안에 가서 그림엽서를 고르며 열성적인 직원을 통해 하파란다에 대한 많은 사실을 들었다.

국경의 개념이 건널 수 없는 곳, 거기를 간다는 것은 가장 귀한 생명을 저당 잡혀야 되는, 전 세계를 내 마음대로 여행하면서 평양은 가지 못하는 나라의 한 시민인 내게 여기서는 어이없게 아무런 방해가 없는 것이다. 패스포드를 보자는 사람도 없고, 그런 짓거리를 우리 북구인들은 하지 않는다던 로바니에 역 직원의 말이 새삼 실감난다. 하파란다는 핀란드와 공동 자치구역이라며 열심히 소개한다.

사람은 너나 할 것 없이 자기가 사는 땅에 대한 생명 같은 외경을 품고 있는 것이다. 그는 많은 팸플릿과 차에 붙이고 다니라고 하파란다 상징의 스티커까지 석 장이나 준다. 나는 고맙다며 꼭 붙이고 다니마 약속을 했다. 나는 외국의 명문대학 방문 기념의 스티커를 붙이고 다니는 등의 취미를 전혀 갖고 있지 않지만(차에다가 각종 안테나 하며 무슨 그물 같은 가리개, 옷걸이, 빗물받이까지 다는 등 차 안을 최고급으로 철철이 장식을 하는 알뜰살뜰한 취미의 차주들은 얼마나 근면한 사람들인가!) 장식이라고는 화

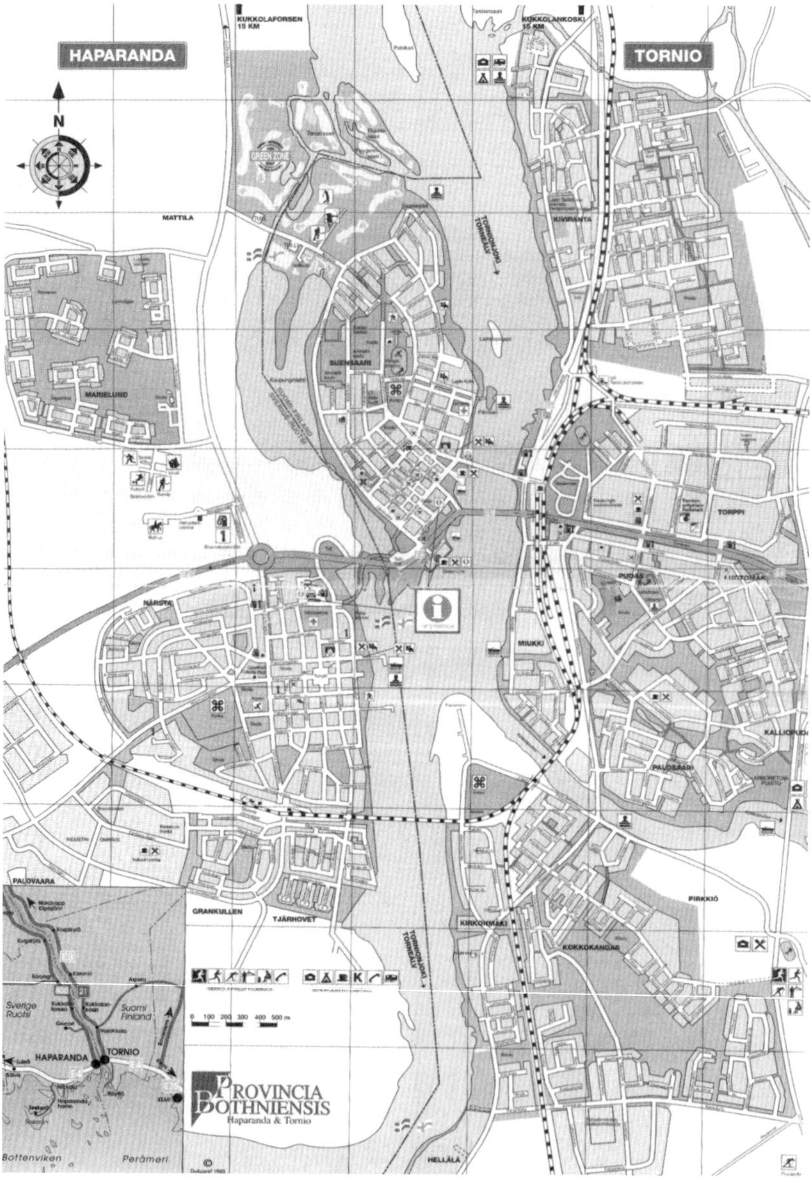
HAPARANDA
TORNIO
KUKKOLAFORSEN 15 KM
KUKKOLANKOSKI 15 KM
N
MATTILA
MARIELUND
SUENSAARI
KIVIRANTA
TORPPI
NÄRSTA
PUDAS
MIUKKI
PALOSAARI
PALOVAARA
GRANKULLEN
TJÄRHOVET
PIRKKIÖ
KIRKONMÄKI
KOKKOKANGAS
HELLÄLÄ
Sverige Ruotsi
Suomi Finland
Bottenviken
Perämeri
PROVINCIA BOTHNIENSIS
Haparanda & Tornio

장지 하나밖에 없는 나의 차, 바흐의 칸타타 조곡 하나가 유일하게 차 안의 무료를 달래주는 나의 차에 하파란다의 스티커를 달고 다니겠다. 세상은 지혜와 협심에 따라 얼마든지 자유롭고 행복하게 살 수 있음을 실증하는 지명의 예로서 부지런히 사람들에게 하파란다를 자랑할 것이다.

한돌린스카 다리를 중간으로 바른쪽은 핀란드, 왼쪽 그러니까 서쪽은 스웨덴이다. 이 다리는 19세기부터 관광객의 인기를 끌어 통과세가 5외르(5페니)였다고 하는데 현재 이 다리는 세 번째 축조된 다리라고 한다. 이 다리는 유명인사도 많이 통과했는데 그중 극적인 인물로는 레닌 동지를 들어야 되겠다. 1917년 스위스-하파란다를 거쳐 러시아로 귀환하는 대장정의 루트가 하파란다를 고비로 귀환길을 재촉했다는 풀이가 있다.

하파란다로 입성하면서부터 눈길을 끈 스웨덴 교회는 1967년 벵트라슨에 의해 개축된 교회인데 나는 그 청빈의 집을 알현하는 영예를 포기하였다. 핀란드 쪽 즉 토니오에 위치한 교회에는 신비한 전설 같은 이야기가 그대로 문서로, 그것도 서정적 문체로 기술되어 보관되어 있다고 하는데, 칼 11세가 한밤중 태양을 시계탑에서 목도했다는 증언이 그 내용이다. 골프장이 있는데 공이 날아가는 방향을 따라 핀란드와 스웨덴으로 바뀐다고 한다. 장보러 갈 때는 시간을 늘 염두에 두고 가야 한단다. 지도를 선물로 받고 소중하게 접어 배낭 속에 넣었다. 나는 특히 이웃해서 살면서 어떤 나라는 윤택하고 어떤 나라는 어딘가 궁색한데 왜 그런가 하는 이유를 물었다. 스웨덴인은 뽐내지 않으면서 핀란드와는 한 나라인데 러시아에게 빼앗긴 후부터 차이가 났지만 지금 핀란드는 많이 발전했다며 핀란드를 추켜세운다.

이웃 사람들을 모조리 원수로 알고 못살게 짓밟아야만 내가 잘 살 수 있는 줄 믿는 것은 얼마나 어리석고 무모한 헛된 망령인가. 더불어 도와야 즉 내가 너를 사랑해야 너도 나를 사랑하는 게 아닌가. 타산을 의미하는 게 아니라 인심의 발로를 말하는 것이다.

잠시 하파란다의 역사를 간추려 보면 다음과 같다.

1808~1809년 스웨덴과 러시아가 전쟁을 치른 후 수엔사리 섬(늑대의 섬)에 경계가 지어졌다고 한다. 이 섬은 현재 토니오의 중심가이다. 스웨덴 쪽 하파란다가 어떻게 시작되었느냐에 대해서는 이론이 분분하다. 정설로 채택된 것은 칼 요한 왕이 하파란다 항구에서 20킬로 남쪽에 자리를 잡고 이름도 아예 국왕 이름 그대로 부르기로 했는데 그 지점은 현재 니칼라 빌리지에 해당된다. 이렇게 도읍을 결정한 것은 좋으나 당시 반발도 거세었다고 한다. 이 지점이 모든 무역의 센터로서 세입원의 본산이었기 때문이다. 우여곡절 끝에 하파란다가 설립되었는데 그 뜻은 미루나무 해변가라고 한다. 유려한 이름이다. 1842년에는 자치도시로서의 헌장을 공포했다고 한다. 이 하파란다는 전 세계의 세 개의 자치도시 중 하나이다. 아프리카의 팀부쿠, 러시아의 사마르칸드가 바로 영구 중립 자치도시인 것이다.

하파란다가 지금과 같은 평화를 얻기까지는 파란도 많아 핀란드 사이드의 강변에 위치한 알라토니오 교회는 1797년 축조되었는데 1809년까지 러시아에게 빼앗겼다가 그 이후 제 1,2차 대전 때는 숱한 부상

병을 운반하는 요새가 되었다고 한다. 실려 온 부상병은 거룻배로 고국으로 송환시키곤 하는 일을 하파란다 주민이 도왔던 것이다. 시내 호텔은 세계대전 당시 백만장자들이 운집하여 흥청댔다고 한다. 한편에서는 밀수도 자행되고, 1920년대 영화 〈백만 대중이 구르고 있다〉를 촬영한 곳이 이곳이라는 소개도 나와 있다. 전시에는 온갖 스파이, 군인, 난민들로 우글대던 하파란다였겠지만 시월 하순의 하파란다의 일모는 고적하기만 하다. 어둠이 내리덮이는 하파란다를 떠나 세 명의 운전수가 릴레이를 하면서 보덴 역에 나를 내려준 시각은 밤 8시 5분. 눈이 내리고 역사는 문을 닫았다. 나는 침대칸 예약을 여기서 할 수 있으리라고 기대했는데 영 낭패의 기분이다. 안내방송이 나오나 하나도 귀에 들어오지 않는다. 대강 상황파악을 하면서 사람들 동태를 보았다. 정 다급하면 물어서 스톡홀름 행 기차를 타면 된다. 이제 아는 길이라 걱정이 되지 않는다. 핀란드에서처럼 막막하지 않다.

나는 보덴 역사 앞의 작은 호텔을 눈여겨보며 하룻밤 묵었다가 이른 새벽 최북단의 도시 나르빅으로 해서 노르웨이의 트롬쇠까지 가고 싶은 마음 굴뚝같았으나 이번 여로는 일단 여기서 마치기로 했다. 후딩에 병원 일이 궁금했다. 아무리 방문객이라 책임이 없다 하더라도 그럴수록 더 처신하기가 어려운 것이다. 리드베리 교수한테 여행한다는 이야기를 미리 못 했기 때문이다. 13시간의 밤기차를 타고 자다 깨다 하는 그 불편함이란 이루 말할 수 없는 것이나 언젠가 에딘버러에 올라갔다가 밤 열차를 타고 내려왔던 생각도 나고, 세월의 빠름에 탄식하면서 밝아오는 아침 차창을 내다보며 웁살라라는 말에 여장을 꾸려

장장 1천1백77킬로의 여로를 마감하였다. 바이킹 라인(스톡홀름–헬싱키)의 거리를 빼고도 말이다.

스톡홀름 중앙역에 내리는 순간 어찌나 우울하고 피로한지, 생활 속으로 들어가야 되는 현실의 무게가 어찌나 버거운지 아지 못할 한숨이 여로의 작열했던 환희와 강한 대비를 이루면서 우수가 인다. 아름다운 꿈을 꾸고 난 뒤의 아쉬움 같은 달콤한 동화를 현실 속에서 만났던 여로의 충만한 기쁨이 현실의 딱딱한 문에 들어서기를 주저하는 것이다. 나는 그러나 오후는 후딩에에 들어와 밤늦게까지 신들린 듯 일을 하고 아무도 전철을 타는 사람이 없는 플레밍스베히 역에서 오슬로 행 열차가 밤 10시 4분 플레밍스베히 역을 통과하고도 한참이 지난 늦은 시각에 역내를 서성이며 마스타행 전철을 기다린다. 동방의 방문객의 그림자 홀로 아련하기만 하다.

여행을 죽어라 하는 이유가 무언가. 기를 쓰고 초를 다투며 연인을 만나러 가듯 환희에 들떠서 여행을 하는 이유가 또 무언가. 실리적으로 여행에서 무엇을 얻기에 그리 여행에 열광하는가. 인간 본연과의 만남과 대자연에의 귀소본능 같은 것이 인간에게 있는 게 아닐까? 아름다운 시티홀 야경이 물 위에 어른대는 스톡홀름 만추의 밤이 깊은데 이미 겨울 눈나라를 다녀온 나는 타임머신의 바늘을 다시 뒤로 돌려야 되는 것을…….

– 스웨덴 후딩에 병원 사법정신과에서

제2부 비단옷 입고 밤길 가는

법관과 사제 그리고 의사

– 충남의과대학교수 피살사건에 대한 성명서 –

프랭클린 루스벨트는 인간의 4대 자유를 제창하였다. 그중 하나인 공포에서의 자유가 보장되지 않은 우리나라 진료현장을 성토한다.

2008년 6월 18일 저녁 6시 퇴근길에 비명횡사한 동료의 죽음에 대해 대전광역시의사회는 거듭된 논의 끝에 성명서를 발표하기로 만장일치로 합의를 보았다.

소 잃고 외양간 고치듯 만시지탄의 감이 있으나 '너무 늦은 때가 가장 빠른 때'라는 20세기 저 동서양을 넘나들었던 마담 장개석의 그 창창한 격려에 분기탱천하여 의사의 안전을 보장해달라고 절규한다.

우리들은 고인이 미처 펼치지 못한 인술과 남은 유족의 충격과 애도를 무엇으로도 갚지 못하는 부끄러움과 속죄에서 자유롭지 못하다. 각고의 노력으로 학문에 매진하여 후학들의 사표로서 부족함이 없던 한 장년 의사의 이 횡액 자체가 경천동지할 사건임에도 이렇게 무관심과 냉소 내지 억측으로 일관하고, 그의 죽음을 굳이 의료사고로 몰아가려는 비열함은 또 무슨 변고인가? 백번 양보하여 설사 그렇다 하더라도 이미 우리 곁을 떠난 이 사회의 동량인 고인의 영전에 고개 숙여 애도를 표명하지 못할망정 의료과실 쪽으로 왜곡하는 언론인들의 작태는 또 무슨 연유인가? 어찌하여 우리 사회는 의사에게 그리도 냉대와 질시를 던지고 적의를 품고 있는가? 제네바협정에는 전쟁포로에게도 기본권을 존중하도록 명시되어 있건만 하물며 의사의 진료실이 위협공갈협박과 물리적 폭력에 무방비 상태로 노출되어 있는 우리나라의 현 의료법은 이대로 좋은가?

우리 사회의 불신 아노미 현상과 양극화의 참상이 의사의 희생을 몰고왔다. 전통적 가치와 윤리가 와해되어 오로지 이기적 본능과 자기보호에 혈안이 된 우리 사회의 폐단이 한 이상 성격자인 환자로 하여금 숭고한 의사의 생애를 박탈한 것이다. 그의 죽음은 단지 진료실에서의 사고로 끝나는 게 아니라 우리에게 경종을 울려 동료의 고통을 함께 나누지 못한 우리들에게도 뼈아픈 교시를 주고 있다. 그의 죽음은 단순한 피살로 그치는 게 아니라 보다 숭고한 순교의 의미로 우리는 받아들여야 된다!

우리는 망상이란 이성적·상식적으로 설득이 되지 않는다는 것, 그리고 그 정도가 엄청나서 현실적으로 제어할 수 없다는 정의를 누구나 알고 있다. 그럼에도 사회적 여과장치 없이 이 망상자가 활보하고 의사 개인에게 보복의 누명을 씌운 우리사회는 도덕적 제도적 책무에서 결코 자유로울 수 없다!

방어진료라는 불필요한 어휘들이 만연하고 있는 의료현실에 우리는 개탄한다. 의사는 자신의 양심과 의술로 진료에 전력투구를 해야 됨에도 불구하고 실정實情과 유리된 제도와 각종 규제 간섭으로 의사의 치료의지가 위축된다면 과연 그것이 조국이 의사들에게 염원하는 미래의 희망인가? 응급실이나 외래에서 심지어 중환자실까지 틈입해 들어와 무분별한 폭언 비난을 일삼는 모리배들에게서 의사는 자유로워야 한다. 횡행하는 파렴치한 의도적 고발과 물리적 위협은 일상화되어 누구도 개탄하거나 시정하려 들지 않고 오히려 관행이 되어버린 불행한 의료현장을 고발한다.

의사가 진료실에서 조우한 환자와 연루되어 그의 고귀한 생명이 희생된 이 사태를 국가는 석고대죄하고 유족의 생애를 보호하라. 에르네스토 체 게바라가 편지 한 장을 써 놓고 쿠바를 떠나면서 자기 가족을 국가가 책임지리라고 선언했고, 카스트로는 의리를 지켜 그의 유족들을 보살펴 온 사실은 미망인 알레이다 마치의 '회상'을 통해 연초에 이미 전 세계로 타전되었음을 명심하라.

이 비극은 의사 개인의 불운으로 끝나는 것이 아니라 전 국민의 위기임을 각성하라. 의사를 홀대하는 사회는 건강한 사회가 아니다. 자기 자신의 생명을 경시하는 우매한 사회이다. 이보다 더 불행하고 무참한 사회병리가 어디에 있단 말인가?

그러므로 대전광역시의사회는 다음과 같은 사안을 정부에게 촉구한다.

누구든지 의사의 흰 가운에 물리적 접근을 하는 사람은 현장에서 체포하라.

진료실의 불만 시비 모욕 언어폭력은 즉결 심판기구에서 담당하도록 제3통로를 발족하라.

법적 제도적 절차를 무시하고 배상을 요구하는 환자는 정신 감정 의뢰 제도를 강화하라.

국민의 건강을 수호하고 인술로서 진료에 임하는 의사들을 매도하고 부분적 오류를 일반화하여 대서특필하여 의사라는 높은 직업윤리를 땅에 떨어뜨리기를 다반사로 하던 지난 세월들의 총화가 의사의 비극적 죽음을 초래한 것이다. 의사가 원망과 박해자의 표상으로 자리 잡게 된 불온한 사회적 공기의 팽배가 이렇듯 잔인무도한 도척과 같은 폭력적 살인이 자행된 것임을 뼈아프게 참회하라.

민주주의의 자유 평등 사상이 무법천지로 방종과 테러적 사태로 만연되는 사회병리를 더 이상 간과하지 말라. 물질과 물리적 힘의 숭배로 치닫는 우리사회 폐단의 한 양상이 이 사건이다. 사랑과 화해와 타협과 용서라는 대화의 통로가 막혀 있고 본능적 욕구 해결을 자행한 망상인을 방치한 사회적 책임을 통감하라.

진료현장에서 빈발하는 폭력과 위협 폭언 등 의사의 신분보장이 안되는 작금의 제도적 장치를 전폭적으로 개선하라. 의사에게 무한 책임 인술이라는 희생을 요구하면서도 그의 기본권은 방치하고 있는 현 의료법을 전폭 개정하여 21세기에 상응하는 제도적 장치를 입법화하라.

의료의 문제는 법과 질서에 따라 법으로 호소할 사안임에도 의사 개인을 위협하여 공포 속에서 진료하게 하지 말라. 법관과 사제의 수단은 보호되고 있다. 그러나 어이하여 전 인류가 추앙하는 신성한 생명의 수호자인 흰 가운은 폭력의 각반이 되고 있는가? 사제의 수단과 고

해실이 보호되듯이, 법관의 법복과 법대가 피의자로부터 분리되듯이 생명의 수호자인 의사의 진료실은 성역화되어야 한다.

의사는 이데올로기를 초월하는 직종으로 오로지 생명의 존중과 건강의 수호가 그들의 소명이다. 온갖 무질서 불신 불건강한 개인들의 폭력적 발상의 표적이 되고 있는 이 불행한 현실에 우리 의사들은 분노한다. 의사를 매도해야 직성이 풀리는 우리사회의 왜곡된 집단히스테리가 한 폭도의 의식 속에 투영된 것이다. 이분화 된 사고가 원수·박해자라는 망상적 논리의 온상이 되어 제어장치가 없는 상황에서 무법자를 활보시킨 당국도 간접 사주자로 양심선언을 하고 시민에게 사죄하라.

보고된 데이터 이상으로 정신 병리가 만연하여 위험성이 노출되고 있다는 것은 의사 아닌 비등하는 여론으로 시민이면 누구나 통감하는 일이다. 의사 이전에 한 개인이 테러의 위협을 받는 현 상황은 즉각 예방 조치되고 폭력은 발본색원 근절되어야 되는 당면 과제임을 상기하라. 정부는 수가酬價에 집착하여 정신질환자의 실태파악은 하지 않고 복지부동의 구태의연한 자세로 일관하여 상식을 일탈한 약탈자를 시정에 방치한 관계자들의 직무유기를 처단하라.

유족의 충격과 슬픔을 위로할 어떤 말도 찾지 못한 채 시간이 가고 있다. 단지 성실히 의업에 종사한 의사가 극한상황에서 피살된 이 황당한 아이러니를 우리는 어떻게 정당화할 수 있는가? 의사가 이렇게 경시되고 있는 현실에서 비탄에 잠겨 사기 저하로 방어진료에 급급하다면 그 손실은 의사 개인으로 끝나는 게 아니라 국민 전체, 나아가 국가경쟁력에도 영향을 미친다는 것을 명심하라.

차제에 의사들도 자성을 하고 보다 적극적인 협진 체계와 자문 의무화를 의료계 자체 내에서 성문화할 것이며 타 과와의 긴밀한 유대 협력체계를 공고히 하며 동료와 동료 가족을 사랑할 것이라는 히포크라테스 선서 규약을 명문화 할 것이다.

진료현장에서의 억지나 공공연히 배상을 요구하는 이런 작태들을 근절시킬 수 있는 강력한 제도적 장치가 없이는 현실적으로 의사 개인이 스스로를 보호하기는 불가능하다. 동시에 우리는 윤리 도덕 가치 확립을 위한 전 국민의 영적 정신적 승화를 위한 생명존중 사상을 전개해 갈 것이며 이웃과 더불어 존재하는 인류애를 우리의 삶 속에서 구현할 것임을 천명한다.

독립 전쟁 당시 영국군에게 처형되면서 조국에 바칠 머리가 하나밖에 없는 것을 유감으로 여긴다는 유언을 남긴 한 병사의 일화가 뇌리에 맴돈다. 동료가 마지막 생명의 호흡을 소진하면서 우리에게 무엇을 당부하고 싶었을까를 떠올리며 남아 있는 우리는 호곡한다. 한 병사의 죽음이 헛되지 않고 미국이라는 나라의 독립의 초석이 되었듯이 동료의 죽음의 의미가 헛되지 않도록 우리는 보다 바람직한 의료 환경의 개혁을 향해 전진할 것이다.

이상으로 우리의 결의를 피력하며 재차 고인의 명복과 유족의 강녕을 기원하며 대전광역시의사회는 위와 같은 의견 개진이 입법화 되어 안전한 진료환경을 이룰 때까지 진료실을 결코 떠나지 않을 것이며 침묵집회, 공청회, 생명존중 운동의 선봉장이 되어 건강한 사회 행복한 시민을 위한 강건한 수호자가 될 것을 표방한다.

2008. 7. 12.

대전광역시의사회 부회장 심 정 임

봉수대의 횃불이 번지듯

– 2007.3.21. 전국 의사 과천시위에 앞서 –

의약분업 반대 마지막 집회를 끝내고 과천벌에서 내려오며 다시는 이런 시위가 없겠지 염원했던 기억이 생생하다. 귀가 멍멍한 고함소리, 질탕한 풍물패, 피를 토하듯 질러대는 구호 등 아비규환은 아니지만 일상을 뒤엎는 난리 아닌 난리라고 하겠다. 군중이 모인 광장과 전국 규모의 시위라는 현상은.

내일 버스를 타고 과천에 갈 일이 태산처럼 무겁다. 차멀미가 심한 나는 버스 타기가 죽기보다 싫은 사람이다. 밀실공포증까지는 아니지만 버스에 갇히는 듯한 압박감이 언짢은 것이다. 유성구 버스 차량에서 나눠줬던 찬 도시락밥이 넘어가지 않았던 처량한 기억도 꾸역꾸역 일어난다. 먹는 속도가 유난히 느린 사람이 언 도시락을 먹다니……. 어머니가 관속에서 펄쩍 뛰셨을 사건이다.

의약분업 시위에 한 번도 빠지지 않은 나는 참여한다는 것이 얼마나 큰 고통과 희생이 따르는지 안다. 협회의 결정을 외면하고 나만 편하면 그만이라는 안이한 사고방식이 우리 의료계가 여기까지 밀려 벼랑 끝에 매달리게 된 비결(?)이다. 동료가 죽든 말든 할복을 하든 말든 나는 편해야 하고 특별 대접을 받아야 하고, 너는 가서 허드렛일이나 하고 바보처럼 묵묵히 하라는 대로 순종하면 되고, 나는 손톱 하나 까딱 않고 유리한 일에나 발동하겠다는 심보는 무슨 해괴망측한 버릇들인가?

전국 시위 참여를 두고도 갑론을박 설왕설래하였지만 일단 전체를 위해 협조를 하고 지역별로 연속적으로 시위를 이어가는 게 바람직하다는 중론이다. 내가 원하는 대로 무리하게 관철시키는 방법은 민주적이라 하기 어렵다. 일단 다수가 결의한 사안은 지켜야 할 의무가 있다. 의무를 다하지 않고 권리만 주장하게 되면 민주주의와 자유의 꽃이 필 도리가 없다. 제임스 레스톤이 한국에서 민주주의가 꽃피기를 기대하는 것은 쓰레기통에서 장미가 피기를 기대하는 것처럼 무망한 일이라고 망언을 서슴지 않았던 지난날이 뼈아프게 저려온다. (한 방 날려주고 싶은 분노와 더불어 어금니를 물고 우리도 할 수 있다는 불굴의 투지가 타오른다. 건방진 외신 기자 같으니…… 감히 어디에 대고 그따위 경망한 요설을……) 우리가 의사표현의 자유를 위해 전국적으로 움직이며 질서를 유지하는 이 자체가 벌써 민주화가 그만큼 이뤄졌다는 역설 아닌가? 몸싸움이나 시민을 교란시키는 어떤 불온한 행적은 의사인 우리가 범할 일이 아니다. 법의 테두리 안에서 의사표현을 한다는 것 이보다 중요한 기본권이 어디 있는가.

엎드려 있는 사람은 일어나 게으름의 먼지를 털고 과천으로 나가라! 강 건너 불을 보듯 하는 사람은 자신도 모르는 사이에 의료제도가 강 건너 불처럼 희미하게 이 사회 어둠의 골짜기로 사라진다는 것을 알아야 한다. 우리는 왜 항상 바라기만 하고 내가 다른 사람을 돕고 일익이 되겠다는 양식은 멀리하는가? 받기만 하려하고 일어나 동료를 위해 발 벗고 뛰지 않는 사람은 항상 뒤에서 불평불만을 일삼는 모리배에 불과하다. 사마귀가 수레를 세우려고 든다는 고사를 들먹이며 우리 하는 일이 가당치 않다고 알아서 미리 넙치처럼 지느러미를 내리고 있는 패배주의자들을 서로서로 깨우자. 격동의 21세기를 사는 우리 의사들이여! 뜨겁게 서로서로 손을 잡고 과천으로 올라가자! 무엇이 두려운가? 우리가 이렇게 사랑의 띠로 하나가 되어 그 옛날 봉수대의 횃불이 삼천리에 번지듯 밤하늘을 수놓을 텐데…….

나는 힘이 들어 과천 땅바닥에 눕는 한이 있어도 또 올라간다. 힘도 부치고 지칠 대로 지쳤지만 그래도 나는 간다. 내가 믿고 있는 의사의 자유와 미래의 희망을 위하여! 조국이 혁명으로 전복되어 쑥밭이 된 모스크바를 떠나지 않고 러시아를 지킨 닥터 지바고는 그러므로 우리 모두의 영혼과 사상 속에 불멸로 존재한다. 닥터 지바고가 영원한 감동을 주는 이유가 바로 인간의 꿈, 사랑과 자유를 향한 평범한 동경에 있는 게 아닌가?

있어야 될 곳에 있게 하라

과천 집회를 마치고 돌아오며 손톱이 닳게 하는 기도가 '제발 더 이상 시위는 그만'이라는 화두이다. 의료인들의 착잡한 심사를 알았던지 비까지 부슬부슬 내려 장의행렬의 퍼포먼스 효과를 극대화한다. 과천 벌이 미어지게 시위에 참여해서 다행이라는 생각보다 이 많은 의료인이 의당 있어야 될 자리인 환자 곁에 있지 않고 시위현장에 있다는 현실이 암담하여 환자들에게 얼굴을 못 들겠다.

조찬회의에서 유시민 장관 고발건을 상세하게 들었다. 2년 전 개혁연대의 초청강연을 마치고 신촌 설렁탕 –바로 이 조찬회의가 일어나고 있는 식당에서 위원들과 식사를 하고 바삐 올라가던 때의 유시민 의원의 참신한 인상이 최근에는 흔들린다. 나는 유시민 장관이 독재하에 온몸을 던져 민주화를 위해 투쟁한 열정과 희생에 누구보다도 감사하는 사람이다. 의원선서 시 캐주얼 차림으로 등단했던 것도 신선했다. 의관정제가 아녀도 일만 잘하면 되지, 유럽의 자유로운 풍토에서는 하등 기이할 것 없는 차림 아니냐 했다. 그러나 되돌아보면 일부에서 우려했던 대로 장관의 업무추진 방식이 저돌적 게릴라 전법이다. 더 이상 내려갈 곳 없는 지지도에서 급반전을 도모하겠다는 집착으로 보인다. 하루아침에 의료제도의 사회화를 꿈꾸는 돈키호테라고 할까?

우리는 너나없이 예수회 신부 제임스 마틴의 고백 '나는 있어야 될 곳에 정확하게 와 있었다. 나 자신이 쓸모 있는 존재, 결실을 거두는 존재라는 느낌이 들었다.'처럼 환자 곁에 있고 싶은 사람이지 과천벌에 가서 유랑인처럼 우비를 입고 돌아다니고 싶지 않다. 그러므로 유시민 장관은 전국의 7만 의료인들이 '있어야 될 곳에 있게 하지 못한' 복지부 수장으로서 국민에게 사죄해야 된다. 진료 공백으로 분란과 아수라장을 초래한 장본인으로서 고발에 대한 민의를 통감해야 된다. 표표히 자리를 떠난다면 유시민 장관 개인 명예회복은 하늘을 찌르리라!

보라매공원의 유령

보라매공원 물구덩이에서 하루 종일 시위를 하고 내려와 자는데 물에 젖은 듯한 묘한 환각증세가 요즈음 다시 살아난다. 물기가 마르지 않은 듯한 기분이 한동안 지속되었던 그 쓰라린 기억 말이다. 두 번 다시 떠올리기 싫은 그 기억들이 요즈음 고개를 쳐들고 일어난다. 바람 잘 날 없다는 말이 딱 어울린다. 아침에 좌정훈 선생님에 관한 글을 읽는데 눈물이 핑 돈다.

한 개인이나 민족이 아무 걱정 없이 소박하게 일상을 살아가지 못하는 비극을 언급했는데 우리가 당장 그 꼴이다. 나는 일주일에 한 번 목요일 성가 연습을 얼마나 기다리는지 모른다. 이제 소리도 터지지 않고 음역도 한계가 있지만 그러나 나는 자매들 가운데 앉아서 알토 연습을 하는 시간이 즐겁다. 틀릴까봐 조마조마하면서도 각자의 소리가 어우러져 화음이 울리면 얼마나 아름다운지! 일요일 교중 미사도 과천 시위 참석으로 빠지게 되어 다솜까페에 소식을 올렸다. 억울하고 죄송하다고.

개인적으로 약사 간호사 친구들이 형제 이상으로 각별하다. 우리는 각자 본분을 다하며 애쓰며 살아가는 평범한 시민들이다. 그러나 이와 같은 소요가 나면 각 직종간에 위화감과 벽이 생겨 이상하게 거북하고 침체된다. 입법의 취지가 보다 나은 건강한 사회를 위한 기치라면서 그렇게 우격다짐식으로 의사회를 몰아붙이려 드는가? 좀 더 시간을 두고 제정해야 될 중대 사안 아닌가? 의약분업을 그렇게 밀어붙이고 난 그 모든 비용부담은 고스란히 국민에게 떠넘겨지고 의사들은 진료비가 체불되어 해마다 연말이면 난리이다. 결재가 이루어지지 않으면 각 분야가 다 동결된다.

문득 예전 6.25 때 각 마을마다 인민재판으로 서로가 서로에게 원수가 되었던 무지몽매했던 시대의 수난이 겹쳐 떠오른다. 지금은 그 때처럼 무지하지 않다 하지만 일을 처리해가는 과정이나 발상이 뭐가 다른가? 특정 집단인 의사를 타깃으로 희생양을 삼아 자신들의 업적의 교두보로 만들려는 그런 저의가 순진무구한 사람 눈에도 보인다. 34년 만에 개정하려는 국민건강을 위한 의료법이라면 몇 달 만에 몇 차례의 모임으로 바꿀 것이 아니라 시간을 두고 충분한 논의 후 개정하는 것이 순리 아니겠는가? 간호사 진단규정 자체가 옳지 않다는 게 아니라 그렇게 할 만큼 모든 여건, 교육연한 등이 과연 성숙되었는가 하는 점을 고려해야 된다는 것이다.

1993년 스웨덴 웁살라 대학 정신과 시찰 당시 정신과 수간호사와 나눴던 대화를 나는 지금도 또렷이 기억한다. 지적이고 전문 간호사로서 양식이 겸비되어 있어 절로 존경심이 일었던 기억이 있다. 치료관계를 다른 어떤 분석가보다도 더욱 파악하고 있었다. 담당 환자가 흥분하여 근육주사가 필요한 상황이었을 때 자기와 신뢰관계가 깊은 환자라 직접 속옷을 벗기고 엉덩이에 주사를 놓지 않고 다른 간호사를 시켰다는 이야기를 듣고 모름지기 정신과 근무자들에게 꼭 필요한 자세라고 느꼈다. 환자의 자존심을 다치지 않으려는 그 배려 말이다. 증상으로 흥분을 하였더라도 평소 신뢰관계가 있는 간호사에게 자신의 약점을 보이고 싶겠는가? 그 정도 교양과 전반적 정신과 이론이 수준급인 경우 간호사가 진단 못할 이유는 없다고 본다. 단지 간호사이기 때문에 경륜과 충분한 자격 훈련을 구비했는데도 간호진단을 하지 말라고 하는 것도 앞뒤 안 맞는다. 스웨덴은 정신과 간호사가 되기 위하여 4년의 일반 간호학과를 마치고 2년의 대학원 과정을 마쳐야 된다고 설명을 덧붙인다. 벌써 14년 전 스웨덴 실정이다. 의사가 3년 의과대학을 마치고 환자를 수술하겠다고 달려드는 경우를 상상하면 왜 의사들이 개정안을 우려하는지 수긍이 가지 않을까?

늦지 않았다. 지금이라도 각자 의사로서 자성의 계기를 삼고 의협의 결정에 따르고 협조하자. 탁상에 앉아 체스를 두듯 법안을 채택하려고 드는 의원들, 복지부 당국자들에게 의사들은 이제 진력이 난다. 유럽 어디를 가도 의사라는 한마디면 따르던 특권이 우리 땅에서는 아니다. 이 불신과 위화감은 두고두고 풀어 가야 할, 너 나를 막론하고 중차대한 짐이다. 환자를 사랑하고 봉사와 사회참여를 게을리하지 않고자 고심하고 있는 의사들의 분주함은 이 맥락에서 보답 받으리라. 언제인가 그날이 오면…….

뒤로 넘어져도

오늘 아침 일간지 사설을 보니 갈수록 태산이랄까, 절로 탄식이 나온다. 언론이 먼저 나서서 시민들에게 의사협회가 수상쩍고 우스운 사람들이라는 인상을 계속 조장하고 있다. '안팎에서 함께 밝혀야 할 의협의 의혹'이라니! 빌미를 주었으니 변명도 못하고 벙어리 냉가슴 앓듯 답답하다. 오히려 청년의사의 사설이 보다 냉철하고 설득력이 있다.

회장을 잘못 뽑은 회원의 책임도 있다. "누가 그럴 줄 알았느냐"는 대답으로는 본래 내가 우매하오 소리밖에 안 된다. 내가 바로 그 무리 중의 하나이다. 누가 뽑으란다고 쉽게 믿고 투표했으니 말이다. 내부 고발자만 쥐 잡듯 비난한다고 해도 우리가 잃은 명예는 찾아오는데 긴 시간이 걸린다. 임원들은 회장을 견제하고 바르게 보좌하지 못한 책임을 통감하고 늦었지만 김성덕 권한 대행 체제가 원활하게 돌아가도록 뼈를 깎는 각오로 임해야 되겠다. 더 이상 사태가 불거지지 않고 하루 빨리 태풍이 지나가기만을 고대한다.

그 때가 바로 지금

디트 뉴스에서 주수호 당선을 보고 눈이 번쩍 띄었다. 의협이 더 이상 표류 아닌 표류, 난파 아닌 난파로 대한민국 방방곡곡 입방아에 오르는 화를 면하게 되었다. 이제 새날 새 희망의 틀을 짜야 될 찰나이다. 이 어찌 가슴 벅찬 오늘 아니랴?

투표용지에 동그라미를 크게 그리고 꼭 접어서 날인을 직접 한 후 의협에 보냈던 기억도 이제 치열한 선거의 한 통과의례로 넘어간 장이 되었다. 이 한 표의 의미- 우리 의협의 미래를 두 어깨에 짊어질 수장을 선발하는 투표란 의식이 자못 성스러워 바른손이 가볍게 떨리기까지 했다. 그러나 전체적으로 50.3%의 투표율은 기대에 못 미친다. 과연 대화합을 전제로 일을 처리해야 되는 주수호 체제에 만만치 않은 복병이 숨어 있을까 지레 겁이 난다.

지난일이지만 존경받는 의사상과 거리가 먼 행태들이 일어났던 점은 무조건의 사랑과 존경을 보내고 있는 환자들 앞에 너나없이 두고두고 석고대죄라도 해야 될 일이다. 여하간 이번 선거는 지난번 선거에 비해 덜 과열되고 비교적 큰 무리 없이 치러져 천만다행이다. 이 기회에 김성덕 대행의 원만한 역할과 최선을 다한 후보자들에게 승패를 떠나 열렬하게 갈채를 보내자. 누구를 지지했던 간에 승복하고 이제는 주수호 회장에게 협력하는 모범을 보일지어다. 모두들!

주수호 당선자는 의약분업 당시 대변인으로서 열정적 이미지로 회원들에게 어필한 것 같다. 우리 문화권에서는 특히 그 당시에 포니헤어 스타일을 하는 것은 꽤 대담하다고 하겠다. 그 패기와 혁신의 이미지를 회원들이 선택했다고 분석되고 있는데 여기서 신임 회장은 부동의 저 오리무중 속의 미온객들을 잘 다스려야 된다는 부담을 안고 있다. 미국 역대 대통령 중 최고 무능하다 평가되는 하딩 대통령의 경우 이미지 덕을 본 사람이지만 국민이 그를 뽑아 놓고 보니 영 딴판이라 이미지의 허상이란 두고두고 논평거리가 된 것이 그 좋은 예이다.

한국여자의사회 홈페이지는 의협의 앞날을 진정으로 염려하고 정상화되기를 바라는 기도로 산이라도 움직일 기세이다. 지난 과오를 용서와 아량으로 덮고 앞으로 의협은 거듭나야 되는 절대 절명의 시점에 봉착해 있다. 투쟁 일변도에서 벗어나 효율적인 파트너십을 새 당선자에게 기대해본다.

세계 최고의 CEO로 손꼽히는 칼리 피오리나는 자서전『힘든 선택』에서 "리더는 타고나는 게 아니라 만들어진다. 경쟁력과 인격, 효율적인 파트너십을 지닌 사람이야말로 진정한 리더"라고 당당하게 표명한다. 전국 9만 의사의 수장으로서 특히 요구되는 덕목이 효율적인 파트너십이 아닐까? 경쟁력, 인격을 갖췄으나 파트너십이 부족한 리더를 둔 단체는 원활한 의사소통이 어렵고 다양성의 수용이나 발전적 사고에서 뒷걸음치는 예를 본다. 자기도취 내지 그 폐쇄성으로 인해 시간이 갈수록 다수의 지원에서 멀어지고 고립되게 된다.

다양한 견해나 비판을 겸허하게 수용하는 민주적 리더십과 섬김의 리더십의 조화를 신임 회장에게 주문한다. 당선만 되면 회원을 위해 의협을 위해 목숨이라도 바칠 것 같은 그 불 같은 소망과 약속을 반드시 지키는 인물이 주수호 신임 회장이기를 우리는 철석같이 믿고 있다. 서약을 지키고 참수당한 토마스 모어 경의 〈자신을 위한 기도〉 '주여! 저에게 건강을 주시되 필요한 때 의미 있게 사용할 수 있도록 그 건강을 잘 보전케 하여 주십시오.' 첫 대목을 주수호 회장에게 바친다. 우리 회장에게 필요한 그 때가 바로 지금이 아니겠는가?

내 일처럼

중구 보건소장 임용 문제는 비단 중구라는 지역에 한정되는 문제가 아니다. 모두가 나의 문제로 인식하고 진지하게 임해야 될 현안이다. 황인방 중구 회장이 고군분투할 역할 한계를 넘는 일이다. 위기라면 이보다 더한 위기가 어디 있는가? 교두보가 무너지면 차례로 도미노 현상이 일어나는 것은 우리 같은 전투의 문외한도 짐작하는 초보적인 상식이다. 대전광역시의사회부터 성명서를 내고 의협의 주수호 회장도 발로 뛰어 주기를 바란다.

의약분업 당시 의쟁투에 가담하여 헌신한 동료들이 개별적으로 관치행정의 덫에 걸려 곤경을 당한 경우 의사회 차원에서 끝까지 뒤를 돌보아주는 노력이 있었느냐는 후배들의 항의에 입을 다물었다. 회원들의 협조를 구하고 나면 언제 그랬느냐는 식으로 뒤를 돌아보지 않는다면 과연 후배들이 선배를 신뢰하고 따르겠는가?

요즘처럼 대전광역시의사회의 한 자리를 차지하고 있다는 것이 부담스럽고 부끄러운 때가 없었다.

나의 거취는 향후 나의 행동이 말하겠지만 지금이라도 의사회는 회원들의 애타는 심경을 헤아려 보다 적극적인 움직임을 보여주기를 바란다.

물 엎지르기 전에

– 의대생 MT에서 무슨 일이 일어났나? –

모 의과대학생들이 MT에 가서 클라스메이트의 방에 들어가 성관계를 시도했다는 뉴스를, 선배가 쉬쉬하지 않고 한국여자의사회 홈페이지에 올려 차후 혹 일어날 수 있는 불상사를 방지하겠다는 의지와 지혜는 현명할 뿐 아니라 용기 있는 행동이다. 사건을 은폐하고도 모자라 희생된 사람에게 덤터기를 씌우는 풍조들은 불식되어야 한다.

법적 고발을 하고 처벌의 수순까지 논의하는 일련의 과정들은 도저히 흥이 날 일은 아니나 미래의 사고를 막기 위해서는 불가피한 일이다. 이 사건은 너나없이 뼈를 깎듯 성찰과 참회의 과정을 겪어야 될 것이다. 부모는 물론 스승도 선배도 또한 만류하지 못한 동료들도 다 책임이 있는 것이다. 행위의 당사자가 책임이라는 법의 심판을 받겠지만 무관심의 죄를 범한 우리들도 사회병리에 똑같이 연루되어 있는 것이다.

언감생심 어찌 그런 발칙한 생각들을 했을까? 나의 꿈이 소중한 만큼 의대 동료의 꿈 또한 더 할 나위 없이 귀한 것 아니겠는가? 평소 부모 훈계를 듣지 않고 자랐는가? 남의 고통 불행 같은 것은 눈도 꿈쩍 않고 오로지 나, 나의 만족만을 위해서 앞만 보고 달리라고 주문했는가? 서슴없이 한 존재를 짓밟는 동의 없이 행하는 성관계는 영혼의 살인에 버금간다.

오로지 경쟁, 경쟁을 부추겨 숫자(점수)로만 처리하는 이 의학제도가 이런 돌발성 스트레스로 행동화 된 것인가? 이들은 성정체성이 전도된 것 같지는 않다. 이성을 그것도 손쉽게 접근할 상대를 탐색한 것을 보면 전도는 아니다.

어쩌다가 PDS(Patient, Doctor, Scociety)의 한 강좌 '인문학과 의학의 만남'을 맡으면서 나는 학생들의 리포트를 읽으며 무릎을 치곤 한다. 우리 학생들의 자기 성찰은 물론 바른 사회의식과 의사의 직업윤리에 고뇌하는 영혼의 편린을 잘 엿볼 수 있는 내용들이 많기 때문이다. 최선을 다하는 성실한 자세, 아름다움의 추구, 정의로운 세상을 꿈꾸는 총명한 눈빛들, 이들의 열의에 감전되어 나야말로 안주의 타태를 벗고 있다.

의학생들이 시대에 맞게 마치 과거와 현재를 꿰뚫는 예언자적 면모를 갖춘 출중한 학생들이 부지기수로 많다는 발견은 마치 커다란 비밀을 혼자만 알고 있는 듯 황홀하다. 투르게네프의 〈아들과 아버지 Fathers and Sons by Ivan Turgenev〉에 대한 소감문을 읽고 학생들에게 내재된 재능과 훌륭한 의사가 되고자하는 열망이 얼마나 높고 강한가를 느꼈다. 이런 대견한 학생들, 이렇게 용광로같이 타오르는 학생들을 위대한 의사로 키워내지 못한다면 그것은 순전히 기성세대의 무능과 나태, 타락에서 실마리를 찾아야 될 것이다.

미래는 의사와 환자의 구분 이전에 심장이 뛰는 인간, 피와 눈물이 마르지 않는 인격적 존재, 조화로운 인격체의 전인적 의사상을 요구한다. 괴테적 삶을 기대하는 것이 무리일까? 나는 그렇지 않다고 대답한다. 전인적 르네상스적 인간성의 기본적 함양은 교육을 통해서 부단히 전수되어질 일이다. 이번 사고를 통해 의학교육에서 윤리교육이 얼마나 긴요긴급한가를 여기저기서 외치는 것을 보며 PDS 시도가 결코 무익하지 않은, 시대를 예비하는 과감한 출발이었다는 생각을 하며 다시 한 번 내가 존경하는 이정은 학장의 혜안에 감탄한다.

여러 날 생각하다 나는 문제의 사건파일을 이정은 학장에게 보냈다. 그 학생들만 손가락질하고 가만히 있을 일도 아니다. 장본인들 또한 수치심으로 땅을 치며 얼마나 괴로워할까? 행여나 두 번 다시 이런 해프닝을 방지하기 위해서는 각별한 주의 관심, 사랑으로 학생들을 보살펴야 되겠다. 앞으로 단체행사에는 인솔자가 따라붙어 일체의 감독과 함께 사고의 책임을 지우는 대안적 자물쇠가 필요하다. 약탈을 획책하도록 방심하지 말지어다. 어른이 함께 참여했더라면, 만약 내가 그 자리에 있었더라면 나를 밟고 문을 넘어가라고 노호했을 것이다. 다 살은 내가 무엇을 두려워하랴? 이성을 잃은 학생들이라도 대선배를 떠다밀지는 않았으리라.

끙끙대며 글을 쓰는 창 너머 외딴집 담장을 휘덮고 있는 덩굴장미 우거진 유월의 아침 햇살이 이렇게 눈부실 수가! '엎질러진 물을 주워 담을 수 없는' 학생들에게도 이 일요일 맑은 아침의 평화를 빈다.

민중은 위대하다

힘 빠지니까 보건소장 하려고 한다(젊어서 돈 벌어 놓고?)는 비아냥거림을 들어도 우리 의사들은 아무렇지도 않은가? 쉬려고 보건소장 하겠다는 얼빠진 의사가 있나? 소명의식이라고는 도통 없는, 오로지 돈만 벌려고 하는 존재로 의사를 치부하는 게 아닌가?

나는 어제 광역시 의사회에서 보건소장 문제를 놓고 각자 의견을 보이는 자리에서 우리 의사들의 사회적 평가가 이렇게까지 내려가도 되나 하는 한심한 생각이 들었다.

나는 반대로 젊었을 때 공직에서 힘을 다 빼고 나와 개원을 한 사람이다. 그렇다고 해서 그게 어떻다는 건가? 그게 자랑일 것도 불명예랄 것도 없는 한 개인의 삶의 궤적 아닌가? 선택에 대한 책임을 얼마나 성실하게 지느냐 다만 그것이 중요한 것이다. 공직이든 개원을 하든 의사라는 정체성은 저버릴 수 없다. 달리 말하면 의사의 높은 직업윤리를 저버리지 않는데 어찌하여 그렇게까지 폄훼를 해대는가? 과거에 과오를 저지른 사람이 있었다고 하여 그것을 앞으로 일할 의사까지 그러리라고 뒤집어씌우는 등의 옹졸한 행태들이 역겹다. 어제의 내가 오늘의 나일 수 없고 또 내일의 나는 오늘보다 더 나아지리라는 희망 속에 눈을 뜨는 게 아닌가?

마치 구걸하는 사람들처럼 관리들을 쫓아다녀야 하는 간부들의 입장도 딱하기는 매양 한가지이다. 동료의 부족한 면이 드러나면 허물을 덮고 사랑으로 가르치고 하여 더욱 일을 잘하도록 북돋아주고 하는 헌신이 필요하고 그 헌신은 선배들의 몫이겠다. 의사들이 보건소장 하다 달아났다는 둥 옆에서 헐뜯고 입방아를 찧는 등의 작태는 가소롭다.

협상능력이 하루아침에 길러지는 것은 아니지만 협상에 임하는 자세만큼은 확고부동해야 한다. 상대의 획책에 물러선다면 관리들은 이미 법에 명시된 대로 하지 않고 왜곡하여 자기들 일하기 편하게 관료주의로 나아가려는 기미가 보인다. 두고 보면 안 된다. 시민의 눈들이 그대로 지나치지 않으리라. 민심이 천심이라는 말을 그렇게 쉽게 잊는단 말인가?

의사들을 희생양 삼아 의료 전달 체계를 확립한 것까지는 백 번 양보한다고 치자. 저수가 의료보험임에도 입 한 번 떼지 않고 환자를 돌보고 있는 저 수많은 의사들의 노고가 그렇게 의미 없는 한낱 돈벌이에 불과한 노동으로 치부되어야 하는가? 법령에 명시된 사안이건만 어찌 일개 구청장이 임의로 의사를 안 뽑겠다고 공공연히 떠들어서 적합한 의사로 하여금 지원의지를 꺾게 하는가? 인사위원회가 있고 그 위원회의 결정에 따라 임명을 하는 게 순서이지 구청장 마음대로 인사를 결정하는 게 어느 때 통용되던 습벽인가? 21세기를 치닫고 있는 오늘 이렇게 구태의연한 관료가 득세를 한다는 것도 불행한 일이다. 직권 남용도 정도가 지나치다. 이런 게 독재가 아니고 무엇인가?

회유와 획책이라는 어휘가 머릿속을 휘젓고 있다. 구한말 일본제국의 귀족 작위를 받는 것이 그리 황공하였을 고관대작들의 흥분이 문득 떠오른다. 제 나라 제 부모, 자신을 낳아준 나라의 주권을 넘겨주고 얻어 달은 작위와 훈장이 그리 명예로웠을까? 의권의 위기를 자각하고 있는 전 회원들이 일치하여 내는 소리를 듣지 않고 야합한다면 두고두고 그 책임을 물어야 한다. 단체장은 공인으로서 그 단체의 대표로서 단체의 의사와 힘의 상징적 역할을 하는 것이 의무 아닌가? 개인적 야망과 단체장으로서의 임무 사이에 갈등이 온다면 괴리가 커진다면 차라리 에드와드 황태자처럼 왕관을 벗어 던질 일이다!

협상에 임할 때는 회유와 획책을 경계하고 내가 왜 협상 테이블에 나와 앉아 있는가 목적을 놓치지 말라. 친분과 인간관계가 협상에 영향을 미치지 않도록 주의해야 된다. 이번 사태는 너무도 안이하게 아니면 겁에 질려 노회하거나 저돌적인 관리들에게 휘둘렸다는 인상이다. 여하간 남은 기간 동안 심기일전하여 중구의사회장은 최선을 다하여 회원들을 실망시키지 말기를 두 손 모아 빌고 있다. '인민은 위대하다'고 붓글씨를 쓰는 노옹 등소평이 갑자기 떠오르는 것은 무슨 연고인가? 아마 나는 무의식 속에 회원들은(의사들은) 위대하다는 말을 외치고 싶은가 보다.

제3부 그들이 꿈꾸는 장려한 미래를…

가나 테마

길 떠나기 전에 짐 싸기가 왜 그렇게 죽기보다 싫은지! 미루다, 미루다 당일 아침에서야 겨우 버스 시간이 급해 그냥 들고 공항버스에 올라탄다. 공항버스 역이 코앞에 있으니 망정이지 줄타기를 하듯 아슬아슬하다. 언니가 와서 짐을 꾸려주지 않았으면 어쩌랴 싶다. 갈수록 출타하기가 엄두가 나지 않지만 그래도 나가야 된다는 일념으로 무거운 몸을 기체에 담는다.

방콕을 거쳐 나이로비 공항에 내리니 다들 파김치가 되었다. 다시 아크라를 향하는 비행기에 올랐을 때는 이미 한낮이 되어 아프리카 창공을 날고 있다. 직항이 없어 비행시간을 대기하는 것이 아프리카 방문의 걸림돌이 된다. 상대적으로 아프리카가 더욱 먼 나라로 우리에게 남아 있는 한 이유도 되겠다. 멀고 먼 검은 대륙이라는 이미지가 우리 속에 박혀 있다.

아크라공항을 두 번 밟는 나는 신기한 기분도 든다. 2007년 밤늦게 한국여자의사회 동료들 15명이 내렸던 기억이 살아난다. 다시 오리라는 기대를 한 적이 없는데 또다시 아크라공항을 통과한다. 교회에서 점심을 먹고 아이보리 호텔에 와서 짐을 풀었다. 도무지 개인 시간이 없는 계획표대로 돌아가야 되므로 숨이 턱이 닿게 뛰고 있다. 잠을 어떻게 잤는지 묶어다 버려도 모르게 잤다.

진료는 리트리트 센터Retreat centre에서 계속되고 있다. 문 원장님이 먼저 오셔서 준비를 해 놓아 훨씬 수월하다. 나는 문 원장님 옆 한 코너를 비집고 들어가 정신과 환자를 보기 시작한다. 건강하고 쾌활해 보이는 중년 아주머니와 거구의 노인 할머니가 통역을 거드신다. 환자는 스와힐리어밖에 못해 노 할머니가 영어로 내게 풀이해 준다.

전신 소양증으로 잠을 못 잔 지 1년이 넘었다는 Chief Complaint(C.C)이다. 남편을 사별하고 혼자 억척스럽게 자녀를 양육해가는 어머니. 문제는 여러 집이 함께 사는데 욕실을 공동으로 사용하는 고충에 있었다. 가나 테마의 외곽으로, 특별히 더 안 좋은 환경은 아니겠으나 사적 공간을 누리지 못하는 스트레스가 신체증상으로 나타나고 있다.

부인은 참으로 건강하고 재치 있고 무엇보다 밝고 명랑하다. 내면에서 우러나오는 힘과 열정이 펄펄 넘친다. 나는 함부로 질문을 하는 대신 더러 우리나라 이야기도 곁들이면서 약물투여의 한계와 감별의 어려움을 토로하고 가려운 겨드랑이에 직접 압설자로 크림을 발라 주었다. 기타 필요한 구충제와 바이타민을 처방하니 거의 저녁이 되었다.

환자와 참 많은 이야기를 나눴다. 이야기를 듣다보면 내가 아프리카 사람인지 저 사람이 한국 부인인지 혼동이 될 때가 있다. 그만큼 우리가 느끼는 감정, 슬픔과 기쁨과 사랑과 사별의 애석함은 가감 없이 전류처럼 흐른다. 재혼을 할 마음은 없느냐는 질문에 노우! 하고 대답하는 여인의 눈빛은 그러나 왜 그렇게 애잔한지……. 가나의 어머니가 우리나라 어머니와 같은 생각을 말하니 내가 도무지 대륙이 혼동되는 것이 그리 이상할 것도 없지 않은가.

약국이 일손이 딸려 난리이다. 약사의 지원이 의사에 비해 부족한 탓이다. 안과의 인기는 가히 하늘을 찌른다. 돋보기에다 백내장을 수술해 주면 광명을 얻는데 나라도 하늘처럼 감지덕지하겠다. 안과 의사를 잠시 부러워하다가 그러나 정신과 의사라는 파수꾼이 없는 세상을 생각하면 정신이 번쩍 든다. 나는 '성의를 입지 않은 성직자'라는 믿음을 나의 일에 부여하고 있다. 그 길이 비단옷 입고 밤길을 가듯 빛나지 않는 길이라도 가야 할 길이라면 뚜벅뚜벅 가는 게 숙명 아닌가? 『우리가 가야 할 길』이 공전의 베스트셀러가 되고 있는 현상이 곧바로 나의 믿음의 증거 아닌가? 그런 의미에서 나는 닥터 스콧 펙Dr. Scott Peck의 헌신에 경의를 표한다.

이튿날은 아예 리트리트 센터 정문 나무 밑에다 책상을 내다 놓았다. 건물 안은 협소하고 붐비고 북적대어 정신을 차릴 수가 없다. 정신과의 경우 구태여 실내로 들어가지 않는 게 더 바람직하다 하겠다. 열린 공간에서 진행되는 환자와의 인터뷰가 자유연상을 위한 자연 코우치로 보면 되겠다. 나는 아프리카 나무 밑에 앉아 환자를 보고 있는 자체가 꿈같이 황홀하다. 환자와 나와 아프리카 나무그늘이 일치가

아프리카 나무 밑에 앉아 환자를 보고 있는 자체가 꿈같이 황홀하다.

되어 치료라는 노정의 일치감을 맛보는 것이다.

김기섭 한방 원장님도 한사코 실내는 꺼려하신다. 가벼운 정도로 밀폐 공포증이 있다고 하겠다. 구충제부터 파스, 바이타민, 연고 등 아쉬운 게 하나둘이 아니다. 이 분들에게는 무엇 하나 소용되지 않는 게 없다.

식사를 준비해 주시느라 사모님들 수고가 만만치가 않다. 파인애플이 디저트로 나오는데 파인애플이 그렇게 입에서 녹을 정도로 맛있다는 것을 이번에 알았다.

사흘째 되는 날은 추장 마을로 이동을 하기로 하여 센터를 철수하고 있는데 전날 약을 타가지 못한 환자들이 어떻게 된 거냐며 모두 몰려온다. 처방은 많이 나오고 손은 딸려 전날 미처 약을 다 지어주지 못했던 까닭이다. 앞으로는 1주일 처방을 3일로 줄이고 그날 환자는 그 날로 꼭 약을 주어서 집에 가도록 해야 되겠다. 오늘 추장 마을로 이동 진료를 하지 않고 이어서 약을 지어주면 아무 문제가 되지 않겠지만, 이렇게 여러 장소를 돌아다녀야 하다보니 뒷마무리가 완벽하게 되지 않는다. 나는 리트리트 센터에 연락하여 목사님과 단기선교차 나온 대학생들에게 틀림없이 약을 지어 주도록 신신당부했으나 과연 제대로 전달이 되었는지 염려가 된다. 월드캠프와 겹쳐 1천 명이 넘는 참가자들과 의료 봉사자들, 현지인들로 만국박람회장 같은 소요스런 분위기이다.

추장 마을은 시골이다. 우리 식으로 무당에 해당되는 근사한 옷차림의 영매가 우리를 맞이하나 좀 뜨악한 눈치이다. 자신의 영역을 침범당하는 기분일지도 모르겠다. 그러나 내가 사진을 함께 찍자고, 그 옷차림을 사진에 담고자 한다고 동의를 구하니 쾌히 승낙한다. 대전 선화동에서 살았던 김성훈 학생이 도와주고 나이제리아 목사인 대비드와 가나 추장 마을 청년인 주마가 한 팀이 되어 정신과 이동 진료소는 단연 활기를 띤다.

나는 추장 마을에서도 마당 추녀 끝에다 책상을 놓고 환자를 보았다. 우리는 점심을 준비해서 날라 온 따뜻한 밥을 먹었는데 뒤에 알고 보니 밥이 모자라 학생들은 어설프게 점심을 때운 것 같다. 밥을 좀 여유 있게 해 올 것이지, 한참 먹어대는 나이의 청년들을 배를 곯게 하다니. 이런 점은 내년에는 특히 염두에 둘 일이다. 한솥밥을 나눠먹는다는 것이 얼마나 정다운가. 그런 줄 알았으면 나라도 넉넉하게 사주기라도 할 것을……. 뒤늦게야 사정을 파악하고 나니 마음이 걸린다.

의료봉사에 관련하는 모든 사람들이 함께 식사하는 것은 기본 방침이 되어야겠다. 기껏 도와준 학생들을 한 귀퉁이에 가서 네 나라 음식 먹으라고 모르는 척 하는 것은 인정머리 없는 짓이다. 대개 이 사람들은 우리 음식도 잘 먹지 않는가? 내가 아프리카 푸푸를 죽어라고 먹듯이 말이다. 푸푸를 걸신들린 사람처럼 먹었다가 생전 안 하던 설사를 다 했었다. 2007년도 가나 로얄 팜 호텔에서의 에피소드이다. 가나의 화덕에서 구워낸 그 빵맛은 참으로 잊기 어렵다. 가나 초콜렛과 더불어 가나의 맛 그 자체이다.

사모님이 간식으로 주신 한 자루 되는 그 빵을 누가 먹었는지 종적을 찾을 길 없다. 김국화 간호사만 보급책 임무를 제대로 못했다고 핀잔 아닌 핀잔을 들었으나 충분히 이해 가는 일이다. 오죽 젊은 사람들이 먹고 싶었겠는가?

토고 로메

토고팀에 합류하는 나는 새벽 일찍 전 원장님 인솔 하에 버스에 올랐다. 토고를 간다 생각하니 2002년 월드컵 때 요란하게 TV에서 소개했던 기억이 떠오른다. 으레 가난하다고 설명이 붙었던 것 같은데 토고 쪽으로 올수록 물이 보이고 녹지가 보이니 훨씬 수려하다. 숨이 터지는 기분이다. 가나가 건조하고 메마르고 박한 기분이 드는 것은 산이나 숲이 눈에 띄지 않기 때문이다. 가나가 황량하다거나 불모의 느낌이 드는 데 비해 토고가 가까워 올수록 바다가 출렁대니 가뭄 끝에 단비를 맞는 그런 청량한 기분이다.

지도를 보니 기니만으로 흘러들어가는 강과 바다가 보인다. 나에게는 지도를 보며 실제 지형을 맞춰보는 취미가 있다. 지도 없이 어디를 다닌다는 것은 장님이 더듬대며 다니는 형색이라고 하겠다. 지도의 고마움과 중요함은 다시 말할 나위가 없으렷다.

토고의 숙소는 어찌나 비좁은지 샤워를 벽에 대고 바짝 조심스럽게 해야지 그렇지 않으면 물이 방바닥으로 넘치게 된다. 어떻게 안간힘을 쓰며 샤워를 했던지 한동안 무슨 통에 갇혔다가 나온 듯한 압박감이 들었다. 세상에 그렇게 좁은 욕실을 써본 것은 토고에서 처음이다. 좀 넓은 방을 차지한 그룹도 있는 것 같은데 상관하고 싶지 않다. 이 마당에 와서 좀 더 편하자고 따지고 할 겨를도 없고 구미도 없다.

옷도 입고 벗을 것밖에 갖고 오지 않은 나는 옷을 사 입을 시간이 없어 죽도록 고생을 하고 있는데 침구 속에 츄리닝 한 벌이 끼어들어 왔다. 별일이다. 감색이고 사이즈도 내게 꼭 맞아 '왠 떡이냐' 하고 입었다. 모든 것을 갖추어 놓고 기다리신다는 가나 혼인잔치의 비유가 떠오른다. 입을 바지가 없어 쩔쩔매고 있는 내게 누가 시킨 것처럼 소리 없이 츄리닝 한 벌이 끼어들어오다니!

교회에서 음식을 정성껏 맛깔스럽게 차려 주어 얼마나 달게 먹었는지 모른다. 특히 죤이 마쉬테 칼로 툭툭 잘라서 뚜껑을 열어 한 통씩 주는 코코넛을 들고 나는 그대로 한 통을 입도 안 떼고 마시곤 했다. 마치 술꾼들이 술을 입도 안 떼고 단숨에 마시듯이.

토고의 한 대학교 교정에 진료실을 차리고 토고에서 첫날 반나절과 이튿날 하루 종일 500명이 넘는 환자를 진료했는데 정말이지 이층 화장실 가는 시간 외에는 옴짝달싹 못했다. 전 원장님이 명사 특강에 가시니 나만 박힌 돌이 된 것이다. 오전 내내 환자들이 언제부터 와서 기다렸는지 줄이 줄지를 않는데 어떻게 딴전을 부리겠는가? 나를 빤히 바라보고 몇 시간을 기다렸는지 모르는 저 큰 눈동자의 환자들을 어떻게 잠시라도 모르는 채 할 수 있겠는가?

그러나 대학교 건물은 설계나 건축양식은 흉하지 않은데 관리가 허술하다. 화장실이 불결하고 질척질척하여 발을 대기가 꺼려진다. 관리를 하지 않고 마구 써대기만 하니 이런 꼴이 된다. 화장지가 없어서 난리이다. 사람들이 애착을 갖지 않고 함부로 쓰는데 공공 화장실이나 직장의 모든 물건들을 아껴서 다루라고 한바탕 잔소리라도 하고 싶다. 우리는 왕족처럼 호사스럽게 살지 못해도 깨끗하게는 살 수 있지 않는가? '토고의 대학생들이여! 어서 빨리 화장실을 깨끗이 쓰는 것부터 익히세요. 공부도 두 번째예요. 기본적인 것을 소홀히 하는 사람은 중요한 일도 진지하게 하지 못하는 법이예요. 그런 좋은 건축물을 그렇게 마구잡이로 쓰는 것이 부끄럽지 않으세요? 후세대들에게 누가 되지 않겠어요?' 소리가 목구멍까지 올라온다.

토고 대학생들에게 내년에도 올해처럼 갑자기 강의를 하라고 한다면 기본 위생에 대해서 화장실부터 깨끗이 쓰는 것이 선진으로 가는 첫 단계라는 강의를 할 생각이다. 기본위생을 지키지 못하는 사람들이 무슨 건강증진이나 예방을 할 수 있으리오? 총명한 학생들이니 바로 깨어나리라.

정신없이 환자를 보다보니 한 집에 아기를 세 명씩 데려온 환자의 경우 누가 누구 약인지 모르니까 내게 다시 와서 묻는다. 약을 봉투에 이름을 써서 주지 못하니까 이런 문제가 일어난다. 나는 일일이 처방을 다시 찾아 확인을 해주었다. 이후부터는 처방전에다가 아기들은 봉투에 이름을 써서 주라고 하였다. 아무리 바쁘고 일이 많아도 정확하게 일을 해야 된다.

토고 환자들이 불어를 하니 나로서는 통역을 의지한다. 진민지 나이제리아 단기선교 학생이 얼마나 열의에 넘치는지 눈빛이 별같이 빛

토고의 한 대학교 교정에 진료실을 차리고 환자를 진료했다.

난다. 나를 보고는 꼭 엄마를 본 듯 반가워하는 마음이 만나자마자 느껴진다. 오죽 엄마 아버지 친구들이 그리울까? 이 먼 아프리카 대륙에 나와 뛰고 있는 우리 학생들을 보면 얼마나 대견하고 자랑스러운지 모르겠다. 우리 미래가 이들의 용기와 노고와 국제 감각을 바탕으로 국제무대에서 당당하게 겨루고 주도적으로 활동할 것을 생각하면 안심이 된다. 이 순수한 학생들을 지원하고 그들의 꿈을 펼치도록 밀어주는 몫은 기성세대인 우리의 임무이겠다.

이들을 질식시키지 않고 의연하게 커가도록 뒷받침할 의무를 우리는 무겁게 지고 있다. 이들을 두고 떠나오려니 내 자녀가 아니라도 어찌나 섭섭한지 자꾸 뒤를 돌아보게 된다. 아이를 떼놓고 오는 기분이다. 젊음의 용기로 온갖 고난도 고난으로 여기지 않고 한날 스포츠 정도로 과감하게 전진하는 저들 청춘의 활력이여! 괴테의 시를 이들에게 바치는 것으로 이 드높은 이상주의자 단기선교 대학생들에 대한 나의 사랑 나의 감사를 표명하련다.

In Die Welt Hinaus!

Johann Wolfgang Goethe

In die Welt hinaus!
Ausser dem Haus
Ist immer das beste Leben;
Wem's zu Haus gefaellt,
Ist nicht fuer die Welt
Mag er leben!

넓은 세계로!

괴테

넓은 세계로 나가도록 하라!
집을 나설 때에사 진실로
삶의 보람이 있는 인생이어라
집에서 만족을 느끼는 자는
세상에서 없는 존재나 마찬가지이니
그 사람 오래 살거라!

저녁에 간단한 뒤풀이를 하고 잠을 자는데 웬 까마귀가 울어댄다. 확실히 까마귀 소리는 그다지 듣기 좋지 않다. –무슨 삐삐 소리 같기도 하고– 그래서 까마귀 울음소리를 흉조로 여겼나보다. 밤하늘 별이 아름답다고 찬탄하나 밖은 위험하다고 아예 철통처럼 출입문이 잠겨 있다. 아프리카도 발전을 향한 진통이 만만치 않다는 생각이 든다. 이런 아노미를 통과하면서 이 나라도 힘차게 전진하리라.

토고에서 나오는 길은 북남미(뱅쿠버, 휴스톤, 달라스) 목사님 팀과 앉아서 왔다. 이제는 하느님을 위해 살라는 말씀을 아주 부드럽게 하신다. 그동안 자신을 위해 살만큼 살지 않았느냐는 반문이 내 귀를 쟁쟁 울린다. 가끔 어느 분야의 참 일꾼을 만나게 되는데 이 분이 그런 분에 속하는 것 같다. 뱅쿠버에 오면 들르라고 하시는데 신앙 상담차 방문하고 싶다.

육로로 국경을 넘어 다시 가나로 넘어 왔다. 가나로 오는 차 안에서 열이 오른다. 아프리카에서 열이 나면 바짝 긴장된다. 피로에다 강행군으로 몸살이 나는 것도 무리는 아니나 집에서 같지 않고 아프리카라는 환경이니 말라리아 포비아가 따른다. 우리는 모두 말라리아 약을 먹으면서 일을 하고 있다. 땀이 잘 안 나는 내가 이렇게 땀이 난다. 여하간 테마에 와서 김국화 간호사에게 부탁하여 부루펜을 먹고 점심 먹자마자 그대로 죽은 사람처럼 잤다.

저녁을 일찍 먹고 아크라 공항에 나가 요하네스버그를 거처 케냐로 들어가야 되는데, 케냐 항공의 파업으로 대소동이 났다. 가나 귀국팀은 공항에 갇혀 3일을 지냈다고 한다. 생지옥이 따로 없다. 아프리카는 왜 이렇게 모든 일들이 예측불허하게 일어나는지! 생각지도 않았던 요하네스버그를 거치게 되니 감흥이 새롭다.

2년 전 바로 이맘때 하루 동안 관광을 하고 아프리카 역사박물관을 들렀었다. 그 관대한 만델라도 너무도 잔인한 과거사는 공개하는 것을 꺼렸다는 일화를 듣고는 오히려 인간적으로 공감을 했었다. 지난 상처를 들추어내야 무슨 신명이 그리 나겠는가? 화해와 용서로 그렇게 명예를 걸고 지켜가는 생애는 참으로 위대하다.

같은 아프리카라는 생각이 들지 않게 요하네스버그는 유럽적이다. 세상살이가 갈수록 알 수 없고 신비하기만 하다. 신의 섭리라고 해야 하나 운명이라고 해야 하나. 날이면 날마다 순간순간 절대적이고 초월적인 힘을 느낀다. 나의 삶을 주관해 가시는 신의 계시를!

케냐 나이로비

다시 나이로비 공항에 내리니 저녁 해가 지면서 모기가 극성이다. 커피 하우스에 모기가 바글댄다. 사파리 파크 호텔에 도착하니 후유 한숨이 나온다. 한밤이 되어 도착하여 먼저 온 팀 멤버들 잠을 깨우며 들어갔다. 말라리아 예방약은 계속 먹는다. 온몸이 쑤시고 팔을 들기 어렵다. 아무래도 무리가 가는 모양이다. 환갑까지 부려먹은 몸이 이제 꾀를 내나 보다. 곯아떨어져 잔 것은 말할 필요도 없다.

정신없었던 그간의 일정을 중간 점검하고 특히 세탁물을 정리하고 사파리 파크를 나오니 밖은 아프리카 특유의 나른하고 아늑하며 포근한 공기와 함께 부겐빌리아(열대 꽃나무) 너울대고 하늘은 가없이 맑아 나도 모르게 탄성이 나온다. 문득 제국주의 시대의 그 여유와 닿을 길 없는 향수가 코를 찌른다. 로얄 팜 호텔의 분위기와 유사하다. 기니만 바닷바람을 맞으며 김봉옥 선생님, 백현욱 선생님, 정수영 선생님과 재기발랄한 최아란 선생님과 환담을 나누던 기억이 새롭다. 이렇게 나이가 든다는 것은 추억을 씹으며 살아간다는 것인가? 갈수록 지난 날의 소중함과 애틋함으로 눈물이 터지려는 순간이 있는데 특히 외국에 와서 두 번씩이나 같은 땅을 밟을 때의 소회는 더더욱 그렇다. 그 2년의 시간 사이에 많은 변화가 일어났던 것도 신기하다.

항상 우리 인생은 어떤 알 수 없는 거대한 운명의 힘에 의해 움직여진다는 실감이 갈수록 더해진다. 우리 의지를 벗어나는 거대한 힘 그것을 섭리라고 하든 신의 의지라고 하든 유한한 인간 의지를 벗어나는 일임에는 틀림없으렷다. 가나 국제 학회장에서와 같던 그 열광적인 날이 다시 우리에게 허락되어질 것인가? 기도하고 또 기도할 일이다.

클리너에게 목욕가운과 슬리퍼를 한 쌍식 더 갖다 달라고 이르고 물론 팁을 놓아두고 느긋하게 진료소로 향했다. 다행히 사파리 파크를 따라 걸으니 굿 뉴스 미션이 나온다. 야외에서 점심 먹고 오후에는 케냐 학생 자원 봉사자와 부리나케 진료했다. 도린이라는 숙녀는 참으로 성실하게 모든 뒷바라지를 쉬지 않고 한다. 말수도 없다. 법대생이고 장차 정치가가 되겠다고 하여 잘 생각했다고 크게 격려를 했다.

학생들이 그렇게 순수할 수가 없다. 꾀를 부리고 안이하게 업무를 처리해 가려고 하여 나를 노하게 만드는 우리 젊은 사람들이 순간 뇌리를 스친다. 본인의 게으름이 본인의 무능에서 그치지 않고 우리나라 장래에 영향을 주게 되니 그냥 수수방관 할 수도 없다. 진퇴양난, 어른들의 고뇌이다.

나이로비 어머니의 눈빛이 내 심장을 뚫고 마치 라듐 원소가 신체를 투과하듯 내 영혼을 울린다. 성년이 된 아들이 야뇨증으로 사회생활에 장애를 겪고 있다는 호소가 판암동 어머니의 그것과 전혀 다르지

케냐의 순수한 젊은이들이 기성세대의 타성과 무능을 정화시키기를…

않다. 이렇게 야뇨증이 스무 살이 넘도록 치료의 손길이 미치지 못하고 있다는 것이 케냐 의료 전달 체계의 한 단면을 말해준다. 도린에게 의료제도를 질문했더니 과거에는 이렇지 않았는데 정치적 부패라는 비판을 서슴없이 토로한다. 도린이 정치에 몸담겠다고 결심하는 것이 무리가 아니다. 케냐의 순수한 젊은이들이 기성세대의 타성과 무능을 정화시키기를 간절히 빌었다.

소아과 의사인 마이클이 우리를 지원하고 안내하는 역할을 하는데 이 어머니를 위한 제도적 지원을 문의했더니 그런 혜택은 없고 그 어머니를 불러 핀잔을 준 눈치이다. 어머니가 다시 내게로 왔는데 겨우 약국에 가서 의료 기구(Bell & Pad)를 사라고 알려준 것이 고작이다. 어머니에게 보내준다고 약속은 하지 않았으나 의료 기구상에 말해 구할 수 있으면 장만을 해서 보내줘야겠다. 모성의 눈빛이 이렇듯 지각을 뚫고 도룡동까지 바라보고 있다.

정신과 환자가 이렇게 아프리카에 쌓여 있으라고는 정말이지 '예전에 미처 몰랐어요'이다. 도저히 시간이 되지 않아 다 들어줄 수가 없는 형편은 어딜 가나 마찬가지이다. 인간세상이 한편으로 호락호락하지 않다는 반증이겠다. 저녁은 박진홍 단장과 김소은 부단장이 한 턱 내기로 하여 사파리 클럽 야외 바비큐 레스토랑에 초대되었다.

특유의 리듬과 음식 냄새와 향료 냄새가 뒤범벅이 되어 질탕한 아프리카의 밤이 무르익어 간다. 쵸베 국립공원 사파리를 마친 후 디너파티가 떠오른다. 거기서는 아예 아프리카 옷으로 바꿔 입혔다. 악어 고기가 감칠맛이 있다. 입에 녹는다. 악어 고기를 입에 못 대는 사람들이 안쓰럽다. 덕분에 내가 포식을 했다. 나는 그다지 식탐을 하지 않는 사람이지만 아프리카에 와서 강행군을 해가려니 특히 많이 먹어야 된다.

풍토병이 염려된다. 그러잖아도 불명열이 계속된다. 말라리아 약을 계속 먹으니 열 곡선이 원형대로 드러나지 않으면서 앓고 있다. 주기적으로 열이 오르락내리락 한다. 그러나 나만 그런 것은 아니고 목포에서 온 이 원장님도 같은 처지이다. 한 명씩 하루 이틀 호되게 앓고는 수액을 맞아가면서 기간을 채우고 귀국한다. 다들 떠들지 않고 자기절제를 하면서 의료봉사를 해가고 있다. 말라리아 걸린 것을 동네

방네 떠들 것이 무엇인가? 그리고 이 시간은 다시 오지 않는 귀한 시간인데 쓰러지면 안 된다는 각오로 음식을 무조건 먹었다. 여의사 후배들에게 앞으로 우리 여자의사회에 참여하여 기량을 발휘해 달라는 당부를 하고 마지막까지 아프리카 전통음악과 춤을 감상하고 룸으로 돌아왔다.

내일은 이제 마지막 기항지인 탄자니아로 내려가야 한다. 나이로비에 와서 결국 〈아웃 오브 아프리카〉로 유명한 이삭 디네센 여사가 살았던 명소를 들르지 못하고 떠난다. 근교로 알고 있는데 아쉽지만 다음을 기약할 수밖에 없다.

영화는 두 명배우의 연기와 모차르트 클라리넷 협주곡이 아프리카 대평원과 제국주의 시대의 아웃사이더로 돌던 지식인들의 애환이 절묘하게 어우러져 많은 사랑을 받고 있다. 덴마크 여성의 온유하면서도 강인한 지성 또한 이 책의 매력이라 하겠다. 카렌 블릭센 같은 여성들이 있었기에 도처에 여성들의 도전이 그치지 않고 이어진 것이 아닐까? 비련에 그치지 않고 자아실현의 끈을 늦추지 않았던 인물로서 나는 카렌 블릭센의 불꽃같은 의지에 갈채를 보낸다.

케냐팀이 지원자나 규모로는 가장 큰 봉사팀인데 그러다 보니 지휘체계에서 의사전달이 원활하지 않아 본래 의료봉사 취지가 지켜지지 않는 진행상의 혼선이 생긴다. 교회 행사는 행사대로 진행하고 의료봉사는 봉사대로 일관되게 지속되는 게 바람직하겠다. 의료봉사팀에 지원한 중학생부터 일반인들이 다 신자들은 아니기 때문이다. 목적이 좋다고 하여 방법이 정당화 되는 것은 아니다. 방송국 개국식에 의료봉사를 중지시키고 참석시킨 것은 지나치다. 두 마리 토끼를 잡겠다는 발상이다. 지휘체계가 일사분란하지 않아 이런 혼선이 온다.

그나저나 비행시간이 내일 오후로 알고 여유롭게 쉬고 있는데 자정이 다 되어 4시 반에 프론트로 나오라고 연락이 온다. 출장업무 수행이 영 말씀이 아니다. 그제서야 나도 비행 일정을 펴보니 아침 8시 40분 탄자니아가 아닌가? 탄자니아 그룹에 당연히 함께 배치되어 있으리라고 여겼었는데, 이런 복병이! 일정을 담당하고 관리하는 책임자인 직원이 도무지 갈피를 잡지 못한다. 일행에서 왜 두 사람만 비행시간을 다르게 신청했는지? 갑자기 나온 것도 아니고 몇 달 전부터 신청한 비행시간을, 그것도 한 단체를 따로따로 발권한 것은 아무리 보아도 업무 미숙이다. 뒤 팀은 더 황당한 해프닝이 일고 있었다. 비행시간을 함부로 바꿀 속셈으로 오후 비행시간인 그룹을 아침 비행기를 타러 나오라고 새벽에 느닷없이 연락을 하여 허겁지겁 공항에 나왔더니 다시 오후 비행기라고 하여 또 공항에서 늘어지게 기다렸다고 한다. 그래도 누구하나 불평하지 않고 잘들 참고 넘긴다. 꿀밤을 줄 수도 없고 참 황당한 일을 다 겪었다. 생전 돌아다녔어도 비행시간을 조작하는 사람들은 처음 만났다. 들리는 소리가 국제항공규약을 무시하고 화물 사정을 봐주려는 인정에서였던 것 같다. 참 순진무구한 착상이라 하겠다.

탄자니아 다리살람

드디어 탄자니아 비행기에 올랐다. 킬리만자로 산을 지날 때는 모두들 사진을 찍느라 난리이다. 눈은 이미 정상까지 거의 녹았고 1시에서 2시 방향만 눈이 남아 있다. 지구 온난화의 속도가 이렇게 무섭게 진행된다는 실증이다. 알 고어 부통령이 전력투구를 하는 것도 무리가 아니다. 알 고어가 환경문제에 몰두하는 것을 두고 입방아를 찧고 하지만 안이한 사람들 탁상공론을 일삼는 무리들의 폐훼일 뿐이다.

2년 전 사진에는 정상부근에 흰 띠처럼 눈이 남아 있었다. 오늘 내 눈으로 똑똑히 보니 지구 온난화가 남의 일이 아닌 우리의 일이라는 실감이 온다. 내려다보이는 킬리만자로 산은 역시 영산임에 틀림없다. 그래서 전 세계 많은 사람들이 그렇듯 킬리만자로를 동경하고 찬미하나보다.

인도양을 지나 다리살람에 내리니 이슬람 문화권 특유의 남성 중심의 전통이 면면하다. 남자들만 쭉 앉아 있는 벤치에 앉으려니 남자 택시기사만 앉는 곳이라고 퉁명스럽게 거절한다. 세상에 공항 앞 광장인데 엄연히 성차별의 전통이 혁혁하게 고수되고 있다. 그래도 대한

민국 서울이 남녀평등으로는 탄자니아보다는 앞섰다 생각하고 우리 나라 남자들에게 더욱 감사하고 친절하기로 작정했다.(이 약속으로 나는 죽어라 킬리만자로 커피를 내려 잔을 받쳐 우리 직원들에게 써빙하고 있다.) 이런 한물간 사상의 너울을 뒤집어쓰고 있는 사람들의 사상구조가 흥미롭다. 버리면 큰일 나는 줄 알고 온갖 쓰레기를 붙들고 앉아있는 정신질환자의 한 증상과 비슷하다. 나는 이들을 나와 다르다고 백안시하기보다 이들을 이해하고 그 특성의 요인을 살펴 볼 요량이다.

우여곡절 끝에 뉴아프리카 호텔에 들어와서는 점심도 안 먹고 그대로 잤다. 눈을 찔러서(blepharospasm) 잠을 자는 약보다 더 좋은 처방은 없다. 나머지 일행들은 5시나 되어야 도착하려나 보다. 한 단체를 이렇게 비행시간으로 갈라놓으니까 서로 불편하다. 안내 없이 다녀야 되는 나와 유시내 선생의 불편은 말할 것도 없다. 그동안 오나가나 수족처럼 비서 역할을 했던 많은 사람들, 새삼 그들의 친절이 얼마나 컸던가를 깨달았다.

유 선생이 깨워 저녁 먹으러 싸바싸바 센터로 갔더니 웬걸 슬그머니 개막식으로 몰아넣는다. 꼼짝 못하고 울며 겨자 먹기로 참석한 무신론자들의 불만은 폭발 직전에 달했다. 그런 중에도 전직 대통령의 연설은 참으로 귀가 번쩍 뜨이게 탁월하였다. 저 정도 기조연설 내지 축사를 해야 대통령이 되는구나! 하는 감탄을 했다. 지성의 위력에 겸허하게 굴복당했다.

어지간한 소아 정신과 의사를 빰치게 청소년 비행의 사회적 대안에 대해 진지한 우려와 정부의 대안을 제시한다. 청중들의 존경도 대단하여 박수가 우레처럼 쏟아진다. 여하간 10년이 지났는데도 국민들이, 특히 대학생들이 열광적으로 숭배하는 것을 보니 부럽다. 전직 대통령을 감옥에 보냈던 우리의 과거와는 천양지판이다.

다들 점심도 걸렀는데 저녁을 밤 9시가 넘어서 허겁지겁 먹게 되었다. 이런 점은 시정되어야 할 사안이다. 저녁식사 하러 모이기로 하고 사전 의사 타진 없이 개막식으로 안내한 것은 본래의 취지에 어긋난다. 어린 학생들이 항의를 하는 것도 무리가 아니다. 박 원장님이 다행히 의견을 수렴하여 융통성 있게 앞으로 비신자들의 선택을 존중해 주기로 약속했다.

그동안 어린 학생들이 얼마나 열심히 뛰어 주었는지! 이들의 기특한 봉사가 우리의 활력소가 되고 있다. 특히 가나팀에 참여했던 중학생 꼬마는 깡총깡총 뛰어 다니며 처방전을 나르고 아프리카 사람들과 웃으며 봉사를 해서 온갖 귀여움을 한 몸에 받았다. 아들 둘을 데리고 의료봉사에 오신 그 어머니는 더없이 지혜로운 분이다. 이런 분들이 계시니 우리나라 미래는 창창하게 발전하리라.

탄자니아는 모슬렘 문화권이라 어딘가 경직되게 느껴진다. 의료봉사를 행사 참가자들을 위해서만, 그것도 탄자니아 의사 감독 하에 허용하는 등 상당히 배타적인 분위기였다. 아프리카 다른 나라들은 모두 대환영인데 탄자니아만 유독 이렇게 폐쇄적이다.

이렇게 되니 잔뜩 긴장하고 도착했던 탄자니아팀은 실상 크게 할 일이 없게 된 것이다. 참가자들이 환자만 온 것은 아니니까 오전 오후 기십 명 정도를 돌보았다. 나는 이미 지칠 만큼 봉사를 해왔으므로 크게 미련은 없으나 그 먼 길을 단단히 각오하고 온 다른 선생님들은 조금 낭패스러운 기분이었겠다. 여하간 이런 문제는 주최 측에서 외교적·행정적 타결을 보아야 될 문제이다.

탄자니아에서는 한 어머니가 배움에 불타고 목말라하는 두 자녀의 장래문제를 상의해 오기에 바이블 칼리지 내 프리 아카데미 코스free Academy course를 알려주니 흔쾌히 다니겠다고 하여 탄자니아 대학생 자원 봉사자에게 신신당부를 하였다. 내가 가톨릭이라고 하여 교회 행사에 참여하는 것이 안 될 이유가 없듯이 모슬렘이라고 하여 교회가 운영하는 대학에 다니지 못할 이유가 어디 있는가? 그 분들이 교회를 선택하고 안하고는 차후 문제이고 그들이 교육의 기회를 선택한 자체는 천만다행이다. 뜻하지 않은 기쁜 소식을 전한 것이다. 이 어머니 일생은 〈여자의 일생〉 후속편이다. 다른 여인에게로 떠나버린 남편. 자녀를 돌보지 않는 무정한 남편. 사회보장이 준비되지 않은 다리살람 현실. 자녀 양육을 위해 행상을 하며 뼈를 깎듯 헌신하는 어머니. 오직 자녀의 앞길을 열어 주겠다는 일념으로 연 사흘을 내리 싸바싸바로 아침 일찍 나와 나를 기다리곤 했다. 이 어머니의 타는 눈빛에서 그들이 꿈꾸는 장려壯麗한 미래를 보았다.

탄자니아 의료봉사 마지막을 장식한 환자는 공교롭게도 아주 현란한 조증 환자였다. 얼핏 외양만으로는 도무지 환자라고 보이지 않을 만큼 출중한 외모에다 전통 모슬렘 옷을 입고 점잖게 앉아 있는 자세가 아랍 왕족의 일원으로 불러도 과하지 않겠다. 현재 올란자핀을 쓰고 있다는 이야기를 하면서 자신의 학벌을 말하는데 유창하기 이를 데 없다.

지적으로 무척 우수한 사람임이 그의 어휘와 완벽한 발음에서 느껴진다. 내가 있는 그대로 뛰어난 수리능력, 수학자였다고 인정하니 신이 나서 찬란하게 말을 잇는다. 그런데 마지막에 가서 자신이 제2재림 예수라고 선언하는 데는 그의 현실감각이 말씀이 아니다. 삼단논법을 예를 들어 예루살렘에서 예수재림이 첫 번째이고 다리살람이 제2성지이므로 그래서 이름이 다리살람 아니냐며, 자신이 제2재림예수임이 분명하다고 주장하는데, 논리적 전개로는 딱 들어맞는다. 다만 전제가 참이지 않다는 죄송스러움 이외는.

환자라고 생각하지 않고 그저 이야기를 들어주다보면 의외로 그 환자의 전 생애 그가 품었던 이상, 그의 인격 내지 양심 등이 인간적으로 이해가 가고 더욱 그의 고통을 공감하게 된다. 내게 처방을 요구했을 때 지금까지 들은 이야기만으로 처방을 하기 곤란하다고 완곡하게 거절하였다. 그러나 오늘 나눈 대화는 무척 인상적이었고 특히 당신이 생각하는 초월적 세계가 무척 신비하다는 언급을 하고 현실에서 매직을 구할 수는 없다는 말로 내게 마술 같은 처방을 기대하는 그의 입을 막았다. 대신 체부백선을 설명하고 처방을 해주었더니 환자는 양양한 표정이다. 내게 진심으로 감사한다며 자기를 나처럼 그렇게 알아준 사람은 세상천지에 없었다며 만면에 미소를 띠고 돌아갔다. 내게서 그런 공감을 받고 갔다면 보답은 이미 분에 넘치게 받았다고 하겠다.

이제 막바지에 이르니 긴장이 풀어지는지 피로가 몰려온다. 내일 오전까지 탄자니아 의료봉사는 마감하고 이제 각자 스케줄대로 귀국할 준비를 한다. 나는 르완다까지 갔으면 하고 바랐다. 기왕 여기까지 왔고 또 의약품도 많이 남아서 이틀만이라도 진료를 하게 되기를 바랐으나 주선이 되지 않아 다음 기회로 접었다. 미리미리 일정을 알려줬으면 어렵지 않았을 것을…….

케냐에 이어 탄자니아에 와서도 갑자기 리셉션에 참석하라는 연락이 왔다. 복장도 그렇고 안 가기도 그렇고 여하간 편치는 않았으나 환자 보던 복장 그대로 리셉션에 가서 적당히 수인사하고 나왔다. 명색이 국제적 리셉션이므로 격식을 갖춰야 되는데 이런 엉거주춤한 형편대로 돌아가야 되나보다.

마지막 날에는 예정에 없던 대학생 강의를 2시간 하느라 진땀을 흘렸다. 하느님은 내게 항상 이런 식이다. 느닷없이 일을 시켜 젖 먹던 힘까지 빼게 하신다. 스톡홀름에서 의과대학생 정신 분열증 강의를 그렇게 즉석에서 했던 공포가 다시 재현되었다.

뒤이어 코코넛 비치를 갔다. 해변의 아름다움은 다른 어느 대륙의 비치와 다른 아프리카 특유의 광막함과 동시에 태곳적 적막이 공존하는 대양감을 느끼게 한다. 바다라면 열광하는 나는 코코넛 비치에 오니 그대로 모래 속에 묻혀 잠들고 싶은 그런 충동이 일어난다. 타나토스의 얼굴은 에로스의 그것과 다르지 않나보다. 포근함과 평화로움, 세상이 이렇게 아늑하다는 행복감으로 터질듯 충만해진다.

축구를 내기를 걸고 했다. 나는 골키퍼 근처에서 수비를 보았다. 수비라야 꼼짝 않고 망만 보는 거지만 그러나 위치 선정을 귀신같이 하

코코넛 비치는 광막함과 동시에 태곳적 적막이 공존한다.

여 틀림없이 들어갈 골을 두 개나 막았다고 아첨들을 한다. 박 단장이 축구를 잘하신다고 하여 겸연쩍게 웃었다. 공이 날아와서 나를 맞추고 갔는데 잘한 것이 되었다. 그러나 가만히 생각해보니 공이 무섭게 날아와 겁이 나서 피했다면 공은 그대로 네트에 꽂힐 공이었다. 어찌됐던 공을 막았으니까 기술이 모자라도 마음으로 막은 것으로 책임을 다하여 팀에 기여한 것이다. 해변에서 캔들을 켜놓고 식사를 하는데 나만 손으로 먹는다. 피쉬 앤 칩스를 포크 나이프로 먹는다는 게 아프리카 바닷가에서는 너무도 어울리지 않는다.

그리스 사람 풍습 중에 접시를 바다에 멀리 던지기 내기를 하며 노는 게 있는데, 해양민족의 그 남다른 해전성이 떠오른다. 포크 나이프를 바다에 던져 버리며 아프리카 리듬에 맞춰 춤을 춰야 어울릴 그런 밤이다. 모닥불 밝히고 별이 수면에 잠기도록 그렇게 아프리카에 취하는 마지막 밤이다.

식사 도중에 국장 이야기가 오가서 그제서야 김대중 대통령 사망 소식을 알게 되었다. 국내소식에 캄캄절벽이었다. 너무나 아프리카에 빠져 있었다. 한 많은 한 세기가 닫히는구나! 하는 탄식을 했다. 코리노 여사의 서거를 비롯하여 테디 케네디 등 이 여름은 정치가들에게는 하직의 계절인가 보다. 한 세기를 풍미하던 이들의 죽음 앞에 애도사가 줄을 잇는다. 그러나 세상은 끄떡도 않고 지구는 그대로 운행되고 있다.

탄자니아팀은 하루 먼저 귀국하였다. 이렇게 비행시간을 짜 놨으리라고는 전혀 염려하지 않고 있다가 이런 고립이라는 난관에 봉착했다. 나만 남겨두고 다들 사파리 투어를 떠났다. 나는 비행시간 관계로 함께 가지 못했다. 짐을 정리하면서 아프리카에 주고 갈 물건들을 내놓으니 한 자루가 된다. 교회 자매에게 부탁하고 헌금을 했다.

탄자니아를 떠나는 아침 뉴아프리카 호텔 레스토랑에서 피아노 연주를 하는 노인 연주자에게 써머타임을 들려 달라고 청했더니 열광적인 연주는 물론 오전 10시 반까지 라이브 뮤직 시간이라고 더 듣고 가라고 붙잡는다. 우리는 그저 일어나 새벽같이 일하느라 정신이 없었다. 탄자니아 바다를 옆에 끼고도 몇 발짝 걸어 보지도 못했다.

탄자니아를 떠나온 지 이제 한 달이 가까워오면서 겨우 일상의 리듬으로 돌아왔다. 탄자니아 환자들과 나눴던 그 시간이 탕가니카 호수처럼 푸르고 맑게 나의 마음속에 빛나고 있다. 그 많은 불편과 단체생활에 따르는 불협화음, 지원부족 등으로 만신창이가 되었어도 아프리카 환자들이 내게 보여준 믿음과 사랑은 그 모든 괴로움을 털어내고도 남는 것이다. 토고에서는 전통 드레스가 화려하여 감탄을 했더니 옷을 선물하겠다고 하여 한사코 사양하였다.

세상에 이렇게 순박하고 인정 많은 사람들이 아프리카인인 것을! 누구는 샌프란시스코에 자신의 심장을, 연인을 두고 왔다고 노래하는데 나는 아프리카에 내 심장뿐 아니라 영혼을 놓고 왔는지 돌아와서 한동안 계속 아프리카 사람들 꿈을 꾸었다. 내년에 만나기를 기약한다는 학생들의 인사를 되뇌어본다. 그래! 하느님이 허락한다면 두말없이 달려가리라! 아프리카 북소리가 이렇게 내 심장 속에서 둥둥 울리고 있잖은가?

필리핀 의료봉사

1. 준비하며

지난 가을에는 정신과 약 전담 제약회사인 명인 대표자가 해외 의료봉사용은 예외조항으로 허용하도록 약사법이 시행된다고 하여 순진하게 믿고 있었는데, 바쁜 크리스마스에 막상 약을 주문하려고 보니 향정관리법이 도로 제자리라는 답변이다.

정신과 약물중 항불안제가 향정약품에 속하여 마약 및 향정 단속 품목이므로 반출이 원칙적으로 허가가 되지 않는다며 유성 보건소서 비협조적이다. 공항에서 마약류는 반출금지라며 으름장을 놓는데, 참 우리나라 제도는 왜 이리 경직되고 완고한지 한숨이 나온다. 원칙과 제도는 엄수되어야 하지만 실정에 맞춰 융통성 내지 유보조항 유권해석도 있어야 되는 게 아닌가?

마약의 위험성과 거래로 인한 폭력 야기 등 사회문제화 되는 것을 방지하고자 하는 노력은 십분 이해하고 엄히 방지를 해야 되지만 해외 의료봉사로 그것도 한국여자의사회 단체가 선한 일을 추진하고 본인이 직접 처방하고 기록하고 자료를 정확하게 정리하여 돌아와 보고 하면 대체 무슨 문제가 된다고 이렇게 벌벌 떨고 무슨 큰 범죄라도 사전에 차단한다는 듯 "향정은 갖고 가지 마세요." 사뭇 명령하는가? 다시 한국여자의사회와 상의한 후 전화하겠다 하고 끊었다.

봉사를 하겠다는 의지를 동기화하는 것도 쉬운 일은 아닌데 큰 마음먹고 나서는 사람들 발걸음이라도 가볍게 준비하는데 드는 시간과 노력, 경비를 덜어주는 차원에서라도 적극적으로 융통성 있게 처리해주면 안되나? 보건소장이 바뀌어 연초라 더구나 무엇인가 안 하던 일 내지 사안이 상정되는 것이 부담이 되기도 하겠지만 해외 의료봉사를 꿈꾸고 추진하는 등 동분서주하는 가상한 우리 동료들을 격려하고 지원해주면 얼마나 사기가 진작되고 아름다운 일인가?

행여라도 자기 자리에 무슨 손해가 오지 않나 하는 방어본능의 귀재들인 관료주의자들의 구태의연한 처사는 진력이 난다. 정신과 약 몇 병 갖고 나가고자 이 사람 저 사람을 불러 서류를 보여주고 이해시키고 설명하는데 입이 닳았건만 소기의 목적을 이루지 못하고 있다. 물론 diazepam 류만 빼고 간질 약 포함 항우울제 등만 갖고 가서 필리핀 환자들을 돌보아 주고 돌아와도 난리 나지는 않는다. 그러나 정신과 환자들의 증상 아니 속성상 항불안제 없이 환자의 고통을 덜어준다는 것이 어불성설 아닌가? 한국에서 의료봉사를 왔다고 백배천배 감사하는 그들에게 최소한도의 의학적 치료와 정신치료를 해주고 싶은데 제도에 묶여 이렇게 포기하라니 나로서는 너무도 아쉽다.

피에르 신부님이 법을 어기면서까지 잠 잘 곳 없는 파리 노숙자를 위한 집을 지어주게 만든 일화가 떠오른다. 일을 저질러 놓아 부랴부랴 노숙자를 위한 주택자금 100만 프랑을 의회에서 통과하게 만든 것이다. 하긴 우리나라도 선 처리 후 결제란 융통성 있는 대안이 전혀 없는 것은 아니다. 다만 법을 운용하는 당사자가 복지부동할 때 그 눈에 안 보이는 피해는 고스란히 수혜자인 시민들에게 돌아간다는 것에 분노한다.

대체 공무원 중의 일부는 어떤 일을 도와주지 못하는 이유를 대는데 어쩌면 그렇게도 천재적일까? 내게도 "100T를 갖고 갔다 50T만 썼다고 보고하면 그것을 어떻게 믿느냐?" 하기에 "내가 처방하고 정리해서 가져오는데 무슨 말이냐?" 정색을 하고 반문하니 더는 잔소리를 못한다. 갖은 핑계를 대고, 오로지 자기의 안위나 자기 자리의 보존과 영달만이 보람이고 생의 목표인 분들을 어떻게 나무라겠는가? 부디 부디 세상 속 영화와 온갖 득을 누릴 수 있는 한 누리기를 빌어야지. 그러나 이런 영악한 사람들로 대한민국 영토가 빼곡하게 찬다면 아아! 과연 우리나라의 미래의 장대한 청사진이 그려질까?

개인의 영달보다 국가를 먼저 생각했던 우리 부모 세대의 숭고함이 새삼 그립다. 눈에 보이지 않는 선량한 우리 부모 세대들의 눈물겨운 희생 그 분들의 각고 덕분에 우리가 고난과 슬픔과 참담한 시대를 극복하고 세계정상회의를 개최할 정도의 대한민국을 이룬 것이다.

우리가 며칠 가서 필리핀 빈곤이나 그들의 실존적 고통을 다 해결해주고 돌아오는 것은 아니다. 아무도 그렇게 만능일 수는 없다. 그러나 우리가 이 지구에서 함께 21세기를 사는 인류로서 관심과 그들의 고통을 함께 나누려는 의지와 따뜻한 손을 잡아주려는 노력은 그들에게는 무한한 희망이라는 미래를 제시한다고 하겠다. 우리가 절망하는 것은 절대빈곤이나 병마뿐만 아니라 사랑의 부재, 소통의 부재에서도 그 근원을 찾아야 된다. 아프리카 나무 그늘 밑에서 온갖 시름을 나눴던 형제자매들의 눈망울이 선하다. 내가 비록 스와힐리어를 모르고 그들이 한국어를 몰라도 우리의 심장에 피가 흐르듯 우리 각자의 마음속에 사랑이 바야흐로 흘렀기 때문이다. 우리가 해외로 나가 외국인을 돕고 하는 등의 일련의 노력들이야말로 우리가 어려운 시절 우리를 도와주러 조건 없이 달려왔던 필리핀 국민들에게 최소한의 보은 아닌가? 준비를 하며 너무도 피곤한 나는 짜증이 벌컥 든다. 이런저런 일로 치도곤이의 나날이나 그러나 결코 나는 주저앉아 남 탓이나 하는 나약한 사람은 아니다. 분연히 일어나 향정 반출을 재시도하고 그리고 다시 보고서를 작성하는 게 나의 도리이려니!

2. 현지 활동

〈2012. 1. 21. 토요일〉

에어버스 첫차 3시 49분 심야고속에 올라타니 이제 필리핀에 가긴 가나보다 하는 안도의 한숨과 함께 밀린 잠이 쏟아진다. 집 맞은편에 공항버스 정류장이 있어 그나마 다행인데, 예매를 미루다가 출국 임박하여 임시표 한 장을 겨우 구했다. 설에 그렇게들 해외로 탈출하듯 달려 나간다는 생각을 미처 하지 못했다.

아시아나 L 카운터에 도착해보니 이미 봉사자 전원이 나와 짐을 정리하고 계신다. 그러나 체크아웃에서는 개인 짐과 봉사에 소용되는 짐들을 한데 묶어 부치느라 오히려 일대 혼선이 벌어졌다. 중량이 초과되어 개인 짐에다 나눠야 되니 이중삼중으로 혼잡하다. 김 국장과 주 과장 등 젊은 멤버들이 팔을 걷어붙이고 짐을 풀었다 다시 싸고 난리법석을 떨게 되었다.

우리 단체의 수속이 지연되다보니 마닐라 행 승객들이 불평을 한다. 아닌 게 아니라 우리가 너무 오래 시간을 끌었다. 다음에는 항공사 수송 담당자와 사전에 미리 단체 총 인원 당 짐 중량이 얼마인가를 체크하여 사전 협약을 하든지 양해를 구하고 미리 수속을 밟으면 좋겠다. 초과분만큼 미리 내면 이 난리를 부리지 않아도 되겠다. 아니면 미리 30kg이 넘지 않도록 짐을 일정하게 포장을 해 놓든지 무슨 방법을 써야겠다. 포터를 써서 신속하게 체크아웃을 마치도록 하면 편리하겠다. 봉사자로 함께 참석하는 멤버들이 가외로 짐에 신경 쓰느라 녹초가 된다.

여하간 43E석에 앉아 벨트를 매니 후유 한숨이 나온다. 백은주 선생님과 옆에 앉았다. 신기하게도 해외여행 할 때마다 꼭 백은주 선생님과 동석하게 된다. 누가 일부러 맞춰 놓는 것처럼. 이향애 선생님 이성락 선생님 두 분은 창가 쪽에서 나직하게 말씀들을 나누신다. 다들 준비하느라 고단했던지 타자마자 그대로들 주무신다. 나는 일단 비행기에 올라타면 마치 필리핀 사람으로 둔갑이라도 한 듯 설레어서 기운이 넘쳐(!) 잠도 안 온다. 언제 두려움에 떨어 안절부절못했던 사람인가 싶게 대한민국은 까맣게 잊어버린다. 아시아나 기내식은 영

형편없다. KAL에 비해 질도 서비스 수준도 떨어진다. 이 점 분발할지어다. 벌써 비행 정보판은 클라크 필드를 지나 고도 10,115m에서 항속이 줄어들고 있다. 마닐라가 가깝다는 신호이다.

한인식당 〈마루〉에서 점심을 먹고, 나보타스 수상촌을 둘러보았다. 흔들거리는 외나무다리를 걷다가 실제로 빠지기도 한다고 한다. 태풍이 휩쓸고 지나간 잔해는 참혹하나, 비좁은 골목길 양쪽에서 아이 어른 할 것 없이 쌍수 들어 우리를 환영한다. 중년의 아저씨들이 웃통을 벗은 채로 불룩 나온 배를 내놓고 쳐다보는데 그 표정이 어찌 태연하던지! 공연히 내가 겸연쩍은 기분이 든다. 그래, 땀이 비 오듯 하는 습도 높은 이 해변에서 상의를 벗는 것이 뭐 그리 대수인가? 완전 나체가 아닌 것으로 충분하지 않은가?

겨울옷을 벗지 못한 등이 따끈따끈해지며 더워 오는데 숨이 막힌다. 태양광의 위리안치라고 해야 되나? 물론 사방이 터져 있으니 엄밀한 의미의 위리안치는 아니다. 그러나 뜸들이듯 화덕을 등에 진 듯한 무더위는 질식하겠다. 남양군도 한복판에 카시미어 바지에다 내의를 입고 털 스웨터를 입은 한국인은 얼마나 기이한가! 주 과장은 바지가 더 두껍다고 뒤집어 보여준다. 등산복으로 방한복이다. 지구가 넓다는 실증을 이렇게 난폭한 더위에 시달리며 전신으로 체득한다. 젊을 때는 두 계절을 동시에 맞닥뜨리는 해외여행을 낭만적으로 느꼈건만 나이가 들면서는 부담으로 닥쳐온다. 보라카이를 가기 전 마닐라 시내 관광을 한 이후 12년 만에 보는 마닐라 시내는 여전 흥겹다. 반가운 지프니. 오토바이와 자전거에 좌석을 연결하여 사람이 타고 다니게 만든 고안은 참으로 기발하다. 크게 비용이 들지 않으면서 비싼 연료를 절감하니 말이다.

드디어 카바얀 호텔에 짐을 풀었다. 저녁은 무조건 카바얀에서 해결을 본다. 서울을 떠나오면 우리나라 사람들의 음식 타령으로 귀가 아프다. 다행히 나는 나오기만 하면 걸신들린 사람처럼 새로운 음식을 먹어대므로, 이 점에서 튼튼한 위로 태어나게 한 부모님께 무조건 감읍한다. 필리핀 음식이 색채와 모양은 수수하나 독특한 풍미가 있다. 라임을 천천히 짜서 골고루 생선 돼지고기 비프에까지 곁들여 먹으면 미각이 갑자기 솟아올라 숨어 있던 입맛까지 튀어 나온다. 거기다 작은 칠리를 조금씩 베어 물어 입맛을 돋우면 그야말로 밥 먹기가 십상이다. 후식으로 사고SAGO와 바나나를 엿처럼 곤 디저트는 인공감미와 달리 담백하다.

5층에서 약을 3일분씩 나누느라 정신이 없다. 한국여약사회에서 참석하신 두 분(서정숙 부회장님, 정춘희 약사님)은 어려운 걸음을 하셨다. 진정한 파트너십은 성숙한 인격과 리더십이 요구되는 덕목이다. 정신과 약은 내가 단독으로 보관하고 약도 지어 주기로 했다. 약국 일을 더는 셈이다. 룸메이트는 박인숙 선생님이다. 저녁을 먹고 돌아와 씻고는 불을 끄자마자 둘 다 곯아 떨어졌다. 묶어다 내다버려도 모를 정도로 자고 일어났다.

〈2012. 1. 22. 일요일〉

아침 먹고 나보타스로 선발대에 합류하여 정신과 약을 들고 진료장소인 다랑하리 커뮤니티 센터로 갔다. 세팅을 하느라 분주하다. 2층에다 각 과를 차리고 아래층에는 접수, 약국, 사진, 미용실을 차렸다. 주 과장의 주민 사진 앨범은 최고의 인기와 명성을 누렸다. 강미자님의 미용의 위력은 다랑하리 주민들뿐 아니라 우리 봉사자들을 모두 미인으로 변신 거듭나게 해주었다.

어지간히 정리가 되어 책상을 배정하고 나니 예배가 시작된다. 나는 주민들 가운데로 들어가 아기를 안고 있는 아주머니 옆에 앉았다. 바라크 담 사이로 넘어오는 햇빛이 찬양과 더불어 너울너울 춤춘다. 제임스 마틴(예수회 신부)이 케냐 골짜기에서 느꼈던 순수한 기쁨 '있어야 될 곳에 있다'는 그런 벅찬 기쁨이 솟구친다. 박경아 회장의 인사말과 성금 기증이 있고 최경숙 단장 목사의 축도 속에 예배는 끝났다.

나보타스 주민들이 구름처럼 모여들어 아우성이다. 그러나 표정들이 하나같이 밝고 명랑하여 무슨 축제 내지 최소한 마을 잔칫집에 몰려온 듯 화기애애하다. 주민들이 태풍을 맞아 2000가구가 날아갔고, 아직도 그 패닉 상태가 지속되고 있다고 목사님 내외분은 고백하신다. 외상 후 후유증이 6개월 정도 지속되는 것은 이상한 일이 아니다. 그럼에도 불구하고 환한 이들의 웃음을 보면 이재민 센터에서 온 사람들이라는 상상이 가지 않는다.

이렇게 생명력이 활활 타는 필리핀 사람들이 정겹고 외경스럽게 느껴졌다. 도대체 외국인이라는 나와 다르다는 느낌이 들지 않고 여름 한철 논밭에 나가 일하느라 새까맣게 탄 동네 아저씨, 아주머니들이 시골 진료소에 약 타러 온 것 같은 착각이 드는데, 내 착각을 깨는 것은 간간 들려오는 하이톤의 따갈로어의 그 억양뿐이다.

옆의 정형외과 이향애 원장님이 명의라는 것은 익히 알고 있었지만 실제로 환자들을 치료하시는 장면을 곁눈질하여 보니 더욱 외경스럽다. 동시에 대단한 체력도 겸비해야 되겠다는 생각이 든다. 나보타스 시장을 비롯하여 정형외과 환자들을 깡그리 새사람으로 개비하시고 개선장군처럼 귀국하셨다!

불면증 환자들이 의외로 많은데 이는 이 분들 언어 습관이나 관습상 정신적 문제의 호소를 신체화 하는 데서 기인하지 않을까 하는 생각이 든다. 불안의 함축된 어의가 불면증으로 호소된다. 정신과로 접수되어 오는 분들이 적은데, 이는 우선 내·외과, 피부과 등 가시적 병소와 시급한 신체적 증상을 먼저 호소하다보니 자연 정신과 문제는 뒤로 밀려란 때문이리라.

첫 환자인 안면신경 마비를 비롯하여 주로 신경과 증상의 환자들이 정신과로 온다. 중풍의 후유증으로 보이는 우울증의 경우도 그 한 예이겠다. 물론 많이 접수되었다 하더라도 나의 속도로 많이 볼 수도 없다. 통역으로 나를 도와주는 학생 죠이에게 약까지 짓게 했으니 기실 이 학생은 통역 자원봉사뿐 아니라 의료봉사에 와서 약까지 짓느라 혼쭐이 났다.

약을 포장지로 싸던 방법도 잊어 버렸다. 본과 3학년 주말마다 무의촌 진료 다닐 때 싸보곤 몇 십 년 만에 처음이다. 그 때도 서투르게 약을 싸는 나를 보고, 고 최세진(마취과) 선생님이 "심 양은 그렇게 해서 밥 먹겠어?" 하고 놀리시던 기억도 난다.

통역뿐 아니라 의료봉사까지 맡아주었던 죠이 학생

약을 지을 사람이 하나 달라붙어야 하는데 약국이 일손이 딸리니 사람을 달라고 할 처지가 아니다. 최고급 인력 박인숙 선생님이 약국 일을 하셨다! 어차피 정신과는 치료관계가 우선이니 약을 손수 지어주고 설명을 찬찬히 해주고 하는 일련의 과정 자체가 정신치료의 가장 원형이 되므로 두말 않고 서툴게나마 약봉지를 싸서 봉투에 넣고 용법을 쓰고 난 다음 따갈로어로 다시 적게 하니 한 사람 돌보는 데 드는 시간이 보통 소요되는 게 아니다. 처방만 내면 그 뒷일은 몰랐던 지난 세월을 뒤돌아보며 뒤에서 지원했던 분들의 노고를 떠올린다. 미처 모르고 지났던 감사의 날들을.

죠이 학생은 아주 씩씩하다. 남자들을 싹 잡는다. 또래 남자들을 골리기도 하고 보통 기개가 아니다. 필리핀 여성들이 강인하다는 생각이 들면서, 필리핀을 쥐락펴락 하던 이멜다 여사가 뜬금없이 떠오른다. 육 여사 장례식에 조문 와서 머리에 안경을 끼고 그대로 나타나던 상스러운 인상과 함께. 캠핑을 가서 해변에서 선글라스를 머리에다 쓰고 다니는 것은 누가 뭐라 하겠는가? 그러나 아무리 급하게 날아왔다 하더라도 일국의 영부인의 장례식에 머리에다 선글라스를 끼고 내리는 등의 처신은 한국사람 눈에 거슬렸다. 한국 사람이 얼마나 도도한 사람들인가? 예의와 체통이라면 목숨보다도 더 귀하게 고수하지 않았나? 양반은 물에 빠져도 개헤엄은 안 친다는 옛말이 있는 나라 아닌가?

죠이 학생이 명랑하고 용기백배하여 이재민 센터에 기거하면서도 의료봉사에 자원하여 나온 것을 보니 기특하기도 하다. 주저앉아 운명을 저주하고 불운을 한탄하며 비관하지 않고 박차고 나와 일하고 웃고 뛰고 있는 죠이 학생이 곧 필리핀의 미래의 희망 아닐까? 나는 이 학생의 타는 듯한 눈빛에서 생에 대한 절규와 강렬한 사랑의 불꽃을 본다. 물론 우리의 희망은 이번에 동참한 자녀들(김영이 국장 따님 유경민, 서혜수 선생님 아들 염동선, 최보선 따님 오현주, 주인숙 선생님 따님 이지현) 및 손주(이성락 총장님)에게서 조짐을 본다. 이들이 이렇게 재기발랄하고 어질고 총명한데, 우리 앞날은 그저 이들의 맹활약에 힘입어 전 세계를 리드하리라는 미래의 계시와 그 서광을 보았다. 명절에 세뱃돈 불리고 맛난 음식 먹고 재미난 구경 다녀도 시원찮은데, 이렇게 나와 한계

상황에서 사람들이 어떻게 정을 나누고 돕고 극복하는가를 본다는 것 자체가 인류애의 눈뜸이라는 산 교훈 아닌가! 자녀들이 어찌나 예쁘고 사랑스러운지 성가실 정도로 귀여워들 한다. 나는 너무 과하게 칭찬을 해서 overgratification 시키면 안 되지 하는 마음에서 입을 다물었다.

봉사를 마치고 지프니에 짐을 싣고 카바얀 호텔로 돌아가며 거리 풍경을 보는 것도 큰 즐거움이나 매연이 보통 심하지 않다. 다들 마스크를 하였다. 이 매연굴에서 계속 숨 쉬고 살아야하는 이들의 처지를 생각하면 환경문제로 전 세계를 걱정하는 알 고어의 '불편한 진실'이 당면과제라는 위기감이 든다.

저녁 먹고 품평회를 하였다. 최경숙 단장님은 활화산처럼 사회를 보신다. 조금도 지쳐 보이지 않는다. 타고난 봉사자이다. 실적에 몹시 흡족한 눈치이다. 나는 숫자를 대면서 조금 기가 죽는다. 그러나 정신과 환자의 고통과 이를 함께 짊어지고 덜어주고자 머리를 짜고 가슴을 쥐어뜯는 정신과 의사의 고뇌가 어찌 숫자로 계량화할 성질인가? 속으로 뇌이며 애써 어깨를 편다.

필리핀 음식이 의외로 구미에 당겨 나는 포식을 하였다. 라임을 꼭 짜서 구워낸 치킨에다 발라 먹으면 각별한 맛이 거의 폭발적이다. 같은 재료라도 조리법에 따라 음식 맛이 이렇듯 미묘한 차이가 지다니! 나는 어느 나라를 가나 그 나라 음식 맛을 보는 것이 그렇게 흥미 있고 심지어는 설레기까지 한다. 무슨 맛일까? 대체 이 사람들은 어떤 맛을 좋아하는가? 우리가 김치, 고추장, 된장이라면 환장을 하듯 이 사람들의 특유의 맛은 어떤가? 바짝 호기심이 생긴다. 마치 탐험가가 밀림을 탐험하듯 나는 오로지 나의 미각세포라는 간단한 무기로 각 나라 음식을 맛보고 즐긴다. 내가 미식가라는 말을 듣는데 나는 그 말을 맛있는 것만을 찾아 먹는 사람이 아니라 음식 그 자체를 즐기는 사람이라는 뜻으로 받아들인다.

나는 필리핀 음식이 기대 이상으로 입에 맞아 그 맵다 못해 눈물이 찔끔 나도록 호되게 매운 칠리로 내 미각을 구슬려 카바얀 호텔에 머무르는 동안 배부르게 먹었다. 양으로 따지면 집에서보다 몇 배나 먹었다. 고되긴 고된지 입안에 허페스가 생겨 헐어서 이 라임이 없다면 난리 날 뻔했다. 도대체 나는 남의 나라에 내렸다 하면 귀신같이 숨어 있던 미각세포가 튀어나와 새로운 미각을 시험하겠다고 벼르는 모양이다. 덧붙여 흰 접시에 놓인 라임과 망고의 배합은 그 색채의 조화랄까 선명한 아름다움은 칼라리스트 마티스의 색채를 무색하게 한다. 자연 색채인 망고와 라임의 대비, 그 신선하고 부드러운 청록과 노란 망고 색의 마력!

밤에는 박인숙 선생님 저서『바보 의사 박인숙의 끝나지 않은 성장통 이야기』책을 읽으며 봉사의 진정한 의미와 목적, 과연 어떻게 하여야 참다운 봉사로 수혜자에게 편익이 가는 봉사가 될 수 있는가에 대해 기탄없는 대화를 나눴다. 의례적 외교적 대화가 아닌 진정한 우리 일로서 한국여자의사회 단체가 가야 할 해외 의료봉사의 지향에 대해서 진지하게 의견을 나눴다.

〈2012. 1. 23.월요일 Pescadores 빈민촌〉

이튿날은 천막을 치고 진료를 하는데, 천정의 천막이 주황색이라 반사되어 붉게 비치니 어지럽다. 얕은 담 뒤로는 거리라 차량소음에다 천막으로 담을 쳐서 막아 놨으니 바람 한 점 들어오지 않는다. 가마솥의 솥뚜껑에서 물이 떨어지듯 땀방울이 콧잔등에서 떨어진다. 내과에서 의뢰되어 넘어 오는 환자들 중에 숨을 쉬기 어렵다는 환자들은 호흡기질환이 심한 것 외에 공황장애의 감별이 꼭 필요하다. 치매라든지 정신분열증 환자들이 나타나지 않아 내심 의아하나 이런 봉사 장소에 나타날 정도로 현실감과 의욕이 있다면, 역설적으로 그렇게 정신병적 상태라고 하지 않아도 되겠다. 파킨슨 병도 보이지 않는다. 응급환자 및 급성기 호흡기질환 환자들과 재난 후 장애자들만 달려온 것은 아닌가?

오후 늦게 파장을 할 무렵 접수를 맡았다고 하는 필리핀 봉사자가 와서 사촌의 증상을 설명하는데, 만성 정신질환자로 15년을 앓고 있다고 한다. 내일 꼭 데리고 오라고 신신당부를 했다. 마침 리페리돈을 한 병 갖고 왔다. 딜란틴을 애써 구해 왔는데 오후에 선원인 남편이 지난해 연말부터 발작이 있었다고 하는 발랄한 부부를 면담하고 처방을 하였다. 이런 때는 신명이 절로 난다.

〈2012. 1. 24. 화요일〉

마지막 날은 나보타스 시청 앞마당에서 의료봉사를 하였다. 시장 방은 4층인데 잠시 인사를 하고 내려왔다. 시장이 젊고 탤런트 같다고 이구동성이다. 젊음, 아름다움에의 희원은 영원한 인간의 동경인가? 속성인가? 모든 관료주의가 그렇듯 시장을 찾아가 인사를 드리는 동남아시아 의전에 순응했지만, 시장이 의료봉사 현장인 페스카도레스 어항에 찾아와서 감사의 악수를 하였다면 얼마나 젊음의 패기가 돋보였을까? 줄을 서서 인사를 주고받고 하는 것도 좀 어정쩡하다. 물론 오후 늦게 내려와 우리들에게 고맙다고 악수를 하고 갔지만 어쩐지 피상적이란 인상이다. 선물로 받은 시장 얼굴이 새겨져 있다는 시계는 열어보지도 않고 병원에 선물했다. 개중에 악수를 그렇게들 쉽게 하는 경우가 있는데, 상대방 손은 잡고 있으면서 저 앞의 유명한 딴 사람을 쳐다보느라 손이 잡힌 사람은 안중에도 없는데, 차라리 악수를 안 하면 더 좋았겠다. 우리식으로 이심전심이 얼마나 순박한가?

시청에서 의료봉사를 하는데 시청 한켠 실내 공간을 내주든지 하지 길바닥에서 천막을 치고 하게 하는 것은 좀 너무 하지 않느냐 하는 의견도 나온다. 옥외에서 의료봉사를 하니 전시효과로는 충분하리라. 지나가는 차량 행인들이 한국여자의사회 플래카드를 보고 행사가 있다는 것을 직감하리니!

점심은 김밥. 나는 김밥을 먹는 것이 고역이다. 평소 잘 먹지도 않고 넘어가지도 않는다. 별 수 없이 작은 귤을 까서 동시에 먹으니 단맛으로 김밥이 넘어간다. 어디 가나 기지랄까 환경에 적응하는 순발력이 필요하다. 오후에 딸이 대발작으로 고생하는 어머니가 와서 자세히 상담을 한 후 딜란틴을 처방하고 남은 약 한 통을 주었다. 물론 마크에게 서로 연락처를 교환하고 내게도 여차하면 e-mail로 자세한

마크와 그 친구들

사정을 알려달라고 하였다. 약 한 통을 받아든 어머니가 놀라더니 이내 내 뜻을 알아차리고는 아무 말도 안하고 서서 눈물을 흘린다. 나도 울었다. 핸드폰으로 누워 있는 딸 사진을 보여주고 기념사진을 찍자고 하여 마크와 함께 사진을 찍었다.

옆의 서 선생님은 묵묵히 잠시도 쉴 틈 없이 계속 진료를 한다. 끝이 없다. 나는 책상을 정리하고 마크와 친구들과 사진을 찍고 e-mail을 알려 주었다. 마크는 남자 간호사로서 현재는 실업 상태인데도 이렇게 우리들을 도와주러 나왔고 평소에도 자원봉사를 하러 다닌다고 한다. 침착하고 얌전한 인상이다. 약도 척척 잘 지어서 이틀간의 내 고생을 마크가 하루에 보상해주었다. 카메라를 가져왔으나 풍물사진을 찍고 할 겨를도 없을 뿐만 아니라 나는 사진보다도 느끼고 바라보는 것에 더 치중하므로 사진은 꼭 찍어야 될 경우라야 겨우 찍는다. 종일 도와준 이들의 갸륵한 마음이 고마워 사진을 찍은 다음 돌아와서 감사 인사와 더불어 사진을 보내준다.

벌써 마지막 밤이다.

품평회를 하고 각자 의견을 개진하고 돌아오니 거의 열시가 다 되었다. 모두들 진지하게 그간의 과업을 보고하고 비판하고 분석한다. 열정으로 활활 타는 우리 봉사자들 하나같이 출중하다. 어쩌면 그렇게 말들을 잘할까! 나는 파김치가 되어 품평회고 뭐고 그냥 들어와 자고 싶은 마음 굴뚝같았으나 그래도 유종의 미를 생각하여 참았다. 단체 행동은 일종의 수련이라고 할까 극기의 시간이다.

아침 먹고 팁을 두 배로 놓고 가방을 들고 카바얀을 나오니 홀가분하다. 이제 집으로 간다 생각하니 몹시 기쁘다. 마닐라 성안을 마차로 도니 한 시간이 후딱 지나간다.

뒤에서 헐떡대며 따각따각 쫓아오는 말을 내려다보니 옛날 승마를 하던 시절이 아득하게 피어오른다. 말이 무서워 또 예민하여 쩔쩔 매면서도 승마의 기본기는 한 5-6년 익혔다. 물론 찔레꽃 향기 코를 찌르는 오월 복용 승마장을 나와 들판을 거닐던 추억도 있다. 유유히 외승의 즐거움을 만끽하는데 아니나 다를까? 말이 갑자기 방향을 틀어 마구간을 향해 달리는 게 아닌가? 그러나 당황하지 않고 침착하게 고삐를 늦추었다. 긴장해서 고삐를 바짝 당기면 말이 아프니까 더욱 날뛰게 된다. 말에서 떨어지지 않을 정도의 연습 훈련은 이미 넘치게 받아놨던 기초 덕을 그 순간 보았다.

귀소본능은 모든 포유류의 공통된 속성이다. 말의 변덕 내지 히스테리는 하여간 알아주어야 한다. 나는 무조건 올라타고 말을 채찍으로 후려치며 달리는 것은 승마의 기본정신을 어기는 것이라고 굳게 믿고 그 지루한 평보 – 바른 자세, 바른 박자, 말과의 일치를 위해 온통 열중하였다. 마장을 채찍을 휘두르며 달리는 맛은 각별하겠지만 나는 기본동작에 한없이 충실하여 옆에서 보는 애호가들이 단순한 동작을 무슨 재미로 저렇게 하느냐는 기우들을 내비치곤 하였다. 그러나 나이가 들어 뒤돌아보니 그 때 그렇게 애써 연습했던 승마 기본동작을 숙달한 결과 자세가 잡혀서 아직 허리가 굽지 않았다고 자부한다.

물론 지금도 승마에 대한 미련이 있으나 승마는 어렸을 때 자라면서 배웠어야 되는 운동이란 생각이 들고 또 승마를 하기에는 내가 너무도 겁이 많다는 것을 안 이후, 물론 애호가들도 이상하게 흩어져버려 그대로 승마에 대한 불씨가 꺼져 버렸다. 나에게는 어린 시절 할아버지를 비롯한 고을 어른들이 말 타고 들판을 세차게 달리던 기억이 또렷이 남아 있다. 아직도 말갈기 휘날리고 채찍 번쩍 쳐들고 맹렬하게 달리던 장사의 영상이 박혀 있다. 어린아이였던 내게 그 장면이 무척 강렬했었나 보다. 그러나 당시 폭군이었던 할아버지가 더군다나 손녀 딸들에게 승마를 가르친다는 것은 마른하늘의 날벼락이었겠다.

점심은 마루 옆집에서 김치찌개였는데, 입안이 헐어서 겨우 물 말아 먹었다. 나는 라면은 입에도 안 대는데, 라면 사리를 넣어서 얼큰하게 잘도 드신다. 전신 마사지를 받았다. 곤명에서 발 마사지를 받은 이후 6년 만인 것 같다. 마사지를 받고 아시아 몰에 왔더니 박인숙 선생님과 이향애 선생님이 와서 기다린다. WHO를 방문, 지인들을 만나 클럽에서 점심 식사를 하셨다고 한다. 오나가나 막중한 사명을 띠고 정력적으로 일하시는 박인숙 선생님 이향애 선생님이 존경스럽다!

벼르던 잠자리 날개 같은 필리핀 여름 전통 옷 두벌과 티셔츠, 커피, 말룽가이 티를 샀다. 물건을 거의 사지 않는 평소의 나로서는 많이 산 편이다. 공항에까지 목사님 내외분이 나와 배웅인사를 한다. 안락한 고국을 등지고 이역에 와서 선교를 한다는 것은 참으로 위대한 일이다. 달리 말하면 순교에 가까운 천로역정이라고도 하겠다. 아무쪼록 툴라이 선교회가 융성하기를 기도한다.

집에 온다 생각하니 잠도 안 오고 타임과 주간지를 읽다보니 벌써 제주도 가까이 올라왔다. 스무 시간씩 비행기를 타고 다니던 내게 3시간 30분 정도 비행시간은 식은 죽 먹기이다. 가방을 찾자마자 옆에 계신 박경아 회장님께 내려간다는 인사를 하고 바로 대전행 버스 타는 곳으로 나왔더니 5시 20분이다. 난방도 안 된 휴게실에서 떨고 있는데, 청주행을 타시는 이원희 선생님이 오신다. 나는 6시 차를 타고 내려오는데 청주행은 6시 반이라 선생님만 남겨 두고 버스를 탔다.

천안 휴게소에서 쉬는데, 이제 잠에서도 깨어나고 날도 밝아 주변을 돌아보니 우리나라가 이렇게 잘사는 나라인가? 정색을 하고 둘러본다. 이렇게 널찍하고 깨끗하고 공기도 맑고 갑자기 현실감에 눈이 둥그렇게 떠진다. 아마 우리는 내심 필리핀 사람들을 크게 도와주러 간다고 우세한 생각을 할지 모르나 어쩌면 우리는 남을 통해서 자신의 평범한 삶 속의 위대한 진실을 발견하는 것이다. 우리나라가 또한 우리 삶이 이렇듯 넘치게 축복 받는다는 것을 망각하고 허구한 날 앙앙불락하는 양이란 어찌나 측은하던지! 또한 무슨 불평불만은 얼마나 주렁주렁하던지! 집에다 가방을 집어던지고 병원으로 살짝 들어가서 내 자리에 앉으니 아! 이 순간 이 자리의 소중함이 이렇게 사무칠 줄이야!

3. 의료봉사 후기

설 연휴를 이용하여 2012.1.21-2012.1.26. 총 34명의 봉사단원 중 한국여자의사회(29명), 한국여자약사회(3명), 기독여자의사회, 등대복지회(2명) 및 현지 Tulay 선교회가 연합하여 필리핀 나보타스시 주민을 위해 의료봉사, 미용봉사 및 가족사진을 촬영하여 앨범까지 선물하고 돌아왔다.

일요일 다랑하리 커뮤니티 센터에서 아침 예배와 한국여자의사회 박경아 회장의 성금 기증식을 필두로 3일간의 의료봉사에 돌입하였다. 각 과는 다음과 같다. 이성락, 손자 이경헌(피부과), 박인숙(소아과, 차기 회장), 한원주(내과), 주인숙, 딸 이지현(산부인과), 김진희(이비인후과), 박영옥(가정의학과), 이향애(정형외과), 이숙자(안과), 백은주(생리학), 이원희(소아과), 유신애, 김성덕 간호사(소아과), 정인주(영상 의학과), 서해숙,

아들 염동선(내과), 심정임(정신과), 심옥자(임상 병리사), 최보선 간호사, 딸 오현주, 이진홍(치과), 전용욱(치위생사), 김영이 국장, 딸 유경민, 주혜성 사무국 과장이 참가하였다.

한편 한국여약사회에서 세 분 성수자 회장, 정춘희 부회장 및 서정숙 부회장께서 합류하셨다. 등대복지회팀은 조일 사무국장과 이지은 행정팀장이 현지 선교사업팀과의 연계를 담당하였다. 나보타스 현지에서 Tulay 공동체에 헌신하시는 박선호 대표와 최은영 사모의 주민 홍보 및 안내에 힘입어 단기간에 소기의 목적을 달성했다고 해도 과언이 아니다.

3일 간 각과의 실적도 실로 눈부시다 하겠다. 하루 평균 500명이 넘는 환자를 보고, 마지막 날에는 800명 가까운 환자를 돌보아 주었다.

심장병 어린이 두 명을 발견한 박인숙 선생님이 이 아이들을 데려다 수술시켜 주리라는 것을 나는 철석같이 믿고 있다. 그동안 캄보디아 심장병 어린이들을 시술해주셔 새 생명을 준 것이나 다름없는 위대한 일을 얼마나 하셨던고!

출국에서 귀국까지 기간 동안 우리는 알게 모르게 눈에 안 보이는 숱한 사람의 희생봉사 덕으로 한국여자의사회 해외 의료봉사를 무사히 마쳤다.

그러나 다음과 같은 점은 한번 심사숙고해야 될 사안이라 생각하여 적어본다.

이렇게 단기간에 무리를 해서 현지에 가서 의료봉사를 하고 뒤돌아오는 것으로 그치지 않는 다른 대안이 없을까? 가령 우리나라로 데리고 와서 미용기술을 몇 달 가르쳐서 보낸다거나, 보건 간호사 훈련을 시켜서 주민들 건강관리를 맡긴다든지, 물론 이 때는 필리핀 의사회와의 상호 제휴가 전제되어야겠다. 이에 드는 경비를 우리 단체에서 지속적인 프로젝트로 후원하는 방안도 있겠다. 1월 22일 천막을 치고 봉사를 했던 pescadores 어촌에서는 다른 곳으로 차를 타고 가서 화장실을 다녀오기도 했는데, 가만히 그곳 화장실을 들어가 살펴보니 사용하는 사람들이 깨끗하게 쓰면 그렇게 난리 부릴 만큼 열악한 것은 아니다. 나프탈렌 및 크레졸 소독을 하고 휴지통도 튼튼한 것으로 마련해주고 드라이 업 시키도록 훈련을 하면 충분히 편하게 쓸 수 있겠다. 물론 물통과 물바가지를 예쁜 색으로 골라 들여놓고 반드시 물을 부어 뒤처리를 하도록 철저한 훈련을 시키면 화장실 문제는 개선되겠다. 그날 화장실 앞 가게 아주머니가 물 값을 받지 않았다. 이 물 한 바가지에서 이곳 주민들의 뚝뚝 흐르는 인심을 보았다.

나는 고 이태석 신부를 자랑스럽게 생각하고 그의 죽음을 누구보다도 아까워하는 사람 중의 하나이지만 이태석 신부의 사랑으로 눈을 떠 희망에 불타던 수단의 청소년들이 그의 죽음의 소식을 듣고 흘리는 눈물을 보며 떠난 사람보다 남겨진 사람들의 슬픔이 남의 일 같지 않아 내내 마음에 걸렸다. 혼자서 불태우는 선교의 한계를 보는 것 같기도 하고……. 그 누군가 이어서 할 사람을 염두에 두고 발걸음을 내디뎠더라면 남은 사람들이 절벽에 버려진 듯 황야에 내던져진 듯 막막하진 않았겠다. 먼지 풀풀 날리는 톤즈 거리를 영정사진을 든 브라스밴드 단원들과 생전에 총애를 받던 제임스란 청년이 지휘봉을 잡고 어깨가 축 처져 행진하는 광경은 그대로 눈물바다였다.

빗대어 보건대, 우리 여자의사회의 해외 의료봉사도 앞으로 단기 및 장기 전략을 세워 명실공히 굳건한 해외 의료봉사의 틀을 세우고 총력을 기울이면 어떨까? 회장 임기가 끝나면 사업도 슬그머니 소멸되는 그런 치적으로만 그치지 않고 존속성 있는 프로젝트가 되는 것이 바람직하겠다. 한국여자의사회의 명분을 세움과 동시에 진정한 도움을 받은 나라 사람들이 우뚝 서게 되는 그 날, 그 날이 언제일지는 몰라도 그렇게 된다면 우리 단체는 스스로 얼마나 큰 자부심과 영예를 누리겠는가?

무릇 봉사라든지 어떤 선한 일을 시작하기 전에 충분한 준비와 기획을 세우되 반드시 현지인들과의 협력 및 의사소통이 충분히 이루어져야겠다. 아프리카 의료봉사를 죽도록 하고 돌아와 통과의례이듯 말라리아까지 앓고 난 다음, 해외 의료봉사를 하는 데에도 의욕만을 안고 뛰어나가기보다 확고한 이론과 체계가 있어야 되지 않을까 하는 생각을 하던 중 지난해 10월 연세대와 존스홉킨스 공동으로 국제 재난가 과정이 열려 이를 물고 코스를 마쳤다. 효율적인 의료봉사 나아가서 의료 선교의 개념과 사례를 접한 것은 크나큰 수확이었다.

우리가 잔치를 하듯 행사를 하고 훌쩍 떠나오고 난 다음 이 주민들의 건강이, 아니 삶의 조건이 나아지는 게 있기는 있는 건가? 알량하게 겨우 며칠 반짝하고 돌아온 것을 대단한 일이라도 한 듯 떠벌이는 면은 없는가? 과연 나보타스 주민들이 꼭 필요한 도움을 우리에게서 받았다고 실제로 얼마나 느꼈을까? 혹 이분들을 대함에 있어 선심 쓰듯 경박하지는 않았는가? 이런 차원에서 심사숙고하고 사후 조사 내지 연계가 이루어진다면 다음 준비에 적잖은 도움이 되리라.

완벽은 없다지만 이런 저런 생각으로 무겁기만 한데 봉사자였던 필리핀 학생들과 기념으로 찍은 사진이 겨우 나를 깊은 우울에서 건져내어 주었다. 저 건강한 젊은이들의 해맑은 웃음과 희망에 불타는 눈빛 앞에 아아! 나의 의기소침은 저만치 달아나는 것이다. 그래 천리 길도 한 걸음부터라고 하지 않았더냐? 첫 숟갈 아니 두 숟갈에 배부르기를 바라면 쓰겠느냐 스스로 자위하며 학생들에게 보낼 사진을 찾으러 모처럼의 외출을 하련다.

나보타스 낙수

첫날 저녁 (2012.1.22)

저녁을 게 눈 감추듯 먹었다. 세 접시나 먹었다. 다른 사람보다도 내가 놀랐다. 그렇게 시장했나? 아니면 새로운 환경의 적응에 요하는 에너지가 상상을 초월하게 막대하다는 증거인가?

사실 허기졌었다. 점심 김밥 두 줄로는 넘치는 에너지 소비가 충당되지 못했다. 나는 묘한 식성이다. 외국에 나오면 언제 그랬느냐는 식으로 그 나라 음식에 허발한다. 나는 각 나라 음식의 조리법, 특성, 풍미에 온 신경을 집중한다. 그 나라마다의 독특한 맛에 환장(!)한다. 대부분 외국인들은 다들 그 나라의 '속맛'에 길들이기 전에 이미 자신의 오래된 습관이란 그물에 걸려 지레 손을 들고 음식에 깊이 밴 풍미를 탐색하지 않고 아예 포기하기 일쑤다.

방에 돌아와서는 앞으로의 정책, 단체의 방향, 개혁에 대해 기탄없는 의견을 교환하였다. 차기 회장이시니 당연히 단체의 향방 및 비전 제시에 대하여 어깨가 무거우리라.

잠이 오지 않지만 옆에 주무시는 룸메이트를 조심하느라 불을 켜지도 못하고 수도원의 수사처럼 누워 묵상에 잠겼다. 삐에르 신부님이 카푸친 수도원 마룻바닥에서 새벽 2시까지 기도로 보낸 7년의 긴 묵상에 대해 회억하는 장면이 나오는데, 그 분 자서전에 해당되는『단순한 기쁨』을 보면, 밖에서 전쟁이 터지고 나치가 발호하는 것을 전혀 몰랐다는 고백이 나온다. 이후 봉쇄 수도원을 나와서야 현실에 눈떠 레지스땅스에 참여하여 맨발로 알프스의 조난처까지 유대인들을 도와줬던 감동적인 장면이 나온다. 그런데 지금 나는 까바얀 호텔 한 구석 비좁은 침대에 누워 있는 것인지 아니면 기도의 날개를 타고 벌써 프랑스 외진 골짜기 카푸친 수도원 마룻바닥에 누워 있는 것은 아닌지 몽롱해진다.

꿈을 꾸었다. 유리문으로 장식된 호화로운 자동차를 샀다. 자동차가 어찌나 큰지 운동장만하게 널찍하고 의자도 첨단의 디자인으로 산뜻하게 장식되었다. 도대체 이 꿈의 의미가 무엇인가?

떠나오기 전 서린이 아버지가 최고급의 외국산 밴을 산다고 하는 것을 만류하여 적당한 가격의 중고차를 사게 하고 나와서는 내심 마음에 걸렸었나? 아니면 내 속에 그렇게 큰 자동차를 타고 싶다는 소원이 숨어 있었나? 나는 식구도 없는데 집도 그렇게 큰 집을 짓고 살면서 서린네에게 낭비라고 간곡하게 설득했다. 결과적으로 아주 잘한 충고였다. 그 럭셔리한 차를 타고 다닐 출근길이 대폭 줄어들었기 때문이다. 또 가까운 성당 자매님들이 꿈에 나타나 내가 음식 값을 먼저 지불한 데 대해 항의 아닌 항의를 하는 꿈. 면박이라고 하는 게 맞겠다. 이는 내가 늘 돈을 쓰는 버릇에 대해 거꾸로 꿈이 나를 통제 경고하는 내용 아닐까? 다른 사람의 입장이나 자존심을 경우에 따라서 상하게 할 수도 있는 버릇이라는 경고 아닐까? 음식 값을 내가 지불하였다고 하여 상대방들이 감지덕지할 처지가 아니라면 공연히 일종의 과시 내지 허영의 소치로 보이지 않나 하는 생각이 들어 있었나보다. 너무 많은 외식에 진력이 날 대로 났다.

둘째 날 아침 (2012.1.23.)

쾌청. 음식은 두 번 먹고 빵을 청해 디저트로 먹었다. 빵이 무척 부드럽다. 밀가루가 무척 고운가 보다. 나라마다 밀가루 맛도 그 질에 천차만별이다. 결코 우리나라 밀가루가 최상품은 아니다.

목사님 말씀이 Pescadores는 어항이라 일자리를 손쉽게 구할 수 있어 빈민들이 모여들어 산다고 한다. 그렇게 형성된 빈민촌을 태풍이 또 심술을 부리다니……. 엎친 데 덮친 격이라고 하나. '비가 오기만 하면 억수같이 쏟아진다(If it rains, it pours.)'는 속담이 떠오른다.

검사물 중복을 피하고 각 과 진료를 마친 표시를 해달라는 전갈이 온다. 진료 받은 분이 계속 다른 과를 돌기 때문이다. 미리 필요한 약들을 비축해두려는 부지런함이여! 우리가 이 분들 처지가 아니라고 하여 가볍게 이 분들 행태를 이러쿵저러쿵 하는 판단은 삼가야 된다. 오로지 이해와 위로와 앞날의 희망에 대한 격려로 용기를 북돋워 주는 것 이외 더 중요한 일은 없나니!

해외 의료봉사장 한켠의 정신과 의사는 첨단의 과학 테크놀로지 시대에 의학의 한 구석에서 외로이 외치는 광야의 선지자이런가? 과학

만능을 구가하는 이 시대에 오로지 인술에 의거하여 치료를 하는 정신과가 무슨 매력이 있겠나? 안과, 치과, 외과, 산부인과, 물리치료 등 직접적으로 환자의 통증과 환부를 접촉하는 과의 위력을 나부터도 경배하게 된다. 얼마나 힘차고 그리고 권위가 느껴지는가? 절로 고개가 숙여질 판이다. 경현이 "여기가 제일 편해요" 하는데 그렇게 보는 그를 나무랄 것은 없겠다. 아직 정신과를 알지 못하는 학생이 어찌 정신과 의사의 고뇌를 짐작하리요? 환자를 만나고 나면 그 의사의 마음속과 머릿속이 무너지게 괴롭고 심난하여 전전긍긍하는 그 속을 누가 알랴?

스포츠의 비인기 종목처럼 해외 의료봉사에서 정신과가 그렇다. 우선순위를 정하다보면 정신과는 뒤로 밀린다. 그리고 정신과 동료들이 아예 나오지도 않는다. 생색도 안 나고 구조적 뒷받침 등 사안들이 단순하지 않기 때문이다. 의료법, 특히 향정 관리법의 완고함으로 약을 구비해서 갖고 나오기도 성가시다. 비용도 비용이려니와 진료 외적인 제도적 마찰은 참으로 질리게 만든다. 미리 기운을 쏙 빠지게 한다. 그러나 나 같은 라디칼리스트는 모든 현실적 제약에도 불구하고 달려나온다.

정신과 의사인 나를 생각하면 우울하고 기분 내키지 않는 면이 있으나 항상 자신을 내려놓으라는 강론 말씀을 되뇌며 미숙한 나를 다스린다. 소소한 내적 갈등에도 불구하고 진료를 끝내고 지프니를 타고 거리 풍물을 내다보며 이 거리 환경문제를 생각한다. 오염이 심각한 강, 개천, 소음, 매연. 교통법규가 없는 듯 무질서한 거리는 중앙선 개념이 없는 나라 같다. 그 와중에도 열대 꽃이 만발하고 종려나무 잎이 바람에 날리는 것을 보니 공연히 가슴이 설레인다. 맥박이 뛴다. 이게 나다.

대뇌수술을 받은 다음 실명이 되었다고 호소하는 쥴리에타 마뉴엘은 감정기복emotional fluctuation이 너무도 심하다. 아마 그래서 접수에서도 정신과로 보낸 것 같다. 울고불고 과장된 제스추어가 연극적이다. 짜증을 내고 안 보인다고 주장하는데 그러나 눈을 깜박거리고 그리고 무엇보다도 어머니 말이 바다에 가면 배를 보고 이야기를 한다고 한다. 어떤 때는 보이고 어떤 때는 안 보인다고 한다(inconsistency).

전환반응(히스테리아)의 심증이 커진다. 앞으로 치료계획을 알려 주고 마닐라 시내 정신과로 의뢰를 했다. 대뇌활성제인 카니틴은 다른 과로 가서 대기하고 있는 친척을 불러 드리라고 했다. 오전에 7명 환자를 보고 점심은 그 자리서 도시락과 귤, 고구마, 잡곡밥, 김치볶음, 나물, 부침개, 오이, 당근, 쌈장을 푸짐하게 먹었다. 이곳의 교민들이 음식 마련하느라 수고를 하신다. 나는 반드시 잡곡밥을 해먹는 사람이라 흰 쌀밥만 먹는 것은 좀 밋밋하다고 해야 하나, 아무튼 싱겁다.

점심식사 후 화장실 때문에 고민고민 하던 팀들은 1차로 차를 타고 가서 해결하고 돌아왔는데 가방을 맡고 있던 나는 갈 사람이 없어 할 수 없이 열악하다는 간이 화장실을 이용했다. 물을 준비하여 깨끗이 청소를 하고 소독을 해서 물기 없이 말리면 쓸 만한 화장실인데 마구 쓰니 문제가 쌓인 것이다. 토고 대학교 화장실의 문제를 여기서도 똑같이 접한다. 의식이 족해야 예절을 차리게 된다는 공자님 말씀이 이런 데서 실증이 되나? 화장실 앞 구멍가게 아주머니가 물 값을 안 받고 한 바케츠 물을 준 마음이 따뜻하게 전해온다. 아무리 어렵고 가진 게 얼마 없어도 다른 사람을 도와주고 싶은 정은 우리가 피가 흐르고 눈물을 흘리는 사람이란 말 아닌가? 오히려 지저분하다고 수선을 떨고 한 것이 이 분들 보기에 부끄러웠다. 조금 더 참고 함께 어려운 시기를 나누는 인내심을 더 발휘했어야 되었다. 앞으로는 간이 봉사장을 만들 때, 진료 외에 화장실 등 기본 환경 구조적 문제도 신경 써야겠다. 참다운 봉사란 실질적인 도움을 수혜자에게 주어야지 도움을 주는 사람 중심으로 돌아가면 봉사의 의미가 퇴색한다.

수녀님들이 피부과 진료를 받을 겸 겸사겸사 인사를 오셨다. 인사를 드리고 도룡동 보좌신부였던 맹 신부 이야기를 했더니 맹 신부가 일하고 간 곳이 바로 여기라며 웃는다. 세상 넓고도 좁다. 모이세 월보에 나보타스에 갔다 와서 쓴 자세한 이야기를 읽어서 잘 안다.

툴라이 사목회 대표이신 박 목사님께 우리들의 의료봉사에 실제적 효과를 느끼는지 질문하니 단기적 성과를 말하기는 어렵고 하느님을 기쁘게 하는 일로서 일차적 의의를 두고 계신다고 한다. 우문현답이다. 365일 날마다 하느님 사업에 전신을 불사르는 분에게 고작 3일을 봉사하고 그 효과를 묻는 내가 어쩌면 바람에 날리는 겨같이 가벼운 사람인 것이다. 오로지 하느님이 기뻐하시는 일이면 그것으로 족하다는 목사님의 말씀에 일희일비하지 않는 담대함이 돋보인다.

언어가 다르니 망정이지 나는 이 필리핀 사람들이 기이할 정도로 가깝게 느껴져 우리 동네 이웃 사람을 보는 그런 편한 기분이다. 일치감을 느낀다. 기시감. 신기하다. 아산의 아저씨 아주머니 같은 친밀감이 생긴다. 여러 나라를 다니며 그 나라 사람들을 만나 서로 알게 되면 인류가 하나였다는 성경 말씀을 실감한다. 사진을 찍어 주는 오혜숙 선생님과 주 과장의 인기는 하늘을 찌른다. 가장 기쁨을 주는 실질적 봉사라고 하겠다. 작은 액자를 들고 그렇게 신기해하고 기뻐하는 사람들을 보니 나까지도 훈훈해진다. 유학생들도 나와서 우리를 도와준다. 동족이라는 게 무엇인지! 단지 우리나라에서 의료봉사를 나왔다는 소식을 듣고 달려온 학생들이다. 기특하기도 하다. 무조건 사랑스럽다.

시궁창 냄새, 허름한 잡화상, 콧속을 막는 온갖 먼지, 귓청을 찢는 소음. 그러나 그 속에 강인한 삶이 흐른다. 새까만 아이스크림 통을 열어 아이스크림을 떠서 팔고 그 아이스크림을 먹고 더위를 잊는다. 아아! 살아 펄펄 뛰는 물고기 같은 필리핀인의 생명력이 무한 어필해 온다. 지금 어렵다 하여 영원히 어려울 리 없다는 저 낙천성, 현재에 굴하지 않는, 저 하늘을 찌르는 명랑성이야말로 필리핀의 저력 아닌가? 마르코스가 망명을 하고 나라가 경각에 달해 있어도 노래를 부르고 음식을 배가 터지게 나눠 먹고 하던 필리핀 커뮤니티(런던)에 초대받았던 여름날의 기억과 이곳의 기억이 함께 어우러져 필리핀의 생명력이란 불이 활활 타오른다. 아무리 권력자가 부패하고 비리의 온상천지라 해도 이 민중은 이렇게 살아서 결코 시들지 않고 팔라우의 물고기처럼 펄펄 뛰며 생명과 미래의 희망과 환희에 대한 희원을 노래하는 것이리라!

좀 더 나은 처지, 여유, 편의시설, 자본, 영예 등과 무관한 오직 생존을 위한 사투, 더욱이 이재민이 된 이분들이 그런데 왜 이리 건강하고 밝고 낙천적인가? 땅을 치고 저주하고 원망하고 보복을 해야 되지 않는가? 권태에 지쳐서 좌초된 난파선같이 무기력과 격심한 우울증 아니 허무주의에 쌓였던 나를 탁탁 깨우쳐준다. 이 분들에게는 조금도 비굴하거나 남이 부러워서 손가락을 빠는 듯한 눈빛이 없다. 떳떳하게 진료받고 고마워하며 돌아간다.

선물로 나눠준 안경이 다리가 부러져 바로 돌아와 다른 것을 준 경우가 생겼다. 안과 선생님이 불쾌해하신다.

마지막 날 시청 앞 광장 (2012.1.24.)

종려나무 아래 시청 마당에 천막을 치고 의료봉사를 하다.

시청에 들어가 화장실을 물으니 여직원이 친절하게 화장실 입구까지 안내한다. 이런 점은 필리핀의 과거 시스템의 영향 같다. 스페인 일본 미국의 점령으로 청소 아주머니도 친절하게 열쇠를 열어 손님용 화장실을 쓰도록 배려한다.

중풍 후유증으로 고생하시는 할머니 할아버지들에게 자상한 설명을 해드렸다. 중풍은 너무도 두려운 병마이다. 미용봉사를 하시는 강미자 님의 경험담은 참으로 귀가 솔깃한다. 어려운 지역에 가면 머리에 이가 뒤범벅이라고. 생활수준에 따라 이의 비율이 줄어든다는 보고는 참으로 실증적이다. 시청에서는 커트머리가 많고 이도 없다고. 머리를 단정히 하는 것이 여성들의 자부심 내지 이미지에 대단한 영향을 준다는 이야기는 여기저기서 들었다. 머리를 매만져주고 나면 행동도 그에 준해 다소곳해진다는 보고들이다. 이는 맞는 말이다. 더 긴 설명도 필요 없다. 다시 돌아갈 짐을 싸는 저녁은 홀가분하기도 하고 아쉽기도 하다. 그러나 여기 살러 온 것이 아니니 빨리 마음을 잡아야겠다. 우스갯소리로 나보고 선교사 체질이라고 칭찬인지 놀리는지 모르는 말씀들을 하시는데, 하느님이 부르신다면, 내게 선교의 길을 열어 주신다면 순명하리라 다짐하며 나보타스에서의 의료봉사를 마감한다.

한센인 의료봉사

성좌원을 다녀와서

안동을 내려간다 생각하니 약간 부담이 된다. 우선 연고가 전혀 없고 그 동안 경상도 인근은 거의 내왕이 없었기 때문이다. 그러고 보면 우리가 지난날 죽게 뛰고 그럴듯하게 활동했다고 하나 뒤돌아보면 손오공 손바닥 안에서 놀은 듯 무망한 기분이 든다. 그 유명한 하회 마을을 못 가봤는데 이번에도 못 들른다. 영국 여왕이 그 많은 장소를 마다하고 안동을 몸소 납셔 더욱 유명세를 부채질한 안동 땅을 밟은 것만으로 광영으로 여길지니!

새벽부터 서둘렀던지라 차에서는 그냥 잤다. 눈을 떠 터미널에 내리니 새로 이사한 듯 넓직하고 시원하다. 성좌원은 생각했던 것보다 가까웠다. 경상도 남자 아니랄까봐 무뚝뚝한 기사분이 "여기 내리소" 하고 툭 내려놓고 달아나버린다. 한센인 커뮤니티는 찬란한 아침 햇빛 속에 조용하다. 정자에서 해바라기를 하는 분들이 눈에 띈다. 외부와 얼마간 고립된 한적한 집단촌 특유의 고적한 분위기가 흐른다. 건축물이 남루한 것은 아닌데 오래된 양식이라 좀 허술한 감이 든다. 그러나 이런 터전을 마련하고 삶을 영위하기까지의 노정도 눈물겨운 사투의 과정이었다 생각하니 내가 괜한 감상을 하고 있다는 생각이 든다.

10시 예정인데 입구 시계바늘이 9시 25분을 가리킨다. 미리 도착하여 행정본부를 물어 찾아갔더니 실장님이 반가이 맞아 주신다. 이층 최광도 이사장님께 인사를 하러 갔으나 손님이 계셔 커피만 대접받고 진료소로 꾸민 1층으로 내려왔다. 박재희 의협 사무국 선생이 분주하다. 어제 저녁에 미리 내려와 준비를 해놨다고 한다. 의협 일행은 벌초하러 가는 인파가 밀려 제 시간에 오지 못한다는 전갈이 왔다. 그렇겠지. 늘 되풀이되는 우리나라 고속도로 통과의례이니 말이다. 진료를 받고자 벌써부터 어르신들은 대기실 의자에 나와 앉아 계신다. 눈이 빠지게 시작되기를 기다린다.

나는 정신과 표시를 한 책상에 자리를 잡았다. 일찍 도착하여 천만다행이다. 어떤 일을 시작하기 전에 숨을 고르고, 여유를 갖고, 하는 일의 목적을 잠깐이라도 다시 한 번 주지하는 일련의 과정을 나는 사랑한다. 그저 급급하여 숨넘어가게 일을 하는 것은 이제는 지겹다. 쫓기듯 사는 삶에 환멸을 느낀다. 오로지 기계적으로 생존을 위해 일한다는 것은 잔인하다는 슬픈 생각까지 일어난다.

이 정착촌에서 일하는 직원 분들의 열의는 실로 엄청나다. 내 가족으로 생각하고 인력 부족에도 마다하지 않고 혼신을 다해 돌보고 있다. 정신과 처방을 받기 어려운 고충을 토로한다. 당연히 그렇겠지. 정신과 약물 투여는 다른 과에서 부담이 따르겠다. 노쇠로 인한 치매 진행이 이 분들이라고 비켜 가겠는가? 망상 환시 등의 증상으로 진료

의과대학생의 훌륭한 치료동맹

를 거부하고 봉사 장소로 오시지 않는 분들을 위해 오후에는 숙소 아파트까지 가서 실장님과 함께 차례로 돌아보았다. 노인병원으로 입원치료를 받으셔야 할 분도 계시다. 차트에 촉탁 선생님께 간략하게 기록을 하고 내 연락처를 명기해 놨다. 향후 통화를 하여 용량이라든지 경과를 상의하면서 이 분들을 도와드릴 수 있겠다.

일부 진료를 시작하고 얼마 지나지 않아 드디어 의협 식구들이 대거 도착하였다. 조인성 단장을 비롯하여 뒤이어 청순한 한 떼의 의학생 그룹이 들어와 깜짝 놀랐다. 의학생들이 자원봉사 나오는 줄 미처 몰랐다. 내 옆에도 꽃다운 고대 학생이 앉아서 함께 진료를 한다. 기특하고 사랑스러워 예쁘다는 말이 터져 나온다. 가고 싶은데도 많고 데이트도 해야 될 테고 공부하느라 잠도 모자랄 텐데 이 먼 안동까지 달려온 이들의 열정은 얼마나 순수한가? 여러분들을 보니 우리 의협의 미래가 희망으로 벅차오른다는 말을 힘을 주어 강조했다.

미리 귀띔을 해주신 실장님 말대로 우울증으로 고생하시는 분들이 즐비하다. 특히 한 할머니는 지난 12월 돌아가신 할아버지가 그리워 비 오듯 눈물을 쏟아 옆에 앉은 학생이 연신 티슈로 할머니 눈물을 훔쳐 드리는데 그 고운 손으로 어찌나 정성껏 닦아 드리던지! 가장 행복하고 아름다운 치료동맹을 우리 의학생이 일으켰다. 엉겁결에 이렇게 행복한 의사로서 의사와 환자 만남의 정점을 체험하니 이보다 더 큰 보람이 어디 있겠나? 훔쳐 드리면 드릴수록 눈물을 비 오듯 흘리신다. 우리가 선배들 사랑을 건성으로 넘겼듯 후배들도 아직 선배들의 사랑을 실감하지 못하겠지만 그러나 이들도 어느 날 선배가 되면 그동안 받은 사랑을 후배들에게 대물림을 하리라.

벌써 점심시간이 되어 자리에 일어나서야 비로소 앞에서 내과 진료를 하신 고문 문용자 원장님을 알아 뵈었다. 칸막이를 해놔서 그리고 진료에 열중하니 다른 과를 바라볼 틈이 없었다. 반가와 허깅. 대선배님이 계시니 어깨가 으쓱 올라간다. 더욱더 이 의료봉사가 힘을 받고 빛을 더하는 기분이다. 점심 도시락을 문 원장님, 부산시 전 의사회장 김신우 원장님과 함께 먹었다. 잘 넘어가지는 않지만 시간 절약으로 도시락은 편리한 해결책이다.

점심 먹고 오전에 못한 기념식을 간단하게 마쳤다.

의료봉사에 가보면 정신과는 약 한 톨이 준비되어 있지 않다. 정신과 특성상 약 처방도 평이하지 않고 관리에 따른 법적장치도 복잡하니 아예 손을 대지 않는다. 처방에 외진 내지 진단에 따른 약 처방을 권고하는 정도로 만족할 수밖에 없다. 그래도 가장 중요한 환자와의 만남이 이뤄졌다는 이슈가 충족되므로 나의 불만은 누그러졌다. 정신과 약품의 기본적 계열의 약만이라도 준비해야 다음 의료봉사에 박차를 가하지 않겠느냐 권면했다. 피드백feedback은 더 나은 내일을 위해 반드시 필요하다.

함께 돕고 있는 의학생들에게 정신과 기술의 원칙과 애도반응의 3단계를 가르쳤다. 도제식의 교육은 전인교육의 가장 시보적 출발점이다. 시간이 재빠르게 간다. 1분 1초를 아껴 정리를 하고 권고하고 신신당부를 하고 인사를 드리고 한센촌을 떠나왔다. 대표님 배려로 직원이 터미널까지 픽업을 해주어 천만다행이다. 사람 사는 곳은 어디나 훈훈한 인정을 맛본다.

서울팀들은 저녁 회식이 있는데 나는 차멀미가 겁나고 대전까지 직행 간격 시간이 애매하여 사정을 알리고 양해를 구했다. 시간이 남아 터미널을 한 바퀴 돌다가 우리 직원들과 나눠 먹을 요량으로 안동 참마 보리빵을 샀다. 언젠가 강릉 동문회를 방문하러 가던 길에 문막에서 처음 맛본 보리빵이 담백하며 맛있었다.

버스에 몸을 실으니 새벽 4시 반부터 서둘렀으니 피곤할 마련인데 잠은 오지 않고 오늘 만났던 한센인들 한 분 한 분의 얼굴이 자꾸 떠오른다. 그동안 알고 있던 이 분들의 임상 양상이 책이나 영화로 보았던 그 어떤 장면보다도 리얼하다. 이 분들의 결절로 인한 상태를 익히 안다고 생각했던 나도 막상 이 분들에게 남아 있는 병마의 흔적이 참혹하여 차마 입이 떨어지지 않는다. 영국 배경 영화였던가? 앨레판트맨의 형상이 얼핏 스쳐 지나가기도 했다. 체(Che Guevara)가 학생 시절 나환자촌에 가서 느꼈던 편지의 대목이 생생하게 연상된다. 손가락이 뭉툭해진 분들이 고무줄로 아코디온을 묶고 연주해준 감동을 피력한 장면이 있는데 어르신 한 분이 고무줄로 묶은 똑같은 손을 성좌원에서 본 것이다.

그러나 이렇게 이 분들끼리만 살게 하는 것이 과연 잘하는 일인가? 기본적 욕구를 해결해 준 정도로 우리는 의무를 다하는 건가? 이 분들의 외형이 일그러져 보기 좋지 않다는 그 이유만으로 멀리 잘 안 보이게 따로 살게 두어도 좋은가? 우리와 함께 스타디움에 가서 응원을 하고 함께 영화를 보고 쇼핑을 하면 큰일 나는가? 이런 생각이 꼬리를 물고 물밀듯 일어난다. 연대 유준 교수님이 어떤 강의에서인가 나병에 대해 리뷰를 하면서 인류가 왜 유독 나병을 천형이라 하고 꺼려했는지 그 원인 중 하나로 인류가 갖고 있는 미학 즉 미적 센스 중 혐오감에서 그 한 원인이 있다는 강연이 깊게 숨어 있다 툭 올라온다. 고리짝에 들었던 그 강의가 되살아난다. 너나없이 인간에게는 이런 이기적 측면이 있다. 자기중심적 사고가 강한 본능의 존재가 나를 포함한 인간들이라는 생각을 하며 그래도 그 본능에 지배되지 않고자 안간힘을 쓰는 게 또 인간이라는 생각을 하였다.

한센인촌 이사장이 인사말에서 의협이 이 한센인촌이 생긴지 58년 만에 처음 찾아 주었다는 말과 그동안 단종이라는 잔인한 정책으로 희생을 치룬 과거사를 고백하며 서운했다는 감정을 표현하여 다행이다.

서로 진솔한 상처와 감정을 보인다는 것은 참된 대화의 초석 아닌가! 양심이 찔렸다. 의협이 무관심했다는 과거를 인정하고 이렇게 뒤늦게나마 의료봉사를 실시하는 등 관심을 보이니 그래도 천만다행이다.

의료봉사를 하고 돌아오니 이제 추석 셀 일만 남은 홀가분한 기분이다. 우리가 남을 위해 남을 배려하는 일이 자신의 삶속에 과연 얼마나 될까? 의료봉사를 하고 오면 좋은 말들을 듣지만 기실 부끄러운 일이다. 이 나이 먹도록 나의 삶이 과연 얼마나 남에게 덕이 되었나? 되돌아보면 경악할 일이다. 누구 말처럼 쪽 팔리는 기분도 든다. 죽음 앞에서도 유머를 잃지 않았던 이태석 신부님의 쪽 팔린다는 표현에 슬그머니 실소를 하고 다시 한 번 '만나기 전부터 사랑했습니다' 이태석 신부 평전을 보다가 꿈나라로 향했다. 아! 평화로운 꿈나라로!

아침 무지개를 꿈꾸며

제4부 우리들의 찬란함은 어디에서 오는가

취임사

충남의대 동문회 탄생 33주년 바야흐로 장년에 접어들었습니다. 21세기 초입 격동기를 사는 우리에게는 그러므로 더욱 다음 세대를 위한 창의적이고 혁신적인 미래의 비전을 제시할 막중한 사명이 달려 있습니다. 동문회, 대학, 병원이 삼위일체가 되어 혁혁한 전통의 수립을 위해 매진해야 될 찰나입니다. 동문 여러분의 뜨거운 사랑이 다른 어느 때보다 절실합니다. 발전과 변환의 에포크를 이룩해야 될 시점에 동문회를 맡은 제 어깨가 무겁습니다. 그러나 Sir Thomas More의 기도대로 너무 걱정하지 않겠습니다. 제 뒤에는 묵묵히 모교를 사랑하는 3400명 동문의 성원이 있으니까요.

끝으로 동문회의 찬란한 미래를 희원하는 마음에서 아서 오쇼네시 Arthur O'shaughnessy*의 '우리, 음악을 만드는 사람들'이란 시를 읊고 싶군요. 허락해 주시겠습니까?

그들에겐 근사한 비전이 없다네

자기들이 짓고 있는 그 근사한 집에 대해 말이지
그들에겐 비범한 예시력도 없다네
자기들이 가고 있는 그 약속의 땅에 대해서 말이지

하지만 꿈꾸고 노래하는 우리들
중단도 모르고 후회도 모르는 우리들
우리들의 찬란함은 어디에서 오는가
우리가 바라보는 찬란한 미래에서 온다네

감사합니다!

(2006.12.14. 오페라웨딩홀)

*Arthur O'shaughnessy(1844-1881) 아일랜드 후손의 영국 시인. 일찍이 Francis Turner Palgrave는 과작이 이 시인을 Tennyson 다음 가는 시인으로 칭송하고 있다.

첫 순갈에 배부르랴

– 마라톤 대회를 끝내고 –

서둘러 시계탑에 도착하니 다들 유니폼을 갈아입고 바로 달려갈 자세로 서 있다. 강순기 원장님이 일찍부터 기다렸다고 한다. 김현곤 원장님이 보이지 않아 의외였다. 당연히 참석하는 줄 알았는데……. 날씨가 선선하여 천만다행이다. 행사는 날씨가 반을 부조한다는 말은 진리이다. 관저동의 이현구 내과의원 원장님과 세종 노인병원의 박상동 원장님도 참석하여 반가웠다.

우리 동문들이 기세 좋게 10km를 달려 나가고 뒤이어 팡파레 음악에 맞춰 5km 팀도 드디어 출발했다. 한일병원 알코올 치료센터 팀이 후미를 가면서 함께 뛰다 걷다 하며 마지막 결승선까지 정확하게 돌아 나왔다. 마라톤맨들의 체형은 다르다. 부럽다. 나는 운동을 잘하는 사람들을 보면 무조건 숭배한다. 학생들이 결승점을 들어오는 것을 보고 박수를 쳐 환영하나 지쳐서 바라볼 기력들이 없다. 시상식을 마치고 완주 기념 메달을 이영하 국장과 함께 가서 찾아 목에 걸어 보았다.

〈금광〉에서 점심 먹는데 양안승 원장 모친상 연락이 왔다. 김운 선생님이 서울 가는 중간에 급하게 파발 전화를 한다. 이응로 미술관을 돌아볼 분위기가 아니다. 오후에 야구 경기가 있어 관전을 원하는 학생들에게 표를 사 주도록 하고 집에 와서 5회까지 기수별 회장에게 직접 통화를 하고 마침 이형주 원장과 통화가 되어 대전시충남의대동문회에서 일괄적으로 연락을 하도록 하니 후유하다. 동문회 조기는 꽃집에서 관리를 한 것 같다고 한다. 윤창식 전임 회장님도 자세히 모르신다. 여하간 확인하여 준비를 해 놓아야겠다.

나는 부모님 발인을 옛날식으로 집에서 치러 동기들이 시골까지 줄지어 문상을 왔었다. 동기들이 중대문으로 들어올 때 반갑고 든든하던 위안의 기억이 지금도 생생하다. 우리 동문들이 동문들끼리 단결과 화목의 체험을 보다 깊게 한다면 동문회의 발전이 어렵지 않으리라 나는 믿는다.

마라톤을 뛰는 대신 안봉수 원장님은 사진을 담당하였다. 다들 감사할 따름이다. 동문회란 단체가 그야말로 봉사와 희생단체이지 아무런 이권이 없지 않은가? 용산부인과 원장님은 이응로 미술관에서 혼자 기다렸다고 하여 당혹했다. 컴퓨터 세대가 아니라 홈페이지를 보지 않은 탓이다. 이해가 간다. 따로 기별을 해야 되겠다. 행사가 어려운 게 이런 점들이다. 남은 유니폼도 참가한 동문들에게 미처 챙겨 드리지 못했다.

학생들이 기쁘게 씩씩하게 활동하는 것을 본 것만으로도 우리 동문회의 앞날이 어둡지 않겠지 하는 희망이 솟는다. 옆에서 수고하는 이영하 국장님, 정태성 원장님에게 항상 빚을 지는 기분이다. 처음 시도

였지만 알차고 보람 있는 행사였다. 동문들이 더 많이 참석했으면 하는 아쉬움을 정태성 원장님이 토로하는데 임원으로서 도리를 하는 것으로 만족하라고 위로했다. 첫 순갈에 배부르랴?

자신의 껍질에서 나와 다른 세계로

– 의대 여학생 환영회 –

여유 있게 도착하여 시티홀 20층에 올라가니 다들 행사 준비로 여념 없다. 김봉옥 교수가 옆에서 인사를 한다. 부지런하기로 둘째 가실 분이 아니다. 김규선 회장이 동분서주한다. 앉으라는 좌석에 앉아 좌우를 둘러보니 눈이 부시다! 나도 저런 시절이 있었나 싶다.

그룹별로 앉아서 여의사가 걸어야 할 길에 대한 대화가 자연스레 오간다. 앞날에 대한 찬란한 희망과 동시에 미지에 대한 두려움이 교차하는 양이 역력하다. 특히 가정과 자신의 고유 학문을 융합해야 되는 부담에 대한 관심이 크다. 당연지사. 너무 여자다 남자다 의식하지 말고 보편적 상식을 존중하고 자신의 개성을 잃지 말라는 정도로 수수하게 답변했다. 연어와 또띠아 된장국을 먹고 나니 더 먹고 싶지 않다. 여전히 조금밖에 안 드신다고 총명한 새롬 학생이 놀란다.

아무래도 그냥 앉아 있기보다 테이블을 돌며 학생들을 찾아가서 가볍게 인사를 했다. 한 바퀴 돌다가 조은경 교수가 인사하는데 학생인 줄 알았다. 생머리를 길게 하니 전혀 알아보지 못하겠다. 실수할 뻔했다. 김봉옥 교수가 '멋진 여의사 좋은 여의사'란 제목으로 여의사의 삶을 일목요연하게 설명해준다. 빔 프로제트가 좌우가 반대로 비치는 불편한 점이 있었지만 그것이 열기를 식히지는 않았다.

대학의 여교수들, 특히 동문들이 참석하지 않은 것은 유감스럽다. 출신 대학이 같고 다르고를 떠나 제자에 대한 교수의 의무 아닌 사랑으로 동참하여 그들이 걸어갈 험난한 의학의 길을 격려해주고 환영해주는 게 도리 아닌가? 몸살로 쓰러질 지경인 나는 그러나 의연하게 마지막으로 해바라기의 비명을 인용하여 나의 사랑을 후학들에게 표현하니 조금 마음이 가벼워졌다. 뒤풀이로 와인바에 가서 볼레오를 한 잔 했다. 정말 향이 지중해 난발한 해변의 꽃을 떠올리게 한다. 아이스 와인은 어찌 스위트한지 학생들에게 딱 맞게 골랐다. 까망베르 치즈와 더불어 기탄없는 대화를 나누다 보니 물경 12시 반.

도서관 자리가 모자란다는 현실을 학생들을 통해서 알았다. 놀랄 일이 한둘이 아니다. 교지 편집하는 학생에게 병원으로 오도록 말하고 행사에 얼굴만 내미는 것으로 의무를 다하는 게 아니라, 시간을 함께 보내고 정감을 나누는 것이 상황파악의 첩경임을 다시 한 번 깨달았다. 자신의 껍질에서 나와 다른 세계로 마음을 열고 드나들려는 노력이 뒷받침되어야 진정한 이해와 공감의 터전이 마련된다.

나는 우리 세대의 여자에 대한 공공연한 구박에 대해 말을 삼갔다. 우리 세대의 십자가는 우리로서 족하고 그 부담을 후배들에게 지우지 않아야 된다. 귀가 닳게 들었던 모든 편견과 미개했던 지난날에 벌어졌던 일들을 나는 이미 용서했다. '여자가, 여자가' 다음에 부정적인 어투들이 상투적이었던 어둡고 슬프고 쓰라렸던 우리 세대들의 짐이여!

찬란한 여정

– 부산 동문회 방문 소감 –

대거 열두 명이나 되는 동문들이 부산을 내려간다는 자체만으로도 빅 이벤트이다. 행차 전에는 왜 그리 분주한지 모르겠다. 여하간 KTX에 타고 나니 나른하다. 아침에 배달된 동창회지를 임종훈 재무가 나눠 드리니 다들 열심히 보신다. 회지를 발간하니 흐뭇하다. 연세회보를 받아 읽을 때마다 '우리도… 우리도…' 마음속으로 벼르곤 했다. 연세인은 하는데 충대인은 하지 못한다는 법이 어디 있는가?

부산역에서 박희영 동기의 안내로 해운대 글로리아 콘도에 짐을 풀고 언덕으로 향했다. 바다를 보는 순간 그간의 긴장이 일시에 사라진다. 파도의 마력은 우리의 근심 걱정을 송두리째 실어다 저 먼 수평선 뒤로 묻어 버린다는 데 있다 하겠다. 간략하게 인사 및 기념식을 진행하고 식사를 하니 부담 없이 은성하다.

의대 동문들을 만나면 예전 낙제제도에 대한 원한(?) 스토리가 터져 나온다. 그러나 과락제도를 폐지한 여파로 우리대학이 지금 25명이라는 미 합격자가 누적되어 발목을 잡고 있다. 윤형원 총장의 과락제도 폐지로 오늘날 이런 난관에 봉착하고 있다. 일반 대학의 기준을 의과

대학에 적용했다는 논리는 바꾸어 말하면 의학의 평준화를 꾀해 교양 과정부와 다를 게 없게 만들려는 소치로밖에 보이지 않는다. 낙제제도가 없이도 승승장구하게 되어 있다면 얼마나 좋을까? 그러나 인간 본성이 적당한 통제나 불안이 없이는 쾌락원칙에 경도하는 게 본능 아닌가?

회의만 참석하고 다시 대전으로 올라가시는 강대영, 금동인, 양종대, 이정은 학장님은 9시 20분 택시로 떠났다. 동창회가 무어길래 이렇게까지 헌신적인가?

2차로 김주영 라이브 카페에 가서 옛날 예과 때 노래를 신청해 들었다. 40년 전 노래라고 기절한다. '토요일 토요일 밤에', '그건 너'……. 세월이 가도 변하지 않는 뿌리라는 것이 곧바로 역사 아닌가? 제사를 지내고 내려오는 정태성 기획이사가 마침 도착할 시간이 되자 글로리아로 내려갔다. 3차는 해변 카페에 옹기종기 모여 앉았다. 바닷바람이 무척 상쾌하다. 뉴질랜드 타우랑가 바닷바람처럼 향기롭게 시원하다. 김창국 원로가 신명이 나셨다. 2차를 내셨다. 밤바다의 마력은 말로 형언하기 어렵다. 밤을 새워 바다를 걷고 달빛 어린 폭스턴 바닷가를 거닐던 1983년 봄날이 갑자기 떠오른다. 잠이 오지 않아 무조건 걷던 그 젊었던 날들……. 2시가 가까워 오자 옆의 박희영 동기도 꼬박꼬박 졸아 김정현 원장님께 이만 끝내는 게 어떻겠느냐 하여 각자 숙소로 돌아왔다. 인숙이 옆에 있으면 나는 아무 걱정 없다. 고단했던지 인숙이 씻자마자 그대로 잠이 든다.

예전 피난 와서 살았다는 수영 비행장에 왔다는 생각이 드니 이상하게 잠이 오지 않는다. 아버지 생각도 나고……. 내가 벽지 흙을 뜯어 먹었다는 이야기를 자주 하셨다. 넷째 삼촌이 5·26 부산정치 파동 때 헌병 사령관으로서 당시 원용덕 계엄 사령관과 대치하고, 즉 군의 정치개입을 만류하고 엄정 중립을 지키기 위해 이종찬 참모총장과 대통령에 맞서 고군분투한 일화는 해방 20년사의 단골 메뉴이다. 테러의 위협에 시달리며 국민 방위군 사건의 재판장으로서 상위 직급의 정일권 장군을 그예 군법회의에 출두시킨 그 용기. 그러나 폭음으로 인한 위암으로 요절한 것은 무지개처럼 아쉬운 우리 집안의 신화family myth 이다. 부산에 오니 기이하게 삼촌과 연관된 역사가 집요하게 머릿속을 맴돈다.

아침에 박희영 동기와 사모님이 일찍 와서 해장국을 먹었다. 1006호는 체크가 되어 있어 306호만 3만 3천원 지불했다. 이중화 홍보는 사우나를 하고 와 보니 남자 동문들 방문이 잠겨서 오도 가도 못하고 서 있을 판이었다. 열쇠를 프런트에 놓고 가지 않고 그냥 주머니에 넣고 산책을 가신 모양이다. 열쇠를 지니는 관습은 실은 한국인에게 익숙한 것은 아니다. 한옥구조에 어디 열쇠로 잠그는 구조가 있었던가?

배표는 자갈치시장 행으로 샀다. 짤츠캄머굿 호수의 뱃놀이 이후 처음이다. 지난 추석연휴 동구 여행은 참으로 행복한 여행이었다. 특히 볼프강 호수의 유람선은 지금도 잊히지 않는다. 바닷물은 그처럼 맑지 않아도 부산 앞바다를 가로지르는 선상은 그지없이 상쾌하다. 바닷바람이 솔솔 부니 자장가처럼 잠이 스르르 든다. 영도다리를 보니 피난시대의 애환이 상기된다.

자갈치시장 2층에 와서 하모회를 먹었다. 담백하다. 회라면 질색인 나도 부산에 와서는 젓가락이 간다. 싱싱하니까 제 맛이 난다. 박희영 동기 사모님이 점심을 내셨다. 두 분이 의가 좋아 깨가 쏟아지게 산다는 것을 익히 알았지만 볼 때마다 더 정다워 보이는 부부이다. 대접을 하는 예절, 충청도 양반의 풍속이 부산에 있어도 변하지 않는다. 충남의대 동문의 선구자로서 부산에서 자리 잡고 20년이 넘게 동문회를 다스리는 박희영 부산 동문회장의 리더십은 감탄이 절로 나온다.

아래층 데크에 앉아 바다를 보니 더 바랄 게 없다. 차 탈 시간은 넉넉하다. 나는 바다를 더 바라보고 싶으나 더워서 시원한 데로 부산역 근처로 가자고 하여 자리를 옮겼다. 마침 표를 변경하여 3시 10분 차표를 구했다. 박희영 가족에게 작별을 하고 부산을 떠났다.

이번 행사는 동문회의 뿌리를 재확인하는 동시에 개인적으로 집안의 뿌리를 다시금 재인식하는 잃어버린 시간을 찾는 귀한 여정이었다 하겠다. 충남의대총동창회여! 영원히 찬란할 지어라!

(2007.7.7-2007.7.8 부산 해운대)

혁신, 일상의 도전

– 의과대학 대표들과의 만남을 뒤로 하고 –

행사는 날씨가 반은 부조를 한다는데 아침부터 줄기차게 쏟아지는 형국이 멈출 기색이 아니다. 아니 더더욱 기승하여 막상 〈살레〉로 떠날 무렵에는 광폭하게 퍼부어댄다. 하늘이 뚫렸나? 빗길을 달려 당도하니 벌써 최동호 동기가 도착하여 앰프를 점검하는데 도중에 선이 나가 도저히 오늘밤 연주가 어렵다고 한다. 3일간 연습하고 준비하느라 열과 성을 다했는데 다음 기회로 미루는 수밖에 없다. 이어 이정은 학장과 학생 대표들이 줄지어 들어온다. 학생들을 대하면 나는 눈이 부시다. 그 청순한 용모와 맑은 눈빛에 빨려든다.

바비큐 냄새가 구수하게 식욕을 자극하고 〈살레〉는 만남의 장소로서 더할 나위 없이 쾌적하다. 우리 동문만을 위한 파티이니 오죽 오붓한가! 나는 짧은 인사말에서 미래의 동문들에게 거는 기대가 얼마나 큰가, 의학생들의 역할이 얼마나 우리 모교의 비상을 위해 절박한가를 역설했다. 미래의 동문들이 100% 합격으로 승승장구하지 않고는 현재의 이 누적된 문제들을 타파할 길이 없다. 김봉옥 교수 말마따나 잘하는 학생을 잘 길러 의사고시 1등을 배출하는 방법도 한 대안이겠다.

내가 개인적으로 올해 입시 결과에 이의를 다는 것은 우리가 몇 십 배 열악한 상황에서도 최고의 합격률을 내었는데 어찌하여 출중한 학생들에게서 비범한 수확을 내지 못했는가 하는 한탄이다. 태만과 안이한 대처가 올해와 같은 뼈아픈 실책을 낳았다. 천만다행인 것은 이정은 학장님이 불철주야 지도 감독하고 계시므로 분명 내년 결과는 나아지리라 낙관한다.

대표들이 차례차례 와서 술잔을 받고 간다. 내가 술을 안 하니까 주법이 반대로 바뀌었다. 혁신이라는 것은 늘 일상에서 시도되어야 할 도전이다.

여흥으로 바이올린 연주를 듣는다는 자체가 행복하기 그지없다. 우리의 삶의 질이 향상되었다는 일례이다. 우리 세대는 만나기만 하면 어려웠던 이야기가 화제이다. 후배들이 이해하기 어려우리라. 왜 저렇게 궁상맞은 대화들을 하실까? 하는 생각이 들겠다.

그러나 뿌리 없는 열매가 없듯이 시련과 역경을 딛고 넘어선 선배들 세대의 고난 위에 후배들 세대들의 세련된 삶이 이룩되었느니!

각 학년 대표들은 재능도 찬란하다. 노래들도 가수 빰치게 뽑아댄다. 늦게 참석한 오상근 원장님이 선구자를 불렀다. 오상근 이사는 매사 합리적·진취적 기상을 갖고 사랑과 봉사의 삶을 살아간다. 존경스러운 동문이다.

마지막으로 나는 토마스 모어경의 '자신을 위한 기도'를 읊는 것으로 행사를 맺쳤다. 행사가 늘어지는 것은 질색이다. 절도 있게 끝나는 것이 아름답다.

칠흑 같은 어둠속을 달려 나오며 우리가 서로 사랑한다는 것은 얼마나 황홀한 밤하늘의 별인가? 속삭임인가? 마음속으로 열렬하게 뇌이며 잠자는 호반을 돌아 나왔다. 우리의 미래에 서광이 비쳐 모교가 영예로운 명성으로 휘날리기를, 그리고 동문들 너나없이 건강하고 행복하게 살며 그 행복을 다른 사람들과 아낌없이 나누게 되기를…….

(2007.9.1.)

순고의 예술

– 제6회 충대음대 동문 음악회 –

꽃샘추위 아니랄까봐 날씨가 고약하다. 언니를 모시고 일찍 홀에 도착하여 티켓을 찾은 다음 초대한 사람들에게 직접 홀 안으로 내 이름을 말하고 들어오라고 연락을 취했다. 옆에서 함께 동행하는 경우가 아닌 경우 오기로 한 사람들에게 그때그때 상황을 알려주는 것이 친절 이전의 예의이다. 초대해 놓고 '알아서 오겠지' 하고 앉아 있는 것은 무례하다.

양승후 회장과는 서로 안면이 없어 안내를 통해 인사를 했다. 이런 행사를 하면 날씨가 반은 부조를 한다고 봐야 되는데 날씨가 비바람 치고 음산하기가 북구의 오슬로 하늘을 뒤덮는 그 무시무시한 구름을 연상시킨다. 회장의 속이 얼마나 탈까 하는 걱정이 앞선다. 축하 화환도 몇 개 없다. 의대 동문회 이름으로 보내기를 잘했다.

서린 한솔네도 늑장을 부리지 않고 일찍 당도하여 정태성 원장 부부와 인사를 하고 각자 편한 자리로 앉았다. 정희(그룹 홈 원력의 집 소장)도 오래만에 음악회에 오게 되었다고 기뻐한다. 나도 지난 가을 시향 연주를 듣고는 전혀 예술의 전당 근처에도 못 갔다. 누구보다 음악에 열광하는 나도 이 지경이다!

서곡에 해당되는 첫 연주곡으로 구본철 작 'Time Domain'은 시대에 맞는 선곡이다. 백마처럼 웅비하는 대학의 미래를 젊음과 용기와 패기로 희망을 열어가는 금관악기의 우렁찬 선율이 시공을 넘나든다. 그러나 금관악기의 음이 너무 커서 굉음에 가까운 소리가 튀어 나오는 것은 아마 홀의 건축상의 미비한 점도 한 요인이 되지 않나 하는 생각이 든다.

'시인과 농부' 등 곡목 선정도 청중을 배려한 면모가 보인다.

호기심과 기대에 들떠 2부의 '가면무도회'를 어떻게 연출하려는가가 관건이었는데 이 점 동문 음악회에서 결론부터 말하면 청중을 실망시키지 않았다. 폭발적인 갈채를 받았다.

오케스트라를 그대로 무대에 두고 말하자면 무대장치는 청중의 상상력에 맡기고 대신 해설자가 막이 시작되기 전에 상세한 극중 스토리를 알려준 다음 그 막의 정수의 아리아를 부르도록 하여 청중에게 서비스를 한다. 물론 고정 배역은 아니고 돌아가며 동문들이 막에 맞는 아리아를 부르는 협연으로 조화를 이룬다. 강연종 테너는 역시 프랑코 코렐리 마지막 수제자였다는 명성이 헛되지 않다. 코렐리 창법이랄까 특유의 매혹적인 음색은 가슴이 타들어 가는듯한 절창이다. '불 꺼진 창'은, 특히 코렐리의 불 꺼진 창은 폐부를 찌른다. 불 꺼진 창을 듣고 눈물을 흘리지 않을 사람이 있을까? 그가 피와 눈물이 마르지 않은 사람이라면 말이다.

구스타프 3세의 실화를 바탕으로 한 오페라로서 베르디는 북구의 비련에 몹시 흥미를 느꼈던 모양이다. 국왕과 레나토라는 시종의 부인 아멜리아와의 불륜을 다룬 내용이다. 그러나 치정극으로 떨어지지 않고 관객의 가슴을 울리는 것은 왕이 왕답게 죽어가며 용서라는 큰 사랑을 펼치는 아리아가 통렬하게 대미를 장식하기 때문일 것이다. 강연종 님이 〈디 하모니〉 그룹을 지도하는 것을 잠깐 옆에서 들은 적은 있으나 실제 무대에서 열연하는 것을 보는 것은 처음이다. 언니도 "나가서 고생하고 배워 온 사람들이 역시 다르구나!" 하며 입이 마르게 칭찬을 한다.

나도 이번 연출의 아이디어를 보며 오페라를 막대한 비용을 들여 무대에 올리지 않더라도 관객에게 감동을 줄 수 있는 방법은 얼마든지 있다는 확인을 했다. 무엇을 하라 하면 비용 핑계만 대고 꼼짝 않고 어제 하던 대로 답습하는 사고방식의 소유자들에게는 변화와 발전이라는 혁신이 일어날 리 없다.

〈모리화〉에 와서 저녁을 먹고 서린 한솔은 신학기라고 하여 집으로 돌려보냈다. 부모로서는 마음이 조급해 아이들을 풀어 놓지 못한다.

그러나 저러나 이런 문화적 행사를 다녀오면서 느끼는 쓸쓸함 – 청중이 홀을 미어지게 채우면 공연하는 사람들이 얼마나 흥이 날까? 빈자리가 많은데도 불구하고 극적인 연기를 하며 노래를 부르는 주인공 테너를 보며 예술에 헌신하는 사람들도 일종의 순교자가 아닐까 하는 뜬금없는 생각이 들었다. 영혼의 충일을 위해 절규하는 예술가의 치열한 혼이 절대의 믿음을 위해 목숨을 버리는 순교자의 그 신념과 방불하지 않은가? 영국의 찰스 왕세자가 구스타프 왕 같았다면 다이애나 왕비의 비극은 아예 일어나지 않았을 텐데 하는 실없는 상상도 일고…….

가면무도회를 의대 동문 음악회에 다시 한 번 각색하여 무대에 올리면 우리 의사들이 많이 참석하지 않을까? 프로와 아마추어가 절묘하게 어우러지는 음악회를 하여 모교사랑의 횃불을 비추어보면 어떨까? 나 혼자만의 공상으로 끝나지 않고 결실을 이루게 되기를 마음속으로 빌고 있다. (2007.3.10)

꿈결 같은 시간 속에

– 디 하모니 연주회를 다녀와서 –

이번 토요일이 길일인지 조현묵 원장님(2회 충남 의사회장) 차남 결혼식이 서천에서 있고 5시에 윤병래 원장님(1회) 따님 결혼식이 오페라 웨딩홀에서 5시에 겹쳐 눈 코 뜰 새 없이 이 장소에서 저 장소로 이동하다 막상 음악회에 앉아 있으려니 손가락 하나도 까딱하기 싫다. 강당은 아담하고 카펫이 깔려 소리가 번지질 않는다. 뒤늦게 온 사람들까지 합쳐 성황을 이뤘다. 자리가 모자라 서서 본 사람도 있었다. 오겠다고 약속한 사람들이 끝내 나타나지 않아 공연한 자리만 차지한 욕심 많은 사람이 되어 버렸다. 앞으로 주의할 일이다. 특히 김경희 동문이 뒤에서 안내를 하는 등 세심하게 신경을 쓰고 있었던 것 같은데 두고두고 미안한 생각이 든다.

권오균 원장 사모님의 열성은 산도 움직이겠다. 향배 원장 사모님은 내가 무척 좋아하는데 오랜만에 만나 반가웠다. 강연종 선생은 타고난 음악가이며 연출가로서 천부적이다. 이 디 하모니가 이렇게 인기와 사랑을 받게 된 배경에는 강연종 님의 공로가 지대하다. 관중과 호흡을 같이하는 노력이 폭발적인 반응을 일으킨다. '여자보다 더 좋은 것은 없어'에서 휠체어 여성을 안아다 무대에 모신 아이디어는 감동적이다.

이영호 원장의 무대 매너는 매력적이다. 긴장하지 않고 자연스럽게 흥에 겨워 싱글벙글 웃는 모습 자체만으로도 청중이 즐거워지겠다. 권오균 오기영 듀엣은 여성으로 비유하면 청아한 톤이다. 역시 소리도 젊은 사람이 더 곱다. 김명관 원장님의 '내 마음의 강물'은 들을 때마다 폐부를 찌르는 듯한 깊은 울림을 맛본다. 프로로 나갔어도 손색없었을 분이다. 한 분 한 분 빛나는 음역을 지니고 있다.

앙코르곡에서 '오! 행복한 날'을 객석 통로로 나와 청중과 함께 노래를 부른 것은 참신하다. 벌떡 일어나 함께 노래를 부를 것을 하는 아쉬움이 있다. 녹초가 되지 않았더라면 충분히 그러고도 남았을 텐데……. 옆의 어른이 내 손바닥을 치고 가는 향배 원장을 보고 '아들이냐?'는 물음에 배꼽을 잡고 웃었다.

끝나고 나오니 백태현(2회) 부부, 이형주 원장, 김창국 선배님 부부 등이 눈에 띈다. 얼굴은 아는데 이름을 모르는 동문 두서너 분이 보인다. 인사를 하며 자기소개를 하는 외국인들이 부럽다. 토요일 저녁에 이런 음악회에 나오는 분들은 축복받은 분들이다. 안전기술원 강당에서 내려다보이는 전경이 아름답다. 뷔페상도 보기 좋게 차려져 있고 샴페인이 터진다. 해가 지는 잔디밭에 삼삼오오 정담을 나누는 이렇게 꿈결 같은 시간 속에 우리가 '있다'는 것은 얼마나 행복한가? 엄의용 원장 아들 태영을 안아주니까 낯을 가려 아버지에게로 돌아선다.

뒤풀이까지 참석했으나 도저히 참았던 발이 아파 결례를 무릅쓰고 도중에 집으로 돌아와 곯아 떨어졌다. 디 하모니 보도를 부탁했으나 토요일이라 다들 주저하고 대전일보 송연순 사회부장이 행사가 끝나고 특집을 마련해보는 방향으로 추진하자는 언질을 받았다. 토요일은 일 안하는 풍조가 어느새 이렇게 자리 잡았다.

동문회에서 듬뿍 후원을 하지 못해 섭섭하지만 공금 지출의 기준을 지켜야 될 의무가 있다. 음악으로 우리를 행복하게 해준 디 하모니여, 영원히 찬미 받을지어다! (2007.6.2)

얼굴의 주름

– 논산시 충남의대 동문회(인우회)를 다녀와서 –

행사가 겹치는 날은 비상이 걸린다. 어느 한쪽도 미룰 수 없는 경우 더욱 속이 탄다. 회원이라면 적당히 excuse를 하면 그만이지만 대표의 경우 그리 간단히 둘러대고 끝날 수 없다. 충남대학교 개교 55주년 후원의 밤이 유성 리베라에서 동시에 열리고 있으니……. 직선제 총장의 퇴진은 모교 역사상 초유의 일이고 국립대학으로선 전북대에 이어 두 번째라고 한다. 두 번 다시 이런 일이 일어나지 않도록 각오를 새롭게 하는 외에 달리 무슨 대안이 있으랴? 의과대학 동창회 이름으로 후원을 약정하고 1부 기념식이 끝나자마자 그 길로 구봉농장으로 달려왔다. 끝까지 참석하지 못하는 점을 미리 변평섭 회장님께 양해를 구했다. 선선하게 이해해주셔 다행이다.

구봉농장 입구가 캄캄한데 이중화 원장 임종훈 원장 둘이 나와서 기다리고 있어 감격했다. 친절은 무상의 은총이다. 방에 들어서니 그리운 얼굴들이 오롯이 모여 있다. 보고 싶었던 얼굴들을 한몫에 다 만나게 되어 수지맞은 기분이다. 한성필 원장은 지사의 풍모랄까 Big Brother 역할 여일하다. 인정과 의리, 특히 사회정의에 불타는 그의 사상을 나는 익히 알고 있다. 친동생처럼 충언을 해주던 따뜻한 마음이 잊히지 않는다. 인형 원장은 병원 바닥에서 콩국수 먹던 기억까지 한다. 김영진 동기의 동생이 의사란 말은 들었었는데 이번에 대면했다. 형하고 똑 닮았다.

폭탄주, 줄떼기, 상떼기 등 단체 음주 의식이 더 늘었다. 부여와는 회원이 넘쳐서 분리 독립했다고 한다. 9년이란 세월의 흐름이 얼굴의 주름들에서 역력하다.

한솔, 서린과 함께 산 논산의 2년은 내게는 잊을 수 없는 시기이다. 심지어 진찰대에서 놀던 서린이 그대로 낮잠을 자는 때도 있었다. 단골인 할머니 환자들은 자는 아이를 깨울게 뭐냐고 인자하게 바라보았다. 참 순박한 시골정서였다. 한동안 대전까지 그예 오시는 환자분들이 있어 논산으로 되돌려 보냈다. 논산 의료보험공단에서 시장까지 나와 진료 유무를 조사하고 다녔는데 오히려 환자들이 먼저 나한테 전화를 해주고 자기가 대답을 잘했는지 걱정하는 환자들이었다. 전화까지 하여 허위청구 유무를 조사했다는 것을 환자들이 내게 알려 주어 관의 조사를 앉아서 받은 폭이다.

점심도 함께 먹고 회식에서 가끔 시를 읊고 했던 강문수 원장이 이번에도 시를 낭송했으면 했는데 오늘 저녁은 마음의 여유가 부족했다. 밑천 떨어졌다고 우스갯소리를 하고 다음을 기약했다. 조상연 원장이 노은으로 이사를 와서 동행하였다. 남달리 선배를 따르고 심성이 너그러운 조 원장이다. 조 원장 가정에 행복과 평화가 가득하기를 빌었다. 주마등처럼 논산의 추억이 뒤범벅이 되어 잠이 오지 않는다.

사람들 속으로 파고들어가 동고동락한 탑정저수지 시기는 '참으로 위대함은 소박한 데 있다'는 맥아더 장군이 아들에게 한 구절을 몸소 체험했던 계절이었다.

인우회의 결속을 나는 중세의 길드와 같은 강력한 동료애에서 유래한다고 본다. 인우회가 돋보이는 것은 배타적이고 누구를 해치는 등 심술과 부정적 집단이 아니라 선배가 이끌고 후배들이 순종하며 서로서로 보호하는 노력이 아름답고 또 남달리 유능하다는 데서 장점을 찾겠다. 단결력이 있되 영 성실하지 않다 하면 시중의 마초집단과의 차별화가 되기 어렵다. 환자를 정성껏 돌보고 바르게 의사의 길을 가는 사람들이므로 존경을 받는다.

선배를 알아본다는 것은 전통의 위대함을 파악한다는 지혜를 말한다. 개중에 전통을 망각하고 개인적 성취에 도취하는 사람도 있는데 기실 하나는 알고 둘은 모르는 사람이다. 뿌리 없는 열매나 꽃이 필 수 없다는 이치를 무시하는 사람이다. 한 원장과 인형 원장은 아파트까지 한군데 살아서 '죽어도 못 떨어지는구나!' 감탄했다. 아름다운 일이다.

동문회니 하는 모든 단체들의 속성도 결국은 이해관계의 결속을 떠나 함께 시대를 산 사람들의 사랑의 광장인 것이다. 개중에 동문회가 인사를 가겠다고 하면 미리 담을 치고 기금 걷으러 온다 생각하고 수련을 대학병원에서 받지 않아 모교애가 없다고 태연히 말하는 동문이 있는데 참으로 정나미가 떨어진다. 모교의 덕을 본 게 없다는 말을 공공연히 하는 사람, 모교의 이름을 숨긴다는 사람 등 갈수록 태산이다.

자기가 누구인지 모르는 사람들, 자기를 사랑할 줄 모르는 사람들이 생각보다 많다는 것이 나의 한탄이다. 누가 나를 사랑해주기를 바라고 감 떨어지기를 기다리는 저 많은 사람들을……. 그러나 인우회 같은 혁혁한 동문회가 있는 한 우리 동문회의 미래는 그지없이 찬란하리라! (2007.5.18)

끝이 좋아야

내가 살았던 장소를 다시 가니 이상하게 묘한 흥분을 느낀다. 부적, 광석 등 낯익은 지명에 애틋한 향수 같은 지나간 사랑이 꿈틀꿈틀 되살아난다. 봄에 구봉농장에서 만났던 것이 어제 같은데 벌써 찬바람이는 겨울의 길목에 다다랐다. 황산빌딩이 그렇게 크게 변한 것이 놀랍다. 나는 예전 소읍이 자아내는 시골정취를 무척 좋아했다. 논둑이 나오고 들판이 나오고 밭이랑이 나오는 등 그 정취가 포근하다. 소읍의 장날은 또 얼마나 흥청대던가! 조카딸네서 기거하며 한솔 서린을 키우다시피 사랑했다. 옆에서들 원장님 어지간히 아이들 데리고 다닌다고 감탄을 했다. 눈에 넣어도 안 아프다는 표현을 한솔 서린에게 헌정하겠다.

인우회에서 동문회에 거금 1000만원을 내겠다는 멘트를 듣고 이중화 원장이 기절을 할 게 아니라 회장님이 기절했어야 된다고 해서 다들 웃었다. 감사하다는 말을 가볍게 하기 싫어 입 다물고 있지만 여러모로 인우회와 얽혔던 추억들을 떠올리게 된다.

날마다 모여서 점심을 함께 먹고 제주도를 여행했었다. 무슨 사정인지 한성필 원장이 빠졌다. 나는 경환, 한솔, 서린을 데리고 갔는데, 서린이 집에 가지 않고 호텔에서 살겠다고 하여 웃었던 일, 한솔이 인형 원장 아들인 형을 몹시 따르던 기억이 있다.

뉴질랜드 메이슨 클리닉에서 일하던 중 어머니 편찮으시다는 소식에 뒤도 돌아보지 않고 비행기표 시간을 바꿔 그대로 돌아온 후 우연하게 논산에 자리가 나서 환호하며 아이들과 합솔하였다. 시장 속에서 일했던 경험도 잊기 어렵다. 뉴질랜드에 손톱만큼의 미련도 없이 돌아오면서, 내 땅이 얼마나 그립고 내가 사랑하는가를 불현듯 너무도 맹렬하게 깨달은 곳이 웰링톤 의사협회에서였다. 거저 먹고살래도 싫은 기분이었다. 왜 내 땅을 놔두고 이방인이 되어야하는가?

그리고 무엇보다도 나는 내 마음속 깊이 사랑의 빚을 인우회 논산시 의사회에 지고 있다. 어머니 문상을 아산 집에까지 왔었다. 이후 인사를 하지 못한 것이 두고두고 마음에 걸렸다. 이번 모임에는 동창회장으로서 격려하는 목적 외에 나로서는 묵은 사랑을 갚아야 될 절호의 기회인 것이다. 이번에는 술을 덜 마셔 부담이 덜했다. 지각 있는 인우회 사람들인지라 자제하는 것 같았다. 내년 인우회 20주년 행사를 야심차게 기획하고 있다. 김진호 회장이 벌써 그렇게 나이가 들다니! 내 기력 쇠해지는 것은 모르고 후배들 나이 드는 것이 눈에 띈다. 세월을 막을 장사가 어디 있겠는가? 강문수 원장이 있었으면 시를 읊으라고 졸랐을 텐데…….

저녁식사비를 지불하고 되돌아오니 조금 마음이 가볍다. 감사할 줄 아는 마음과 지난 일을 잊지 못하는 정이야말로 우리가 사람이라는 조건 아닌가? 끝이 좋아야 모든 게 좋다Endes gut, Alles gut!는 독일 격언을 좋아하는데 그 말이 다시 한 번 떠오른다. 끝이 좋지 않았다면 지금과 같은 아름다운 재회가 이뤄지겠는가 생각하니 더욱 인연의 소중함에 그야말로 옷깃을 여미어야겠다는 다짐이 온다.

돌아오는 차 안에서 최고의 현안인 중구보건소장 임용 문제를 두고 열띤 관심을 보인다. 그래 내 일 아니면 무관심하고 등돌리고 내 이익이 되면 죽기 살기로 나오는 모습을 보이는 모리배들이 많은데 우리 임원들은 얼마나 신통한지 모르겠다. 나도 모르게 우리 임원들은 참으로 똑똑하다는 말이 새어 나왔다.

탑정 저수지도 그립고 강경 들판, 채운, 연무대, 특히 논산은 개인적으로 우리 집안으로서는 연관 있는 곳이다. 넷째 삼촌이 제2논산훈련소장을 마지막으로 요절한 곳이기에 더욱 내가 논산을 연연해하는지도 모르겠다.

충절의 혼이 서린 황산벌이라 인우회 사람들은 이리 의연하고 청청한 기상에 사는가 보다!

신미술관 <엔나>의 송년회

– 청주 CNU 동문회를 다녀와서 –

어제 동문회장으로서 처음 청주를 방문했다. 윤창식 회장님도 이정은 학장님도 다 약속이 겹쳐 있고, 후배 한 사람이라도 한가하게 동행할 사람이 없어 혼자 나섰다. 와인 두 병을 싣고 부리나케 엔나를 물어물어 찾아갔다. 나는 시에서 새로 지은 미술관쯤으로 생각했는데, 신경식 회장의 개인 미술관이었다. 나는 엔나라는 이름에서 횟집도 아니고 질펀한 한정식은 더욱 아니고 어지간한 레스토랑이려니 했는데, 신 회장님 부부의 꿈의 궁전이었다.

2층 전시실 속에서 살아 있는 조각처럼 앉아서 송년회를 맞는 감흥. 이런 창조적인 환경이라면 누구라도 잭슨 폴록이 되지 않겠는가? 쇼비뇽 데쌍테의 상큼한 뒷맛과 고결한 백색 회벽을 뒤로 두고 앉아 담소하는 동문들 한 사람 한 사람이 퍼포먼스의 주인공이 된 듯하다. 아도니스처럼 핸섬한 총무 가족들이 행복하게 웃고 즐긴다. 음식 또한 멕시코의 또떼아 비슷한데 이태리식 재료와 풍미가 더 이태리적이다. 맛이 각별하다고 하니 주방장이 로마에 가서 요리 공부를 하고 오신 분이라고 귀띔한다. 어쩐지 맛이 예사롭지 않았다. 오븐이 작아 많은 손님을 동시에 서빙하지 못하는 불편 빼고는 나무랄 데 없는 파티이다.

채수만 선배님이 가운데 딱 앉아 계시니 모임의 위엄이 선다. 어느 모임에 선배, 즉 어른이 앉아 계시지 않으면 어딘가 비어 있는 것 같은 부족을 느낀다. 전통의 위력이라는 것을 나이가 들수록 터득하게 된다.

윤창규 원장이 친절하게 청주지회 실정을 알려준다. 지난주 시상식에서 잠깐 대면한 이후 오늘 많은 대화를 나눴다. 다른 지역에 비해 청주 동문의 카드 실적이 저조한 요인 중 하나로 하나은행 담당의 태만이 한 요인이었다. 카드를 신청한 동문 병원에 가서 일체의 서류를 대행해 주는 수고를 게을리했던 것이다. 한 명의 동문을 위해 청주에 와서 모든 서류를 처리해 주었어야 되는 후속 절차를 방치했던 것이다. 다음에는 나라도 하나은행 직원을 모시고 와야 되겠다. 두 번째로 각 동문이 먼저 쓰던 카드의 메리트를 포기하기가 어려워 신청 않는 사람이 있다고 한다. 나는 공직 때부터 국민은행 거래를 해왔으나 하나카드를 신청하여 카드결제 시 이용한다고 답변하였다. 기존의 거래은행은 계속하되 그중 10분의 1정도, 아니 그 이하라도 동문회를 위해 얼마라도 기여하겠다는 마음을 보이면 되는 일 아니냐고 간청하였다. 동문회가 무슨 징세기관도 아니고 서로 돕는 마음에서 하는 일 아닌가.

나는 청주에 딱히 아는 동문들이 없어 어색하지 않을까 걱정했는데 기우였다. 모두들 동문회장을 환대한다. 모교에 대한 사랑과 예우로써 깍듯하게 반가와 한다. 방선구 원장은 중간에 자리를 떴다. 치료감호소에서 한 시기를 보냈었는데 이제 어엿한 중진이 되어간다. 너무 격의 없이 대하게 될까봐 조심했다. 나이가 들면 후배들이 사랑스러워 말을 놓게 되는데 주의해야 될 점이다.

단호박 무스 디저트까지 다 먹어갈 무렵 김숙자 원장이 출현, 모두들 환성을 지른다. 나는 반가움에 눈물이 찔끔 나올 뻔했다. 저 바쁜 양반이 그래도 동기가 온다고 바쁜 몸을 끌고 나타난 것이리라. 전 세계가 비좁은 동기이다. 나는 속으로 오늘은 얼굴을 못 보고 가나보다 하고 내심 아쉬워하던 찰나였다. 6년을 함께 다니고 이후 각자 자리에서 사력을 다하는 우리는 자주 얼굴을 보거나 전화도 못 한다. 그러나 이렇게 어쩌다 봐도 어제 본 것같이 자연스럽고 정답다. 말도 별로 필요 없다. 밤늦게 돌아와서 정에 대해서 한바탕 일기를 썼다. 개성이 다르고 삶의 표현방식이 다르더라도 우리는 항상 서로를 존중하고 사랑을 저버리지 않는다.

모교니 동문이니 이런 모든 어휘에 내포된 의미는 결국은 우리 삶의 사랑의 결속을 위한 모임이라는 것이다. 졸업을 하고 나와 면허증을 따고 일하고 먹고 살면 그만이지 모교가 딱히 필요할 일이 없다는 생각이 들 법도 하다. 실제로 그런 사람들도 있다. 그러나 모교는 무조건 사랑해야 되는 존재이지 무슨 세를 과시하거나 경쟁의 패권장이 아니기 때문이다. 자신의 어머니와 힘겨루기를 하는 바보가 세상에 어디 있는가? 어머니는 사랑과 존경 그 자체의 대상이다. 모교도 그렇다. 나의 삶의 한 축을 이뤄준 시대에 함께 했던 동문들의 그 연대감과 동시대를 살아가고 있는 시대고의 발로인 것이다. 함께 같은 학창을 보냈다는 그 인연이 얼마나 크고 감사한가를 두고두고 누려 왔기

에 동문은 서로 눈길만 마주쳐도 폭발적으로 정다운 것이다. 공명의 여운이 저 산도 옮길 듯 우렁찬 것이다.

채수만 선배님이 건배제의를 하며 많이 나와서 이 선배님을 기쁘게 해달라는 당부는 잔소리로 들리지 않고 간곡한 사랑의 감동을 준다. 사랑하면 보고 싶어 하는 게 당연한 것 아닌가? 후배들을 눈여겨보고 눈인사를 보내며 앞으로 동문회를 어떻게 끌어가면 좋을지 다양한 의견을 교환했다. 내 생각도 중요하지만 다른 동문들이 무엇을 원하는지를 파악하는 것이 급선무이다. 나는 그야말로 심부름꾼 노릇을 할 생각이다. 나는 단체장을 하면서 군림한다든지 높다는 의식을 지녀본 적 없다. 세상에 그 많은 차별 높고 낮음 등의 구별로 불필요하게 사람들을 소외시키고 서로가 서로에게 이리가 되게끔 조장하는 그 폐단을 지양하고 가장 자연스러운, 인간들이 숨 쉬는 그런 단체를 끌어가고 싶다.

송년회를 마치고 현대미술까지 덤으로 관람하고 거기다 사모님의 해박한 작품 해설까지 곁들였으니 더 무엇을 바라겠는가? 숙자 원장과 작별을 하고 윤창규 후배가 청원 IC 입구까지 동승하여 길을 알려주어 어둠속을 달려오는데 어떤 일을 마치고 난 뒤의 성취감이 날아갈듯 흥겹다. 연말의 누적된 피로를 풀라고 오늘밤 하느님이 미술관으로의 초대를 마련해 놓으신 것이다. 도저히, 도저히 그림을 보러 나들이를 나갈 형편이 아님을 아신 하느님이 이렇게 청주동문회에 가도록 길을 만들어 놓으셨으니 이보다 더 오묘한 은총이 어디 있는가?

문화사업에 헌신하는 신 원장 부부의 열정과 정성이 얼마나 흐뭇하고 자랑스러운지 모르겠다. 예술의 불모지라 할 지방에서 알아주지도 않는 미술관을 설립하고 운영하는 자체가 참으로 혁신적인 일이다. 이렇게 조용하게 소리 없이 세상을 아름답게 만드는 동문이 있다는 사실에 어깨가 으쓱해진다. 다른 사람을 위한 일에 손톱 하나 까딱 않는 위선적인 사람들이 많은 이 때 이런 파이오니어 동문 가족을 보고 오니 행복한 동문회의 서광이 보인다.

아서 오쇼네지Arthur O'shaughnessy의 시처럼 우리의 찬란함은 우리가 꿈꾸는 찬란한 미래에서 옴이 자명할지어다!

우리 삶의 환희는

태안 출발 전야

행사 전날은 마음이 부산하다. 뭐가 빠진 것 같고 미심쩍고 경미한 불안이 있다. 그것이 정상이겠지만. 차량도 애초 도무지 몇 사람 갈 것 같지 않아 9인승도 텅 비어 가겠다 했는데 막바지에 신청자가 늘어나 꽉 차게 타고 가게 되었다. 12인승을 구하려하니 토요일이라 다들 레저타운에 가 계신다.

자발적으로 의료봉사에 자원하신 동문들께 말로는 감사를 다하지 못한다. 남의 불행을 도우면서 보람을 느끼는 봉사는 하찮은 일 아니냐는 생각을 노골적으로 토로하는 후배에게 누구 하나 소중하지 않은 사람은 세상에 단 한 명도 없다고 일침을 놓았다. 그리고 불행에 빠지거나 재난을 겪는 사람이 하찮은 사람이라는 시각도 비정하다. 시시하지 않고 굉장한 일이란 게 그럼 무어냐고 되묻고 싶다. 우리 삶은 지극히 평범한 가운데서 오히려 그 의미를 찾을 수 있는 게 아닌가?

빨리 내일이 와서 바닷바람 속에서 맹렬하게 기름때를 벗길 생각을 하니 오수가 달아난다. 서린이 친구들까지 끌고 봉사를 하겠다고 저 난리라니!

태안 재난 의료봉사 및 기름방제 작업을 마치고

밀린 숙제를 끝낸 듯 홀가분하다.

지난 12월부터 태안 재난 지역 뉴스가 온통 전 국민을 염려 속으로 몰아넣었다. 송년회에서 성금모금을 기대했으나 무산 되어 내심 앙앙불락하던 차, 그리고 연말은 많은 일들이 겹쳐 일정을 잡기가 수월하지 않았다.

각설하고, 태안 봉사에 자원하신 동문 여러분께 감사 재차 감사한다. 동문회라는 기구가 아무 실권이 없는 그야말로 연합군 같은 기구인데 그럼에도 불구하고 오로지 도덕적 의지에 따라 어떤 행사가 이뤄진다는 것은 기적으로 받아들일 일이다. 죽게 일하고 그것도 모자라 쉬는 일요일 또 봉사하러 가자고 하는 것도 너무한 일 아닌가? 아니 의사는 죽을 때까지 희생 봉사를 해야 되는 숙명을 타고났나? 그냥 놀고먹는 사람도 부지기수인데 왜 우리한테 또 이런 성가신 의무를 부과하는 거지? 그러나 천리포 바닷가 한촌을 찾아 들어와 기름때를 벗기는 봉사자들을 보자 나의 의문은 저만치 수평선 너머로 사라진다. 그래, 우리는 이 소박한 민중인 우리 자신을 위해 일하는 거지 관리나 높은 사람을 위해 봉사하는 게 아니지 하는 믿음이 굴뚝처럼 높게 솟는다. 떡국을 정성껏 끓여대는 주민들에게서 따뜻한 유대를 느낀다. 우리가 아무리 어려움에 처해도, 하늘이 무너져도 솟아날 구멍이 있다는 이 구원!

최병익 총무의 안내로 노력봉사를 하러 암벽을 타고 들어가 기름때를 벗겼다. 지시에 따라 험한 절벽을 닦았으나 일반 자원 봉사자들에게는 위험한 지역이다. 해병대나 유격대 같은 분들이 줄 타고 하면 알맞겠다. 아니나 다를까? 아슬아슬한 절벽 속에서 기름을 퍼내던 분 머리를 살짝 빗겨 돌연 바위가 갈라져 우루루 돌이 떨어진다. 순식간의 일인데 다행히 일하던 분 머리를 맞추지 않았다. 철렁한 순간이다. 좋은 일 하러 왔다가 안전사고를 겪고 가면 그보다 애석한 일이 어디 있겠나?

아침이 넘어 가지 않아 커피 한 잔과 쿠키 두 개를 먹은 열량으로는 허기가 져서 현기증이 난다. 본래 기름 냄새에 차멀미를 하는 유명한 사람이지만 그래도 바닷가 오픈 에어속이라 토하지 않고 버틴 것이다. 서린은 친구들과 뭉쳐 다니는 한편 이모할머니 신경 쓰게 하지 않겠다는 일념으로 근처에 얼씬도 않는다. 어린 시절 화장실 안까지 따라 들어오던 서린이었는데……. 할머니가 안 보이면 존재까지도 사라지는 줄 알던 단계 말이다.

의료봉사팀은 아무 걱정 없이 너무도 훌륭하게 척척 진료를 하고 있다. 김정현 원장님이 계시는데 더 바랄 게 뭐가 있겠나? 이번 의료봉사는 실질적으로 송인숙 감사의 역할에 힘입었다. 보훈병원 의약품을 고스란히 유용하게 쓸 수 있어 더 할 나위 없이 편리했다.

두고두고 감사할 일이나 동문회에서 마련해 간 세 박스나 되는 파스를 오후에 와보니 쓰지 않고 있어 물었더니 어디서 온 것인지 몰랐다고 한다. 내 차에서 꺼내다 진료실에 갖다 놓으면서 정확하게 전달이 안 되었나보다. 일을 하다보면 전혀 예상하지 못한 빈틈이 나온다. 나는 서둘러 방제복으로 갈아입고 절벽으로 향하느라 의료봉사팀을 둘러보지 않고 갔다. 둘러보고 한 번 더 알려 주었더라면 파스가 어디서 온 것인지 모를 까닭이 없으렷다. 중간에 동문회에서 파스 세 상자 마련했다는 이야기를 했었는데 다들 바쁘다보니 흘려 들었나보다. 오후에 오는 분들에게 후하게 나눠주고 남은 것은 다음 봉사팀이 쓰도록 메모를 해놓고 의료봉사를 끝냈다. 누가 쓰든 다들 봉사하는 분들에게 쓰이면 되니 그리 연연할 것은 없겠다.

오후에 대전으로 급히 돌아가기를 원하는 김성호 원장, 정지원 원장과 딸, 강서린 외 여중생 3명을 밴에 태워 보내고 나머지 9명은 사우나를 하고 서산에 나와 서태안 지역 동문과 총동창회 임원들과 간소한 회의를 했다. 격려금을 전달하고 하나카드를 써주는 덕분에 동문회 기금이 조성되고 있다는 감사를 전했다. 그동안 따로 시간을 내어 서태안 지역 동문을 방문한다는 장담을 할 수가 없었다. 지난해부터 서태안 지역 동문을 방문할 생각이 있었으나 이제야 성사된 것이다. 김정현 원장님이 초창기 동문회장 시절 20년 전에 서산을 방문했던 소회를 말씀하신다. 감개무량할 일이다. 김정현 고문은 동문회의 산 증인이시다. 김명수 원장도 치료 감호소 시절에 보고 처음 본다. 여전히 과묵하다. 서울에 갔다 일부러 저녁에 나왔다고 한다. 동문들 모임은 어느 지역엘 가도 공통점이 있다. 각 의국에서의 고난과 학제로 인한 원한 등 의사의 숙명인 레퍼토리가 되풀이 된다.

동문들을 만나면 반갑고 그리고 이 동문들을 다시 보기가 어렵다는

태안 의료봉사를 마치고

것을 생각하면 더욱 순간순간이 피처럼 귀중하다는 실감을 한다. 우리는 영원히 사는 줄 알고 흥청망청하지만 죽음이 어느 순간에 덮칠지 오직 신만이 알 일이다. 시간이 늘어지지 않게 회의를 끝내고 아쉬운 작별을 하고 두 대로 나눠서 대전으로 돌아왔다. 강재훈 원장이 내 차를 운전하고 옛날 유성에서 정다웠던 기억을 되살리며 밤길을 달려 무사히 귀가했다.

이중화 원장이 사우나 비용을 지불해서 신통하다는 생각을 다시 한 번 했다. 지역에 방문한다고 폐를 끼치는 일은 삼가야 된다. 동문회를 돈 걷으러 다니는 사람들로 알고 오는 것을 꺼리는 동문회도 있다고 한다. 동창회를 다스린다는 것이 보통 일이 아니다. 이런 저런 냉대까지 참아내야 하는 게 동창회장이란 자리인가? 그러나 갸륵한 동문들이 있기에 다시 용기를 내어 새로운 일을 도전한다.

처칠 수상이 옥스퍼드 졸업식장에서 모두들 우렁찬 사자후를 기대하고 있는데 오로지 네 번의 말 결코, 결코 포기하지 말라는 말로 연설을 끝냈다는 일화와 거구의 처칠 동상에 비둘기 똥이 내려앉아 있던 기억이 겹치면서 실소를 한다. 우리 삶의 환희는 미래의 희망 속에 있다는 장발장의 독백이 어느 정도 위안이 된다. 미래의 희망을 위해 혁명을 한 사람처럼 우리는 누구나 다 더 나은 미래를 꿈꾸는 불가능한 꿈을 품고 내면 속에서 끊임없는 자기혁명을 게을리하지 않는 전사인지 모르겠다. (2008. 1. 27)

신의 영광을

– 1회 동기회에 참석한 후 –

벚꽃은 피었는데 바람이 불어 냉랭한 날씨이다. 이중화 홍보위원은 환자가 밀려 늦겠다 하여 임종훈 재무이사를 앞세우고 늦지 않게 태화장에 들어섰다. 부지런하기로 둘째가라면 서러우실 장선문 동기회장님과 윤창식 전임 동창회장님이 반가이 맞아 주신다.

격식을 차려 총회 플래카드를 준비하고 감사패 대신 꽃바구니를 마련하셨다. 1회 대선배로서의 위용이 풍긴다. 격식 없이 신구회장 구두로 인수인계하려니 했는데….

각 기수마다 특징이랄까 개성이 드러난다. 임종훈 재무에게 사진을 인물 중심으로 크게 찍어 홈페이지에 올리도록 제의하였다. 총회가 끝난 후 간단히 인사말과 하나카드의 입금 현황을 말씀드리고 홈페이지 주소를 알려드렸다. 그리고 자랑스러운 집행부 간부인 두 분을 인사시켰다.

이동배 선배님의 박학한 식물학 야생화 이야기부터 진지하기가 어느 학술 세미나장은 저리 가라이다. 2회 동기회의 아기자기하다 못해 짓궂기까지 한 분위기와는 영 딴판이다. 의사고시 성적이 저조했던 일을 상기시키며 강대영 선배가 동문회장에게 주력하라고 조언을 한다. 마땅히 동문들이 너나없이 관심을 갖고 모교 사랑을 펼쳐야 될 현안이다. 발등에 떨어진 숙제이다.

이번에 1회 선배님들을 가까이서 자세히 대면하면서 선배님들이 어느새 이렇게 연륜이 깊었구나 하는 생각이 들었다. 내 기억속의 선배님들은 학창시절의 패기만만하고 수려했던 모습으로 박혀 있다.

허심탄회하게 만남을 끝내고 악수를 하며 헤지는 자리서 장선문 회장님께 다시 한 번 선배님들이 도와주시지 않으면 동문회의 전통을 이어 가기가 쉽지 않다고 솔직하게 고백하고 도와달라고 간청한 후 부리나케 도룡동으로 달려오니 9시 반이 되었다. 성가 연습에 여념 없는 형제 자매들 속으로 살그머니 들어가 10시 반까지 노래하고 집으로 돌아왔다. 베토벤의 〈신의 영광〉을 동문회의 영광으로 대치하면서!

(2007.4.2)

자투리 땅에도

올해는 본교에서 졸업식을 치러 동문회장으로서는 수상자 세 학생과 장학금 수령자를 의대 학장실에서 전달했다. 한 학생은 아산병원 인턴으로 올라가 있어 아버지가 대신 수령하였다. 아버지의 마음이 얼마나 흐뭇하고 자랑스러울까! 스승님 덕분이라는 말씀이 치레가 아닌 진심에서 우러난 말씀이라는 것을 만면에 희색을 띤 온유한 표정에서 느낄 수 있었다.

한마디씩 소감을 말하는데 하나같이 총명하고 패기 넘친다. 삼성병원 인턴으로 취업된 두 학생과 기초의학에 지원하고 있는 본과 3학년 학생 두 양반은 건강한 체구에 박력 있게 과학에의 열정을 토로한다. 우리 세대의 주눅들어 머뭇머뭇하고 자신 없어 보이던 그런 이미지가 아니다. 세대의 변천이 이렇게 신속하구나 하는 놀라움을 대학에 오면 더욱 실감한다. 학장님은 나가서 열심히 배워 와서 모교를 위해 봉직하라고 누누이 당부하신다. 당연한 바람이겠다. 청순한 학생들 용모에 눈이 부신다.

소희영 간호학과장님은 진명여중 때 친구이다. 여기서 한자리에 만나게 될 줄을 그 누가 알았으랴? 본래 천사같이 자상하고 부지런하고 친구들을 돌보아 주더니 나이팅게일 길을 걸어갔다. 뒤돌아보면 섭리의 은총이 갈수록 신비하고 거대하다는 찬탄을 하게 된다.

궁금했던 동문회 사무실을 들여다보았다. 예상했던 대로 썰렁하다. 이영하 사무국장이 열어 제치고 청소를 해놓은 덕에 그나마 발은 들여놓겠다. 전망은 탁 트여 앞에 산자락이 보이고 남향이라 조춘의 사양은 눈부시나 사람이 쓰지 않았던 −8년이나 비워 두었다나?− 온기 없는 방은 너절하기만 하다. 어쩌면 이게 동문회의 한 단면이 아닌가 하는 생각이 드니까 정신이 번쩍 난다. 나태와 무관심, 꿈이 없이 그날그날 생존에 급급한 빈민 같은 그런 양상이 아닌가?

혹 오해 하지 마시라. 내 말은 이런 방을 한 칸 배정 받았다면 감지덕지하고 알뜰살뜰 꾸미고 쓸고 닦고 했더라면 지금쯤 길이 들고 윤택하지 않았을까 하는 생각이 들었기 때문이다.

자투리땅에 분꽃이나 봉숭아를 심어 놓은 집 화단을 보면 절로 밝은 미소가 나온다. 꼭 으리으리하고 비싼 방법이 아녀도 아름다운 생각 그 자체만으로도 아름다움을 피워낼 수 있다. 내가 산골짜기에서 뒹굴고 자란 사람인지라 더욱 대자연의 광휘에 열광하는지 모르겠다.

이영하 사무국장님의 빈틈없는 준비를 어떻게 다 치하하랴!

오죽하면 의대에서 돌아와 부원장에게 내가 이렇게 손톱 하나 까딱 않고 후배 덕분에 상만 주고 돌아오다니 하고 자랑 아닌 자랑을 했다. 협조가 안 되는 단체의 경우 회장이 만신창이가 된다.

지출 내역과 영수증, 공문 양식을 정확하게 정리하도록 박 군에게 이르고 홈페이지를 열어보니 오늘도 그 자리이다. 차츰차츰 늘어 가겠지……. 하느님은 항상 "너희는 걱정하지 말라"고 하셨으니까.

성숙한 자화상을

– 충남의대 제 4회 동기회 30주년 행사 참석 소감 –

오늘이 길일이라 신윤호 동문 딸 혼인과 김일선 동문 딸 혼사가 겹치고 우리 동문회도 30주년 20주년 행사가 겹쳤다. 14회 20주년 축사는 정태성 기획에게 의중을 물었더니 아무래도 기수가 높은 선배님들이 하는 게 좋겠다고 사양을 한다. 이 점이 정태성 기획이 돋보인다. 내 생각도 벌써 대전시 충남의대동문회장 변상현 원장을 지목했다. 통화하기 극도로 어려운 변 원장과 통화가 되어 수락을 하여 일단락 지었다. 나눠서 축제를 만끽하면 여유로우련만. 대독 여부를 물어 재량껏 하도록 일임했다.

하루에 유성을 두 행보하니 벅차다. 시간이 임박하여 차에 가서 모자를 꺼내오지 못했다. 공적 행사는 시간을 엄수하는 것이 기본예절이다. 4회는 낯이 익어 편안하다. 어제 본 사람처럼 반갑다.

1층에 행사장소를 잡아서 편리하다. 입구에서부터 화기애애한 분위기가가 넘쳐흐른다. 목동균 회장이 문 앞에서 기다리다 맞아준다. 권장원 총무는 재치와 박력 있게 행사를 진행해 간다. 태극기가 마련되지 않는 등 미처 신경 쓰지 못한 점이 눈에 띄나 부지런히 준비들을 하였다. 노래방 기계를 벌써 장치해 놓은 것을 보니 흥겨운 잔치가 벌어지겠다. 축사는 짧게 했다. '더 이상 모교가 나에게 무엇을 해주었느냐 투정하지 말고 남은 여생 모교를 위해 무엇을 바칠 것인가'를 고뇌하자는 말에 박수가 나온다. 다들 공감하는 대목이다. 모교와 동문회의 중흥을 위해서는 대흥동 캠퍼스 세대들의 각별한 애정이 갈급하다.

대전 외 지역에서 참석한 동문들이 참 반갑고 감사하다. 말이 그렇지 행사에 참석한다는 것이 보통 성의가 아니다. 학장을 둘이나 배출한 기수, 인재의 밭인 4회는 2회 동기회와 비슷한 면이 있다. 졸업동기가 얼마 되지 않는다는 공통점이 있다. 별세한 동기가 셋이나 된다는 슬픈 소식도 들었다.

1부 인사를 하고, 의협 주최 전국 지역·직역 임원 workshop이 동시에 KT 연수원에서 진행되고 있어 홍승원 회장과 부랴부랴 자리를 떴다. 졸업 후 처음 보는 4회 후배들과 더 많은 담소를 나눠야 되는데 그러지 못했다. 박성택 동문, 빈재천 동문, 김동진 동문 참으로 반가웠다.

파김치가 되어 집에 들어오니 둘째 언니 칠순잔치가 잘 끝났으나 네가 빠져 섭섭했다는 소리를 또 들었다. 올해는 집안 잔치에 계속 빠지게 된다. 조카들 혼사도 동문회 행사가 겹쳐 빠졌었다.

졸업 후 불현듯 만났던 동문들 얼굴을 떠올리며 건강하게 재 상봉했다는 자체가 은총이다. 그러나 애석한 점은 은사님을 초대하지 않았다는 것이 못내 아쉽다. 은사님들을 생전에 몇 번이나 뵙게 되겠는가? 30주년 행사만 되면 반복되는 이슈, 지난날 학제 시스템에 대한 앙금

이 완전 걸러지지 않고 대두된다. 매해 기수마다 겪는다. 2회는 준비를 맡은 집행부에서 무리하지 않게 이해시키고 설득하여 은사님들을 모시고 덕담을 나눈 시간이 의사 아니면 누리기 어려운 명예로운 대화의 장이 되었다. 은사님들도 멀리 대구 포항에서도 올라오셨다. 이융창 선생님이 우리들이 학급비를 걷어 결혼 선물로 사준 괘종시계를 지금도 보고 있다는 말씀에 다들 뭉클했다.

앞으로 우리 동문회는 30주년 행사에서 은사님을 초대하여 보은과 사랑의 대축제의 전통을 수립해야 되겠다. 언제까지 누구 말마따나 신설대학의 이미지를 벗어나지 못하고 있다는 현실이 나는 몹시 불만이다. 동문들이여! 좀 더 마음을 열고 대양감을 갖고 모교의 비상을 위하여 매진합시다. 도리를 하지 않고 유아적 만족을 추구하기보다 성숙한 의대인의 자화상을 그려 가기를…….

오늘따라 왜 그렇게 피곤한지 모르겠다. 너무 많은 일이 겹쳐 겹치기 출연하는 꼴이다. 내가 질색하는 상황이다.

헤어지기 섭섭하여 일요일 밤늦게 행사를 마쳤다고 아침에 권장원 총무에게서 전화가 왔다. 의전을 아는 사람이 생각보다 많지 않은데, 예를 차릴 줄 안다. 서로서로 감사하다는 인사를 나눴다.

어디서 무엇을 하든 의사로서 양식과 행복을 다른 사람들과 함께 나눌 수 있는, 유모어를 이해하는 친절과 풍자를 포용하는 은혜를 주소서! (2007.9.8)

울 수도 웃을 수도 없는

– 3회 동기회를 다녀와서 –

격려금 20만원을 챙겨서 〈복록수〉에 도착해보니 예약이 안 되어 있다고 하여 순간 당황하였다. 알고 보니 카운터 직원의 불찰이었다.

정태성(기획이사) 원장이 회진을 끝내고 번개같이 동행. 여자 의사회 4년간 혼자 행사 참석하는 일에 진력이 난 나는 후배가 동참하여 주는 것이 얼마나 감사한지 절이라도 하고 싶다.

박병주, 양종대, 홍승원, 홍정의 동문이 참석하였다. 이강일 이사장은 늦게 참석하셨다.

식사를 마치고 회의를 열며 양종대 원장님이 신임 동문회가 서울대 동문회 예를 들며 새롭게 잘 해 가리라고 고무적인 말을 한다. 나는 몸 둘 바를 모르겠다고 하고 말을 앞세우지 않고 행동하도록 노력하겠다고 인사를 하고 격려금을 전달하였다.

이강일 이사장님은 모교에 대한 사랑이 진정으로 넘친다. 모교 걱정을 땅이 꺼지게 진지하게 거론한다. 학생을 사랑하는 마음으로 교육을 해야 된다는 논지이다. 나도 부지런히 메모하고 정 원장도 수시로 기록을 하였다. 다양한 의견을 수렴하여 사업에 반영하는 것이 동문회의 소임이겠다.

홍승원 회장님의 의료법 개정안 시위에 대한 대책 마련과 삭발의 개연성까지 논하며 오가는데는 울 수도 웃을 수도 없는 형국이다.

진지하게 토론을 마치고 돌아오며 우리 동문들이 이렇게 사려 깊고 모교에 대한 숨은 사랑이 깊구나 하는 확신이 마음을 따뜻하게 했다. 그간은 무관심한 게 아니라 사랑이 강하면 미움도 큰 법이듯이 서로들 방심했다는 표현이 더 맞겠다.

인사를 하고 부리나케 도룡동으로 달려와 구역모임에 들어가니 떠나신 신부님에 대한 촌평이 난무한다. 나는 속으로 한걸음 늦게 도착하여 신부님 이야기에 끌려 들어가지 않게 된 것을 감사드렸다. 자리에 없는 분의 비판은 바람직하지 않다는 생각이다. 우리가 고인에 대해 험구악담을 하지 않는 게 상정이듯이 말이다.

밤 11시 산책길에는 행인이 없다. 무서운 생각도 드나 누가 나를 잡아 가겠는가? 표준연구소와 ETRI 불빛만 휘황찬란하다. 낮에는 도저히 운동할 시간이 없다. 나날이 이렇듯 숨가쁘게 벅차게 넘어가는 조춘이다. (2007.2.6)

진정한 영웅들

– 보령 동문회를 다녀와서 –

대천이라면 누구나 아는 지명이 보령으로 바뀌니 낯선 도시 같은 감이 든다. 이름이라는 게 이리 중요하다. 호박꽃을 장미꽃이라 부른다고 호박꽃이 장미꽃이 될 리 만무하고 실제적 미가 달라지는 게 아닐 텐데도 그렇다.

이정은 학장님을 한 시간 이상 기다리게 해놓고 가까스로 6시 반이나 되어서 출발했으니 면목이 없다. 내려가면서 미리 식사들을 하라고 누누이 당부하고 이런저런 당면과제를 논하며 가는 도중 중간부터 차멀미가 시작된다. 나의 아킬레스건인 차멀미가!

다행한 것은 내가 조시를 알고 과정을 알아 크게 곤욕을 치루지 않고 중간중간 쉬면서 컨디션을 조절해갈 수 있다는 점이다. 오랜만에 귀국한 루크 부부를 만나 밀린 이야기를 충분히 나누지 못하고 헤어져서 또 일 속으로 달려가는 나의 가련한 모습이여!

일식집에 들어가니 음식을 한 숟가락도 건드리지 않고 벌서듯 앉아서 기다리고 있었다. 박종렬 회장은 졸업하고 처음이다. 우량아 같던 인상은 그대로이다. 박 회장이 열성적으로 보령동문회를 이끌어 가고 있다는 것은 귀가 따갑게 들었다. 다른 사람으로부터 칭찬과 존경을 한 몸에 받는다는 것은 얼마나 자랑스러운가? 뒤만 돌아서면 험구악담을 일삼는 심술궂은 사람들이 적지 않은 세상 속에서 말이다.

저녁을 먹고 비전 선포식 CD를 보여주니 모두들 숙연하게 모교의 발전에 대해 허심탄회한 견해를 피력한다. 귀담아 들어야 할 발언도 있다. 모교에서 멀리 떨어진 지역을 정기적으로 대학에서나 병원에서 특히 동문회에서 방문, 격려를 하는 것이 얼마나 고무적인 일인가를 이번에 보령지부에 와서 더욱 느꼈다. 멀리까지 내려왔다고 진심으로 기뻐한다. 그렇게 먼 것도 아닌데 말이다. 나라가 큰 나라는 시차가 달라지는데 우리는 그 정도로 넓은 나라는 아니잖은가. 마음이 부족했다는 것이 더 정확한 말이겠다.

박종렬 회장이 군대에 가서 겪은 수모를 말한다. 충남의대 출신이라고 아래에서 처방을 받질 않았다는 쓰라린 고백을 듣고 나도 국립정신병원에 들어갈 때 받았던 구박을 털어놓으며 공감했다. 이제 그 어른은 고인이 되셨고, 우리는 지난 일들이 한이 되는 게 아니라 오히려 어려움을 극복하고 감내한 사람에게서 나오는 겸손함과 동시에 의연함이 더욱 돋보이는 그런 나이가 되었다. 초창기 신설대학 졸업생들이 겪는 푸대접을 온몸으로 막았던 선배들이 있기에 지금의 충남의대가 존립하고 앞으로 면면히 발전해 갈 것이다. 옛날의 고초를 잊고 외면하고 모교나 동문회에 무관심하다면 자신의 삶의 한 부분을 홀대하는 것이다.

돌아오는 길은 일사천리로 달려 가까스로 차멀미를 달래고 새벽에 돌아왔다. 임종훈 재무가 오늘 온통 덤터기를 쓴 폭이다. 동창회가 뭐길래 이렇게 두말없이 종일 진료하고 또 차를 몰고 달려가고 하는 것일까? 나만을 위한 사랑에서 벗어나 더 큰 사랑을 위해 행동한다는 것은 참으로 보람 있는 일이다. 위대함은 소박함에 있다는 말과 진정한 영웅은 평범한 시민 속에서 발견된다는 사상을 나는 전적으로 지지한다. 전쟁과 평화의 감동이 거기서 유래되는 게 아닌가?

바다를 사랑하여 대천 바다를 틈만 나면 달려가던 젊은 날의 방랑을 이제 벗어났다지만 바다에 대한 열망만은 아직도 들끓고 있다. 루시의 별장이 있는 외국인 거주지역을 뒤로 두고 들르지 못하고 돌아오는 발걸음 아쉽기만 하다. 바다의 수평선 그 품에 안기는 순간 모든 근심과 불행이 씻은 듯 사라지는 것을!

보령지부 회원 모두의 건강과 가족의 평화를 빌며 다시 한 번 따뜻한 환영에 감사드린다. (2007.11.9)

그윽한 뒤뜰

부상 없는 상에 진력이 날 즈음해서 홈페이지 대상을 받았다. 무슨 상이 그리 많은지 모르겠으나 상을 받는다는 자체는 기뻐 뛸 일이다.

홈페이지를 시작한지 얼마 되지 않아 우뚝 홈페이지를 키워 놓은 박기서 원장님의 뚝심이 돋보인다. 유능한가 아닌가는 그 사람의 언변을 두고 보는 게 아니라 그 사람이 일으키는 변화와 실적에서 평가된다. 귓가로 흘려들었던 홈페이지를 이렇게 끌어온 정열과 끈기가 가상하다. 전문인으로서 봉사를 하는 일이 쉬운 것은 아니다. 금쪽같은 개인의 시간과 노고를 퍼부어야 되는데 본래 본능적인 인간이란 존재들이 봉사를 한다는 것이 기적이라는 생각이 든다.

홈페이지를 운영하시는 기술팀들의 아이디어와 기존 세대의 의견을 잘 규합하여 한껏 의사들의 홈페이지의 품위와 격을 높여 주기를 바란다. 충남의대총동창회 홈페이지를 "고향집에 온 것 같다"는 가입인사를 한 황인방 원장님의 격려는 고무적이다. "깨끗하고 아주 조용한 집"이라는 인상을 피력하여 더욱 자신감을 얻었다. 아무쪼록 매화향기 그윽한 뒤뜰을 바라보며 상념에 젖는 옛 선인들의 망중한의 여백을 홈페이지에서 만나기를 바란다. 대전광역시의사회 홈페이지 운영위원들의 열정은 결코 헛되지 않으리라.

끝없는 사랑

– 진료실기 센터 개소식에 다녀와서 –

아침잠이 많은 나로서는 서둘러 준비를 했건만 출근하려고 밖에 나오니 차에 성에가 꽉 껴서 닦아내고 하다 보니 10시까지 늦지는 않겠지만 시간이 여유롭지 못하다. 휴가 갔던 부원장이 월요일부터 근무하니 천만다행이다. 빙판진 길을 올라가니 이영호 의학과장이 나오다 학장실로 안내하여 인사를 드렸다. 이광진 총장님도 이어 도착하셨다. 차를 대접받고 내려가서 테잎 커팅을 하고 시설을 돌아보았다. 진료실기 센터 소장의 상세한 브리핑을 들으니 모교의 괄목할 발전이 한눈에 들어온다. 건배제의를 받고 "발전을 위해 불가피했지만 캠퍼스가 사라진 초창기 동문이라 오늘 이런 좋은 환경에서 다시 학창시절을 누려봤으면 하는 생각이 들 정도로 감격했다"고 토로했다. 물론 모교의 무궁한 발전과 찬란한 미래를 위하여 당연히 축배를 들었다. 노승무 대학원장이 다시 공부를 하고 싶다니 노망 든 거라고 농담을 한다. 친밀한 표시이다.

칠레산 백포도주 반 잔과 망고 주스를 들고 식장을 나와 내과병동 656호실 격리병실에 와서 강병헌 동문(27기)을 문병했다. 출입문을 사이에 두고 대화를 나눴다. 꽃은 반입이 안 되고 책은 좋아한다고 하여 책을 보내 주기로 했다.

'모성' '모국' '모교'의 '모' 자의 의미가 무엇인가? 끝없는 사랑을 함축하는 게 아닌가? 먹고살 방편을 확보한 것으로 모교와의 관계가 끝이라면 초라하다. 젊은 날의 향수와 행복했던 추억만으로도 모교에 감사할 이유가 충분하다고 나는 외치고 싶다.

Beethoven의 〈신의 영광〉 – 이웃의 사랑, 신의 섭리, 죽음과 참회에 관한 멜로디는 내 영혼을 울린다. 살아있는 자체가 축복이라는 탄성이 절로 나오는 진료실기 센터 개소식 날이다.

위기의 정점에서

신 집행부로서 첫 행사를 마치고 나니 이제는 부지런히 뛸 일만 남았구나하는 탄식이 터져 나온다. 할 일이 산더미처럼 쌓였다.

너나없이 바쁜 동문들인데 클럽을 꽉 채우게 참석해주셔 안도를 했다. 이영호 의학과장이 참석해주어 더욱 반가웠다. 나는 동문회 임원이 아니라 간다 못 간다 따지면 할 말이 없게 되는데 기꺼이 초대에 응해 주어 얼마나 기쁜지 모르겠다. 송인숙(보훈병원 진료부장) 감사가 참석하지 않았다면 여 동문이 전멸할 뻔했다고 웃었다. 김형주 동문(22기) 이 막내로서 참석하여 식사를 하는 것을 바라보며 기특하다는 생각이 든다. 층층시하 어려울 터인데도 참석하여 자리를 빛내주는 후배들을 보면 앞으로 우리 동문회의 미래가 보여 용기백배해진다. 최원조 동문은 뒤늦게 참석했는지 끝날 때쯤에서 인사를 나눴다. 뒤늦게라도 나와 주는 성의가 아름다운 일이다. 특히 최동호 동문이 동문회 부회장을 선뜻 맡아 주어 천군만마를 얻은 듯 든든하다. 동기라도 워낙 빈틈없는 분이라 조심스럽고 어렵다. 신임 회장에게 바란다에서 김정현 고문의 메시지는 큰 반향을 일으켰다. 모교에 대한 충정이 뚝뚝 흐른다. 한균인 소장의 실질적 충언과 편달은 큰 귀감이 된다. 종신 찬조금을 독려하는 목소리는 참으로 귀를 기울여야 할 말씀이다.

이정은 학장님이 얼마나 긴장하고 업무에 열중하는지 옆에서 보는 내가 안쓰러울 지경이다. 25명의 의사고시 합격을 위한 대책으로 Tutorial system을 도입한 것은 참으로 현명한 처사이다. 갑자기 나의 영국인 tutor가 떠오른다. 내 젊은 날의 한 이정표를 이뤘던 tutor와의 교유를 통해 나의 정신과 지식은 물론 유럽적 사고체계를 흡수했던 것이다. 희망에 부풀어 취임을 한 신임 학장으로서 25명의 부담을 안게 된 것은 정말 너무 하다는 한탄이 나올 만하다. 동문회장인 내가 한동안 잠이 안 와 뒤척대었는데 학장으로서 가시방석 같은 나날이었으리라.

여하간 일어난 일은 일어난 일로써 내년을 향해 참고 달리는 수밖에 피할 도리가 없다. 나부터 미력하나마 모교 사랑을 실천하겠다고 큰 소리로 약속했다. "겨울이 오면 봄도 멀지 않으리라"고 셸리가 외치지 않았던가? 서풍부Ode to the west wind의 맹렬한 희망을 가슴에 품고 내년의 기쁜 소식을 위해 매진해야 되겠다. 우리 모두가 다함께 손을 맞잡고 모교를 위해 전진해야 될 위기의 정점이다. (2007.1.31)

행복한 통나무집 겨울밤

– 충남의대 2회 동기회를 마치고 –

어제 서둘러 복록수에 도착하니 최동호, 김원식, 이중화 원장이 먼저 도착해 있다. 충남대학교 교수협의회 회장이 되신 김원식 회장은 동기회에 오랜만에 출연하셨다.

박인규 형님이 이어 들어오셔 일장연설이 시작되었다. 강압적인 듯하면서도 정이 듬뿍 담긴 언변이 특기이시다. 이중화 원장을 눈에 띄게 편애(?)하신다. 김운 총무가 도착하였으므로 하나은행 발전기금 축하 겸 격려금으로 20만원을 최동호 회장께 전달하였다. 기쁘다.

당연히 모교의 위기에 대한 우려와 관심과 사랑으로 열띤 논의가 오고 갔다. 도와주는 방법도 명분 있게 투명하게 하는 것이 앞으로 후배들에게 귀감이 되지 않겠느냐로 중지를 모았다.

누구를 탓하기 전에 나부터 자성하고 모교 사랑에 앞장서는 일밖에 달리 뾰족한 수가 없다. 황대영 동기가 캄보디아에서 어떻게 지내는지 모두들 근황에 대해 궁금해 한다. 한장희 원장이 진정으로 황대영 동기 걱정을 한다. 남은 음식을 싸갖고 돌아오니 한솔이 세상 모르고 아이처럼 자고 있는 행복한 통나무집 겨울밤이다. (2007.2.2.)

그림자 사랑

– 충남 의대 인턴 환영식 축사 –

입춘이 지났는데도 아직 한기를 느낍니다.

인턴 환영식을 준비하느라 노고가 크신 변상현 원장님과 한세동 총무께 감사드립니다. 변상현 원장님은 우리 동문회의 큰 동량입니다. 맞지요?

축사를 하는 나는 대흥동 벽돌건물에서 인턴을 했습니다. 무더운 여름날 구두끈을 풀지 못하고 동동대었던 기억이 아련합니다. IV를 못해서 쩔쩔매던 동료의 기억도 선명합니다. 그러나 뒤돌아보면 인턴 시기야말로 의사로서 기본적인 의술과 소양을 함양할 수 있는 관건이 됩니다.

즉 전인 치료의 개념을 이 시기에 정립해야 됩니다. 그렇지 않고는 전문화에 빠지는 우를 범하게 됩니다. 예를 들면 갑상선 비대증 환자를 두고 정신분석을 몇 년씩 하는 웃지 못하는 예가 실제로 있습니다.

여러분들은 선배들의 시행착오를 거울삼아 화타를 능가하는 최고의 의사가 되시기를 두 손 모아 빕니다. 마지막으로 에르네스토 체 게바라가 혁명에 성공하여 쿠바의 산업부장관이 된 후 자신이 수술해줬던 환자에게 안위를 묻는 편지를 보냈다는 일화를 말씀 드리고 싶군요. 의사라면 누구나 그림자처럼 몸에 지녀야 될 인간애의 한 예가 된다고 믿습니다. 여러분도 모두 게바라처럼 환자를 끝까지 사랑하는 존경받는 의사가 되겠다고 약속해 주시겠습니까? 혁명에 성공하면 더 말할 나위 없겠구요.(웃음)

아서 오쇼네지가 노래했듯이 우리들의 찬란한 미래는 우리들이 꿈꾸는 찬란한 미래에서 오는 거 아닐까요?

경청해주셔 감사합니다.

2008. 2. 11.

충남의대 동창회장 심 정 임

축제의 이별

– 2008년도 졸업식 축사 –

졸업은 graduation의 의미와 동시에 새로운 시작이라는 commencement의 뜻이 있습니다. 여러분은 이 졸업식이 끝나면 미래의 동문에서 바로 자랑스러운 충남의대 동문이 됩니다. 영광스런 오늘이 있기까지 뒷바라지를 해오신 부모님과 은사님께 감사해야 됩니다. 밤늦게 공부하고 아침에 일어나지 못하는 자녀를 깨워 학교 보내시느라 얼마나 어려우셨습니까? 저는 아침잠이 유난히 많아 어머님이 깨워 놓으면 도로 자고 하니까 얼굴에 물을 다 뿌리셨습니다.

부모님 사랑이나 스승의 사랑은 다름없음을 저는 이정은 학장님 이하 교수님들을 대하면서 느꼈습니다. 지난 1년을 돌아볼 때 누가 이정은 학장님처럼 그렇게 지극정성으로 소임을 할 수 있을까 하는 생각이 들었습니다. 소명에 불타는 학장님의 가르침을 받은 여러분은 행운아입니다. 올해의 풍성한 수확은 지난해의 쓰디쓴 인내와 노고의 결과입니다. 여세를 몰아 올해에도 긴장의 끈을 늦추지 않고 의사고시 전원 합격의 목표로 매진하시기를 바랍니다. 동창회도 뒷짐 지고 먼 산 바라보는 일은 없을 것입니다.

지난해 9월 1일 폭우 속에서 의사고시 100% 합격기원 선후배 만남 단합대회를 했습니다. 이상숙 학생이 듀엣으로 바이올린 연주를 했던 일이 이제 행복한 추억으로 남아 있습니다. 동창회장인 저는 우리 모교의 발전은 여러분의 두 어깨에 달려 있다는 당부를 누누이 하고 있습니다. 여러분들이 언제 어느 곳에서나 당당하게 의사의 길을 걸어갈 때 모교의 중흥이 뒤따라오게 됩니다.

제가 몸이 달아 여러분을 채찍질 하는 소이가 여기에 있습니다.

우리 모교가 중부권 이남의 명문으로 안주하지 말고 전 세계를 향한 힘찬 발돋움을 해야 될 시점입니다. 동문회도 자산규모를 비교해보면 역사에 걸맞지 않습니다. 동문회장인 저도 혁신을 위해 진통을 겪고 있습니다. 초창기 선배들은 입학 등록금 외에 5만원씩 기부금을 내었습니다. 당시로는 등록금의 배에 가까운 금액입니다. 여러분들은 미래를 향해 줄달음쳐야 되지만 동시에 지난 과거의 뿌리를 소중하게 여겨야 되겠습니다.

올해 졸업생은 한상현 총대를 중심으로 대학발전기금을 기탁한 모범적인 선례를 만들었습니다. 어떤 선배도 하지 못한 아름다운 일을 지금 여기 졸업식장에 앉아 있는 이 학생들이 솔선수범하였습니다. 이 얼마나 장하고 대견한 일입니까? 다시 한 번 3600명 동문을 대표하여 치하의 박수를 드립니다.

졸업생 여러분! 의사로서 높은 직업윤리, 특히 세계의사윤리강령을 염두에 두시고 자비로운 의사로서 먼 미래의 비전을 향해 전진하십시오. 동시에 사회적 소명을 저버리지 않는 인간적인 의사 주도적인 의사가 되어 주시리라 굳게 믿고 있습니다.

막상 여러분들이 졸업한다고 하니 기쁘면서도 섭섭합니다. 그러나 괴테는 “앞날의 희망이 있으면 이별도 축제와 같다”고 말했습니다. 미래의 희망 속에 삶의 환희가 있다는 다짐이겠지요. 의사로서 험난한 항해를 떠나는 여러분의 성공과 행운을 빌겠습니다. 경청해주셔 감사합니다.

치열한 삶의 예고

– 진입식 축사 –

여기 앉아 있는 본과 1학년 여러분을 보니 37년 전 긴장에 떨었던 저를 보는 것 같습니다. 초창기 선배들은 대흥동 캠퍼스에서 강의를 들었습니다. 해부실습을 할 때마다 비닐을 풀고 독한 포르말린에 눈물을 흘리고 하던 기억이 을씨년스럽게 남아 있습니다. 한마디로 고생고생을 했습니다. 시체해부를 하고 돌아와 저녁을 먹을 때 일어나던 nausea sensation을 지금도 잊지 않고 있습니다.

예전에 비해 오늘 모교의 발전은 상전벽해의 심경을 맛보게 합니다. 이렇게 좋은 환경에서 다시 의학생으로 되돌아가 봤으면 하는 부질없는 찬탄이 나옵니다. 여러분들에게 지난 고난의 역사를 이야기하는 것은 뿌리를 알아야 현재의 좌표와 미래의 비전을 확립할 수 있기 때문입니다.

괴테는 인간은 노력하는 한 방황한다고 했습니다. 불타는 이상과 끊임없는 모색을 통해 전인적인 인간이 되어 가는 과정을 말해 줍니다. 특히 본과에 진입하는 여러분들의 치열한 삶의 예고로 이보다 더 적합한 말이 없는 것 같습니다. 의학에 정진하면서 르네상스적 인간이 되고자하는 노력을 곁들여 주시기를 당부드립니다. 의사윤리 특히 세계윤리는 여러분이 앞으로 어느 나라 누구와 일을 하든 기본적으로 지침을 삼아야 될 근간이 됩니다. 조항이 내포하는 의료환경과 제도적 대립을 통합하는 지성이야말로 여러분의 인격과 치료관에 좌우되기 때문입니다. 첨단의 의학적 지식과 기술은 기라성 같은 스승님들이 포진하고 있어 너무나 든든합니다.

올해 의사고시에서 풍성한 결실을 거둬 동문 모두가 일단 안도의 한숨을 내쉬었습니다. 내년에도 여세를 밀어 전원합격의 낭보를 들을 수 있도록 동문 모두가 단결할 것입니다. 여러분은 여러분 자리에서 본분에 최선을 다하는 것으로 충분한 보답이 됩니다.

다시 한 번 여러분의 진입식을 축하드리며 '건강을 주시되 의미 있을 때 잘 쓰도록 건강을 보전하여 달라'는 토마스 모어경의 기도 한 구절을 인용하며 인사를 갈음합니다.

2008. 2. 28. 의행홀

충남의대 동창회장 심 정 임

우리 사이 모든 것이

– 충남 의대 15회 20주년 기념 축사 –

축사에 앞서 이 행사준비를 위해 노고가 큰 홍성기 회장 헹가래를 한번 치고 시작하면 어떨까요?

의과대학 졸업 20주년은 의사로서 최고의 기량과 열정과 성숙한 인품으로 가정과 사회의 중추가 되는 시점입니다. 선배와 후배의 다리 역할을 하면서 불을 뿜는 추진력을 발휘해야 되는 시기입니다. 오늘 성대하게 행사를 준비한 15기 동문들 여러분 모두에게 특히 사모님들의 헌신적 뒷받침에 진심으로 감사드립니다.

특히 죄송스럽지만 사모님들 자리에서 일어나 주시겠습니까? 그동안의 가정을 위한 헌신적 사랑에 큰 박수를 보내드려야 되지 않을까요? 사모님들 성원 없이는 어떤 행사도 성사되지 않습니다.

사람들에게 개성이 있듯이 각 기수마다 특징이 있는데 15기는 참으로 인재의 밭입니다. 김차식 조정란 한 분 한 분 칭찬을 하기에는 시간이 허락되지 않으므로 여기서 멈추겠습니다. 양지 하십시오.

의과대학 발전기금을 쾌척하고 투병중인 동기 가족을 돌보는 등 20주년을 숭고하게 장식하는군요. 초대장에 쓴 혈육과 같은 동기애가 단지 표현으로만 그치지 않고 행동하는 지성을 몸소 보여주었습니다. 세월이 가면 갈수록 동기들 사이는 사랑이 더욱 깊어만 간다는 것을 실감할 것입니다. 우리 사이 모든 것이 깊어만 가네(The deeper and deeper, Everything between us!)라고 발레리가 이미 노래했지요. 우리 사이 사랑이 깊어만 간다고. 오늘 행사가 기념식으로 끝나지 않고 이 해후가 기폭제가 되어 폭발적인 우리 모교와 동문회의 견인차가 되어 주십시오.

다시 한 번 오늘 이 뜨거운 만남의 잔치를 축하드리며 15회 동문 여러분의 앞날의 행복과 가족의 건강 그리고 충남의과대학 총 동창회의 비상을 위해 우리 모두 다 같이 전진합시다!

경청해 주셔서 감사합니다.

열중하는 아름다움

– 패션쇼 소감 –

우연하게 의사회 주관 패션쇼에 두 번 다 참여하게 되었다.

첫 번째 행사는 2006년 1월 15일 하야트 호텔에서 열린 한국여자의사회 창립 50주년 기념 패션쇼였고, 두 번째는 2007년 8월 28일 인터콘티넨탈 호텔에서 열린 의협 100주년 기념 패션쇼였다.

첫 번째 때는 박경아 선생님이 패션쇼 서라고 권유하여 그다지 어렵게 생각하지 않고 하겠다 했고 그리고 섰다. 꼼꼼하게 무엇을 왜 하는지 물어볼 겨를도 없이 서울 가보면 알겠지 하고 그렇게 촌사람 장에 가는 식으로 임했다.

두 번째도 퇴근하는 길에 김화숙 선생님에게서 연락을 받았다. 이번에는 그래도 시간적 여유가 있어 한결 마음이 느긋하였다. 그러나 준비할 시간은 몇 배나 길었다지만 우여곡절 끝에 실제로 준비를 한 시간이나 노력을 따져보니 첫회 때와 별반 차이가 없었다.

무대에 선다 하니 생전 안하던 훌라후프도 사놓고 며칠 하다가 시퍼렇게 멍이 들어 그만두었고, 다이어트도 하는 시늉을 하다가 아프리

한국여자의사회 창립 50주년 기념 패션쇼에서

카에 가서 진탕 먹고 돌아다녔으니 허사가 되었다. 게다가 아프리카를 돌아다니며 검게 태우고 돌아온 사람에게 첫 스타트를 시키다니! 바짝 긴장하여 도대체 무엇을 어떻게 하고 내려왔는지 모르겠다. 박수를 받았다지만 내 귀에는 하나도 들리지 않았다. 베토벤이 청각이 떨어져 박수 소리를 못 들었다고 해석하는데 너무나 열중하면 전혀 소리가 들리지 않았으리라는 게 나의 추정이다.

무대에서의 워킹이라고 해봐야 스텝과 턴하는 자리와 순서만 들어 있을 뿐이다. 그 간단한 일이 왜 그렇게 어려웠단 말인가?

호사스런 여황제 생일파티를 절정으로 행사가 끝나자, 여자의사회 임원들이 호명되어 먼저 사진 찍는다. 차례차례 찍나 했더니 그런 것도 아니고 나가보니 자리도 없고 뒤에 엉거주춤 서니 키 작은 나는 어깨 너머로 구경꾼처럼 삐금 나온 사진이 유일하다. 그것으로 족하여 그 자리서 옷을 벗어 던지고 번개처럼 달려와 KTX 9시 반 차로 내려왔다.

행사가 끝나면 이러저러한 말이 나오지만 나는 최선을 다한 집행부와 참여자들의 열기로 충분하다고 생각한다. 우리의 자태를 뽐낼 목적으로 행사를 한 게 아니라 기금 조성을 위한 방편으로 거룩한 이슈(입양아 후원 및 의학사 박물관 건립 등)를 위해 패션쇼라는 행사에 참여한 것이므로. 나는 행사에 참여하면서도 이 짓(?)을 하지 않아도 하룻저녁에 한 7-8천만 원 기금이 모이면 얼마나 좋을까하는 기도를 했다.

너나없이 혼신을 다해 행사를 위해 열중하는 그 모습 그 장면이 아름다워 나는 주제넘게도 패션쇼를 하면 또다시 덥석 참여하리라. 너와 내가 어우러져 혼연일치의 하나가 되는 단결력과 화합의 열기를 나는 사랑하는 것이다. 끈끈한 연대의식을, 동시대를 함께 걸어가는 자들의 힘찬 발걸음을, 그리고 우리 사회를 주도하는 지성의 등불인 우리들의 불타는 눈빛을 아아! 나는 죽어라 사랑하는 것이리라!

같은 방향을 바라보며

- 송년회 인사말씀 -

해가 점점 짧아지고 겨울밤이 깊어 갑니다.

첫눈을 기다리며 프로스트의 '눈 내리는 날 숲속에서'를 오랜만에 읊어 봅니다. 잠들기 전에 몇 마일을 더 가야된다는 독백은 죽기 전에 꿈꾸던 이상을 저버리지 않고 부단히 걸어가겠다는 거룩한 각오입니다. 우리 동문 모두 모두의 나날의 삶이 이처럼 경건하게 영위되기를 진심으로 기대합니다.

지난해는 태안반도 기름 유출사고로 연말을 뒤집어 놓더니 올해는 부실금융으로 전세계 금융계가 경색되고 있습니다. 대내외적으로 혼돈과 위기로 살얼음판 같은 시점입니다. 그 속에서도 희망의 움직임이 멈추지 않고 있다는 변화를, 강인한 활약상을 동문들 속에서 발견합니다. 미래의 동문들 속에서 더욱 서광이 비친다는 기쁨에 동창회장인 저는 보람을 느낍니다. 우리가 바라는 만큼 현재목표에 도달하지 못했지만 미래 속에서 커다란 희망이 보인다면 이 또한 축복 아니

겠습니까?

마음을 활짝 열고 같은 방향을 바라보며 진지한 대화의 광장에 동참하십시오. 동문들의 열화와 같은 사랑의 대화합이 의기충천한 우리 동문회에 깃들기를 기원하고 동문 가족들의 안위를 기원하며 인사를 마칩니다.

경청해주셔 감사합니다.

2008. 12. 6.

동창회장 심 정 임

경황없이 책을 내고 나면, 아쉬운 일이 많이 생긴다. 지난해 내보낸 "지금 이 자리에"는 아직도 증정이라는 인사를 치르지 못해 결례를 범하고 있다. 특히 원로들께 송구스런 마음을 지면으로나마 올려야 되겠다. 더욱이 이런저런 인연으로 책 속에 등장된 동료들에게 일일이 사전에 교신을 하지 못하고 거명된 점등도 밝히는 게 도리이겠다. 모든 일에 있어 사전 수락이라는 예의는 기본 관건이겠으나 지키기가 쉽지 않다.

해묵은 글 "로바니에의 산타클로스 빌리지"를 찾아서 보내주신 성춘복 시인께 지면을 빌어 심심한 감사를 드린다. 글을 쓰고 책을 내게 된 모든 발판이 문학시대의 덕이었음에랴! 손기섭 선생님, 최원규 선생님은 지금까지 의학과 문학의 통합을 꾀하도록 많은 영향을 주신 분들이다. 손기섭 선생님이 월간문학에 등단하신 글을 읽고 지금은 사라진 대흥동 붉은 벽돌 건물 복도에서 축하를 드렸던 기억이 어제 같다. 최원규 선생님이 아산 고가에서 하룻밤 묵으셨던 일이 가물가물 하다.

의학 전문 대학원 학생들 글을 이 책에 게재하기로 약속하였으나 편집기획을 바꿔 "의료 인문학 산책(가제)"으로 의전원 의료 인문학 강의노트와 더불어 의학생들 글을 더 많이 지면을 할애하기로 미루었다. 이 점 의학생들에게 지면을 빌어 사과드린다.

마지막으로 이 책을 부모님 영전에 바친다.

국립중앙도서관 출판시도서목록(CIP)

아침 무지개를 꿈꾸며 : 심정임 수상록 / 지은이 : 심정임.
-- 대전 : 문화의힘, 2013
p. ; cm

ISBN 978-89-90647-62-7 03810 : ₩15000

한국 현대 수필[韓國現代隨筆]

814. 7-KDC5
895. 745-DDC21 CIP2013006868

심정임 수상록
아침 무지개를 꿈꾸며 ■ 2013년 05월 28일 인쇄/2013년 05월 30일 발행
지은이 심정임/펴낸곳 도서출판 문화의힘/펴낸이 이순옥/대전 동구 삼성1동 125-6
한밭오피스텔 406호/등록 제117호/전화 042-633-6537/전송 0505-489-6537

ISBN 978-89-90647-62-7/ⓒ 심정임 2013
인지는 저자와 협의로 생략합니다. 파본은 구입처에서 교환해드립니다.
값 15,000 원